移动互联生活与电商运营

刘子卉　著

吉林文史出版社

图书在版编目(CIP)数据

移动互联生活与电商运营 / 刘子卉著. -- 长春 : 吉林文史出版社, 2018.9

ISBN 978-7-5472-5447-9

Ⅰ. ①移… Ⅱ. ①刘… Ⅲ. ①移动网 - 应用 - 电子商务 - 运营管理 - 研究 Ⅳ. ①F713.365.1

中国版本图书馆CIP数据核字(2018)第222438号

移动互联生活与电商运营

YIDONG HULIAN SHENGHUO YU DIANSHANG YUNYING

出版人/孙建军

著者/刘子卉

责任编辑/王　扬

封面设计/王　杰

出版发行/吉林文史出版社

地址/长春市人民大街4646号　　邮编/130021

网址/www.jlow.com.cn

电话/0431-86037501

印刷/廊坊市海涛印刷有限公司

开本/787mm×1092mm　16开

印张/13.75　字数/270千

版次/2019年5月第1版　2019年5月第1次印刷

书号/ISBN 978-7-5472-5447-9

定价/39.80元

作者简介

刘子卉，出生于1982年11月，吉林通化人，现任通化师范学院工商管理学院教师，职称讲师，本科毕业于长春理工大学国际贸易专业，研究生毕业于长春理工大学产业经济学专业，现为韩国启明大学教育管理学在读博士。

前言

近年来，随着移动互联网的迅猛发展，电子商务化已经成为各行各业的大势所趋，各大电信运营商开始强化电子渠道、线上服务向电商转型，电子商务平台正逐渐成为营销、销售和服务的主渠道。但相对于领先的电商平台，运营商的网上商城在前台客户体验、促销与营销方式、商品体系、订单管理以及系统可配置能力方面都存在相当的差距。运营商现有的系统和运营模式难以支撑电商化转型，急需进一步完善。

移动互联网时代，充分发挥电子商务平台的拓展和聚合能力，使电子商务平台逐步成为营销、销售和服务的主渠道，全面支撑运营商企业规模化发展，电子渠道向电商平台的转型建设势在必行。本书对电信运营商以电子渠道为切入点向电子商务平台转型的举措进行了分析，提出了以管理体系、运营体系和支撑体系为核心的电子商务能力体系的构建的转型举措。打通从商品管理、营销服务、支付、物流到售后的全流程的运营通道，建立适合电商发展的管理制度体系、发挥运营商IT系统优势做好转型支撑，真正实现以客户感知为核心，以开放平台为聚合基础加强互联，切实加快电子渠道的电商平台转型。

综上所述，电信运营商以现有电子渠道为切入点，完善电商平台功能、提升支撑系统能力、转变经营模式，打造智慧型电商平台势在必行。

在这些背景下，笔者撰写了这本《移动互联生活与电商运营》，希望从运营的角度对电商行业进行较为详细的解剖，从而帮助电商从业者提升综合能力，对电商中层管理人员可以激发其策略思维，对电商执行人员可以激发其技巧思维，对电商高层管理或CEO可以激发其战略思维。

目 录

第一章　移动互联生活的无限可能

第一节　移动互联影响下的移动新生活

生活是我们每天都在经历和体验的，然而将它作为一门学问去研究和关注却是很多人都不曾去关注和知晓的。中国的生活学首倡者黄现璠先生对生活的定义和分类是：狭义上，生活是指人于生存期间为了维生和繁衍所必需从事的不可或缺的生计活动，它的基本内容即为食衣住行；广义上，生活是指人的各种活动，包括日常生活行动、工作、休闲、社交等职业生活，个人生活，家庭生活和社会生活。

一、生活方式发展概要

正如黄现璠先生所述，生活包罗万千，像一个五彩斑斓的宝盒，具有让人无法抗拒的引力。人们在其中经历甜酸苦辣、体味喜怒哀乐，却依旧乐此不疲。正是这种生生不息的轮回，书写着人类经久不衰的生活史。

生活方式是一个抽象的概念，是指在不同的社会和时代中生活的人们，在一定的生活观念指导下，根据当时当地的自然、社会条件和生活资料的状况，所选择和形成的满足自身需要的生活活动形式和行为特征的总和。生活方式的构成要素包括：

第一，生活主体。可以是单独的个体，即个人；也可以是人的集合体，包括家庭、阶层、民族等不同范围的群体和作为最大的人类共同体的社会。生活主体之于生活方式的意义乃在于，生活主体具有自己的观念意识、需要和能力。

第二，生活资料。生活资料包括直接生活资料和间接生活资料两大类型。直接生活资料又可以称为生活对象，是指人的生活活动所直接使用和消费的那部分生活资料。而间接生活资料又可以称为生活工具或手段，意即帮助人们进行使用和消费生活对象的那部分生活资料。

第三，生活时间与生活空间。生活时间又可以称为自由时间，这是相对于生产时间而言的。生活空间是指人的生活范围和环境。生活范围，即人们生活活动的空间区域，实质是人与人的关系的波及范围。

第四，生活活动形式。它是生活方式的外在表现，是生活方式的上述三方面要素有机结合的结果。

在这些要素的基础之上，关于生活方式的类型，有很多种说法：

第一，劳动生活方式。劳动生活方式是指在一定劳动条件下，劳动主体在一定劳动观念的指导下所从事的物质、精神生产，或提供劳务的经常性的、相对固定的行为方式的总和。

第二，消费生活方式。消费生活方式是指基于一定的社会关系和消费水平，消费主体在一定消费观念指导下，在日常生活中为了满足不同方面、不同层次的需要而消耗各种消费资料和劳务的活动方式的总和。

第三，社会交往生活方式。社会交往生活方式是指在一定的社会生活条件下，社会交往主体为满足生产和生活需要而相互联系、相互作用的行为和活动方式的总和。它广泛渗透于人们的劳动、消费、闲暇、政治、婚姻家庭等生活方式领域。

第四，政治生活方式。政治生活方式是指政治生活主体，包括各种社会、群体和个人，在一定的政治思想观念指导下，通过一定手段和方法参与政治事务，进行政治斗争，建立政治制度和机构，规定政治任务和解决社会问题的活动方式的总和。政治生活尽管在阶级社会才出现，但它对人类其他生活领域具有很强的制约和控制作用。

第五，婚姻家庭生活方式。婚姻家庭生活方式是指在一定的经济社会条件下，人们在一定的婚姻和家庭观念的指导下，实现两性结合和人类自身生产繁衍，以满足个人或家庭整体需要的各种行为及活动方式的总和。

第六，闲暇生活方式。闲暇生活方式是人们利用自己的闲暇时间，满足自身生理、精神及社会需要的活动方式的总和。

在诸多的生活方式分类之中，本书关注的是移动互联新技术、新应用给百姓生活带来的影响，因此，在本书中更多的关注人们的食衣住行、生产劳作和社会交往层面的生活方式，不涉及政治生活方式，并将婚姻家庭生活方式和闲暇生活方式的内容融入食衣住行的领域中。

二、食衣住行

这是人类生活中最本质的层面。人们习惯用衣食住行的说法，其实从历史研究法的角度看，食在衣之前。我们的远古祖先其实也像动物一样觅食果腹，满足生存的第一本能需要，进而裁衣蔽体，从动物的生存状态进入人的生活状态。住，指人们的各种起居活动，而非仅指我们的住所。行的内涵更为广泛，指人们出门外行的方式与礼仪。即出行时是徒步、坐船，还是乘车、坐飞机，以及当与熟人、上司、亲友相遇时问候行礼的礼俗方式。食衣住行这四个字恰恰是古代人类生活史的最精确脉络。

三、生产劳作

生产劳作是人类创造社会财富的活动和过程，包括物质财富和精神财富，这是人类社会不断向前发展的基础。根据生产劳作方式的性质和特点不同，学者们将人类生产活动分成三个显著的阶段：

第一，前工业社会时期：利用体力、兽力和简单工具，以家庭为单位进行，生产率低下，受自然条件约束明显。

第二，工业社会时期：利用机器和动力，以工厂为单位进行，以制造业为主，生产率较高。

第三，后工业社会时期：利用知识、智慧和创造力，以信息技术为依托，在不同社会组织中开展，以服务业为主，生产率显著提高。

在生产劳作不断进步的过程中，我们也不难发现，前工业社会和工业社会时期的劳动成果主要以有形产品为主，相关的管理活动人们往往称之为生产管理；而后工业社会时期的劳动成果主要以无形产品为主，相关的管理活动人们称之为运作管理。对生产劳作历史的回顾不仅让我们进一步看清了过往的规律，更向我们揭示了未来的发展方向。

四、社会交往

伴随着生产劳作的进步与繁荣，人们相互之间的交往活动也逐渐频繁。社会交往，简称“社交”，是指在一定的历史条件下，人与人之间相互往来，进行物质、精神交流的社会活动。人的社会交往活动和生产实践活动是人生存的不能缺少的条件。只有通过与他人交往，只有生活在社会中，人才能成为真正意义上的人。社会交往方式也经历了长期的发展演变过程。

第一，古代社会人们的交往：以血缘、地缘为基础进行，受交通工具限制大，交往范围窄。

第二，工业社会人们的交往：交通和通信工具发生很大变化，人们可以乘坐火车、汽车等到达更远的地方，还可以利用电话、电报等与相距遥远的人沟通和交流。

第三，当代社会人们的交往：随着信息网络技术的进步，人们的社会关系进一步丰富，社会交往的效率得到明显提高，社会交往的范围得到前所未有的拓展，呈现出社会交往全球性、便捷性和虚拟性等特点。

生活方式发展过程中经历了历史性的阶段，从上述回顾中我们不难看出各阶段的特点：

第一，原始经济时代生活方式的特点是低级、落后、带有浓厚的封建色彩、对大自然的依赖很强，生存基本上是当时生活的唯一需要。人们群居群婚，共同劳动。

因为在自然面前的无知和软弱无力，故人类对大自然心存敬畏，图腾崇拜与宗教迷信占据了人们的精神生活。

第二，农业经济时代，人们的生活方式特点是等级严明、自给自足、相对封闭，宗教迷信盛行，生活方式依赖生产方式。

第三，工业经济时代，人们的生活方式特点是商品化替代自给自足的模式。多功能、自动化的各式机器和生活用品大大方便和丰富了人们的生产与生活，解放了人类繁重的体力与脑力劳动；劳动生活在人们生活中的地位不再那么重要，闲暇生活的需求日益凸显，精神文化生活的丰富也提上了日程；民主制度逐渐成为普遍的社会制度，大多数的人获得了民主参与政治活动的机会，政治生活方式成为全人类生活方式的一部分；各种先进的交通和通信工具的发明运用，也大大方便了人们之间的交往。生活方式获得了真正的独立性。

随着知识经济、信息经济等新型经济业态的兴起，人们的生活方式也正在发生着新的历史性的变化：科技发展大大丰富了人们的生活资料；科技发展大大拓宽了人们的交往范围……生活方式逐渐呈现出新的特征趋势：生活方式全球化与多样化（物联网、云计算的应用等）；生活方式的平衡性（劳作时间与闲暇时间的平衡）；生活方式的健康性（绿色概念的风行）；生活方式的生态性（节能减排概念的兴起）。在新的生活方式形成过程中，人们对食衣住行的要求更趋于个性化、智能化和便捷性；社会交往的间接性增强，人们进行交往的持续期缩短，交往的功利性增强；技术进步带来的工厂自动化、办公自动化、实验室自动化和家庭自动化，大大节省了人们耗费在工农业生产、办公、科研和家务上的时间，因而大大增加了人们所拥有的闲暇时间量。

人类生活方式发展概要向我们表明：食衣住行是人类生存之本，生产劳作与社会交往是人类发展进步的两大动力。生产劳作已经迈入以知识、智慧和创造力为先进性生产手段的后工业社会时期；社会交往已经踏进以开放性、全球化和虚拟式联络的新时代。

第二节　互联创新经济

移动互联网是一种典型的创新事物，不仅因为它是一种新的技术类型，对原有的移动和互联都有了更新，产生了创造性的新生事物，更因为它是技术和信息交合的产物。这一创新的诞生必将为经济运行的某一领域甚至是在更大范围带来新的模式和规律。

一、经济模式进化

我们常说的“经济”一词源于希腊语，意思为管理家庭财务的方法、家政术。后经翻译和传入，逐渐演变成我们现在通用的社会物质生产、流通、交换等活动。

中国对经济一词的使用起源也很早，公元4世纪初东晋时代已正式使用“经济”一词。“经济”一词是“经邦”“经国”和“济世”“济民”，以及“经世济民”等词的综合和简化，含有“治国、平天下”的意思。现代“经济”一词据载为新文化运动时期由日本将古希腊语翻译演化后传入国内，更多关注社会生产、交换分配和消费等活动以及与此相关的经济关系和经济规律。这也是本书所提到经济模式的主要所指。

迄今为止，有代表性的经济形态可以归结为以下几种。

(一)农业经济

农业经济社会中，经济发展主要取决于劳动力资源的占有和配置。人们以自然界为劳动对象，凭借体力，以家庭或集体为主要组织形式进行农业生产劳作，生活质量以温饱为主要目标。农业经济形态属于传统无序的自给自足形式，只有简单的手工技艺。

农业经济一直持续了几千年，尽管这期间科学技术有所发展，犁、锄、刀、斧等手工生产工具和马车、木船等交通运输工具不断改进，但劳动生产率仍然主要取决于劳动者的体力。土地是农业发展的基础，因此，在农业经济时代，水肥田美的地方经济发达，占有土地资源的人成为富有阶层。

(二)工业经济

工业经济社会中，经济发展主要取决于自然资源的占有和配置，因此又称为资源经济。人们以人造自然为劳动对象，凭借机器设备进行工业和矿业生产劳作，这时个人有了独立从事经济活动的能力，只需掌握机器的操作方法并及时补充人力调节。这个时期的经济发展开始追求物质产品的数量，劳动结构也逐渐趋向细致的分工，大机器生产技术开始盛行。

这一时期，科学技术取得了巨大发展，拖拉机、机床等代替了手工生产工具，汽车、货车、轮船和飞机代替了落后的交通工具，生产效率有了很大的提高。随着人类开发自然的能力不断增强，大多数可认识资源成为短缺资源，对资源的开发和占有成为这一时期国家发达和人民富足的保障。

（三）服务经济

服务经济社会是我们当前正生活于其中的经济形态，是围绕人力资本这一基本生产要素形成的经济结构、增长方式和社会形态。在服务经济时代，人力资本成为基本要素，土地和机器的重要性都大大下降了，人力资本成为经济增长的主要来源。人们以人和人的能力为劳动对象，凭借信息和智力进行服务业生产劳作，这个时期的生产是以全社会和国家为整体进步单元，生产资源和劳动成果在更广阔的范围内被采用和迅速推广。人们追求更多精神层面的满足，如健康、教育、娱乐等。个性化、全球性的服务成为时尚，信息网络技术成为经济领域的中流砥柱。

服务经济是近50年来崛起的新的经济形式，它在国民经济构成中占有极其重要的地位，它涵盖了服务业乃至对外服务贸易的广阔的市场经济门类与形式。服务业的内部结构也在不断演化中，服务业从劳动密集型转向知识密集型，知识、技术含量高的现代服务业逐渐替代传统服务业而占据主导地位。

（四）体验经济

如果您是个生活有心人，一定已经发现了体验经济在我们这个时代的兴起。早年间，宜家家居市场中场景化的布置就让客户流连忘返、浮想联翩。现在越来越多的电器商、家具商开始将自己的卖场布置为场景式的销售环境，这其实已经是体验经济的萌芽。

所谓体验，就是企业以服务为舞台、以商品为道具，环绕着消费者，创造出值得消费者回忆的活动，在这些过程中实现的经济活动属于体验经济的范畴。体验经济时代一个重要的特征是把用户请进了生产过程。在服务经济时代，产品的无形性已经打破了过去生产与消费严格分离的局面，而在体验经济时代，这一特征将被更大程度地激发。学者已经提出，体验经济的五大战略模块是人的感官、行动、关联、思考和回忆，这五者之间层层递进，不断推进体验经济的境界。

二、互联网的潮落潮起

互联网是指将两台计算机或者是两台以上的计算机终端、客户端、服务端，通过计算机信息技术的手段互相联系起来的结果。也有学者提出互联网是广域网、局域网及单机按照一定的通信协议组成的国际计算机网络。这些通信协议中最基础的是TCP/IP,即Transmission Control Protocol(传输控制通信协议)和Internet Protocol(国际互联网通信协议)的缩写,它是20世纪70年代中期美国国防部为其ARPANET(阿帕网)广域网开发的网络体系结构和协议标准,以它为基础组建的Internet(因特网)是目前国际上规模最大的计算机网络。

回顾中国互联网发展的大事记:1986年,中国学术网(Chinese Academic Network,CANET)项目的启动;1987年9月,CANET在北京计算机应用技术研究所内正式建成中国第一个国际互联网电子邮件节点,并于9月14日发出了中国第一封电子邮件"Across the Great Wall we can reach every corner in the world.(越过长城,走向世界)",揭开了中国人使用互联网的序幕;2012年,Windows 8的绚丽登场、苹果公司奇迹般的成长以及人们狂热的追风潮……政府统计数据将这一切生活的变迁用数字沉静地表达:截至2012年11月,我国的互联网宽带接入用户达到17402.9万户,3G用户达到22048.6万户;2013年春节期间我国移动互联网接入流量达到1971.5万GB,人均接入流量达到26.4M;截至2017年6月,我国网民数量达到7.51亿,互联网普及率达54.3%,相对于2016年年底提升1.1个百分点;手机网民规模达到7.24亿人,网民中手机上网普及率达到96.3%,相对于2015年年底提升6.2个百分点。互联网在移动技术的激发下全面走入了百姓生活,更让从业者信心满怀,共赢发展的繁荣局面正在形成。

(一)曾经的先驱

2013年2月25日,世界移动通信大会在巴塞罗那召开,对于抢占移动互联网高地已经达成共识。在这一共识的形成过程中,很多互联网领域的先驱付出了巨大的代价。根据i美股网站数据,2000年微软股票市值超过4000亿美元,2013年5月,市值为2910.4亿美元;苹果市值则由2003年时不足50亿美元飙升至2013年5月的4300亿美元的规模;谷歌(Google) 2003年尚未上市,如今市值是2890.4美元;英特尔1999年的市值最高突破了5000亿美元,如今仅有千亿规模。最让人惋惜的是诺基亚,1999年诺基亚的市值是2030亿欧元(约2700亿美元),至2013年5月仅有128.8亿美元的规模。错失移动互联网是可怕的,它们曾是不折不扣的移动互联先行者,如今,似乎已经变成了先烈。

在中国,先驱们的壮志未酬也还历历在目。1998年,是中国互联网萌动的年份:搜狐创始人推出sohu 2.0版,誓做中国第一门户;网易也全面改版,朝着中文网络门户方向迈出了第一步;其他的搜索引擎如雅虎、广州视窗、利方在线也宣布改版成功,有意识地向门户转变或靠拢;国内资格最老、原本最有希望成为门户网站的浪海威因收入过低、投入产出比过于悬殊而陷入恶性循环;而与此同时,四通利方公司与海外华人互联网企业美国华渊资讯公司合并，成立了新浪网，在短短数月里，新浪网一跃成为全球最大的中文网站。

(二)云端变低谷

1999年开始，中国的互联网经历了一段快速上升的过程：8848网站不仅如其名一般展示了创立者勇攀高峰的雄心，也让我们第一次听说了网络购物；阿里巴巴仅用2年时间跻身全球规模最大的电子商务网站；中国最大的在线旅游服务商——携程网成立；中国第一家网上书店——当当网挂牌……

2000年的互联网，再次经历残酷而理性的挤水分过程。当时国内三大门户网站——新浪、搜狐和网易，相继在纳斯达克上市，风险投资的快速涌入催生了中国互联网产业的云端浮躁心态，让人们忘却了冷静思考互联网合理的盈利模式。很快，资本市场的残酷给了人们重重一击，新浪的股价跌到了1.06美元，搜狐跌至60美分，网易在上市的当天就跌破了发行价，一度只有53美分。互联网行业的并购潮、倒闭声迭起。

(三)潮落又潮起

互联网的寒冬中，通信行业的一条短信收费新规定曾经成为困境中的一丝曙光，然而光靠短信收入是不足以维持生存的。互联网行业掀起了对收费模式的探讨，腾讯公司在这场收费较量中胜出：卖企鹅玩具，移动QQ收费，插广告……互联网行业多少找回了一些信心。很快，SARS(Severe Acute Respiratory Syndrome，严重急性呼吸系统综合征)的横行让人们禁足于家中的同时，却为网络交易提供了一个天然的机遇。阿里巴巴公司在此期间投资建设了淘宝网和支付宝，两年后，淘宝网成为全球最大的个人交易网站，支付宝成为全国最大的独立第三方电子支付平台。

近年来，网络游戏、即时通信、博客、视频、互动社区……这些新颖的玩意在很短的时间内完成了从概念到应用的过程，互联网行业迎来了新的春天。

三、互联推动经济革新

互联网的发展对创新型经济起到了助力作用。互联网与传统产业不断融合，催生出的新型商务模式和服务业态，使越来越多的传统企业进入电子商务领域，在促进了传统产业改造升级的同时进一步带动了现代物流、工业设计和管理咨询等现代服务业的发展，为改造、提升传统产业提供了有力保障。

(一)互联使得经济发展更加繁荣

近年来，人与人、人与物、人与组织之间的沟通方式发生了迅猛的变化。我们能够看到的移动互联网的兴起、社交媒体的繁荣、物联网等，是这些变化的幕后技术推手。有研究者指出，互联经济是指源于数字化、社会化媒体、移动化的相互融合所产生的新型经济模式，已经成为在全球范围内影响社会、组织以及经济变革的重要因素，开始渗透到工业生产、商业流通、社会管理等各个领域。

互联因素在经济领域的作用也经历了一系列的发展阶段：一是特定互联阶段。这个阶段的互联表现为人与人、人与组织等之间的点对点互联，如电话、电邮等方式，没有标准方式，数据也相对难以采集和积累。二是互联系统阶段。我们常听说的ERP(Enterprise Resource Planning，企业资源计划)系统是这个阶段的代表物。它使得组织内部的信息相互连通，促进了部门间协调并有效提高了组织效率。三是互联企业阶段。互联网技术推动了企业之间的互联，构造了一个企业生态系统，使得组织自己完成它最核心的工作，而把非核心的工作交给互联的企业去完成。四是互联经济阶段。互联经济更像一个开放平台的经济模式，与互联企业阶段时的企业关注组建自己的网络不同，互联经济邀请更多地参与方，共同促进交易的繁荣。这是在技术和市场双驱动力发展的大背景下才能够产生和实现的。现在，云计算、移动互联等技术成为了互联经济最主要的驱动力。因为有了云计算，很多参与方都可以把自己的应用服务，包括硬件和软件，都放在云平台上；因为有了移动互联技术，更多的消费者不仅仅是平台的用户，也成为平台内容的提供商。

有专家表示，科技创新是创新经济增长的根本出路，依靠科技创新创造新的经济增长点、新的就业岗位和新的经济社会发展模式，是创新经济增长的根本出路。互联网技术正是科技创新的一个典型代表，必将带来经济的新增长。

(二)互联使得人们生活充满希望

互联的经济模式同样使我们的生活充满了希望。互联经济的繁荣促进了网络投资，创造了就业机会，增加了公共资金。正是由于互联模式与移动通信的融合，教育、医疗保健、支付和交易、交通和公用事业等相关产业的传统模式已经发生改变，民生变得更加便捷时尚。全世界正在更紧密地连接起来，互联生活也正在全面展开。

(三)互联带来经济创新

互联带来的经济创新，最显著的特征就是平台化的经济发展模式。

在互联经济模式下，企业首先要找到自己在大平台生态系统中的定位，并致力于人力资本、客户关系以及产品和服务创新这三项企业持续价值增长的关键点。企业需要高度重视对于“大数据”能力的构建和增强，让数据成为企业洞察客户的关键资源。同时，需要改造企业与客户交互的机制和渠道，通过移动互联技术，提供可定制化的贴身客户体验，以便对客户的个性化需求进行快速响应。苹果公司的前CEO (Chief Executive Officer,首席执行官)史蒂夫·乔布斯(Steven Jobs)以创造性的产品iPhone/iPad和基于iPhone/iPad的应用开启了创造性的商业模式,推动了移动互联网的发展。可以说,正是不断创新推动了多种智能终端的出现,使得基于无线业务的各种应用日益丰富,移动互联网的基础进一步稳固,而创新的发起者无论是公司还是个人,也必将因此载入史册。

在互联经济生活中,人们同样要紧跟时代发展的步伐追求生活的乐趣。生活在一个快速发展的时代中,如果舍弃了对时尚的关注,最终丢掉的将是我们自己的生活资本。在平台模式下,我们不仅仅是被动的消费者、产品服务信息的接收者,我们同样可以是这些内容的分享者和提供者。了解平台化模式的经济发展规律,不仅能够找到我们所需要的各类信息,提高工作效率,更能了解时代潮流,增添生活乐趣。

第三节 移动互联与世界的对接

经过20多年的飞速发展，移动通信行业形成了巨大的规模，具备了强大的发展实力，互联网行业经历过坎坷波折后也正蓄势待发，两者强强对接，移动互联网必然风生水起。

一、理解移动互联

移动互联网的概念于20世纪末提出，在21世纪的头十年获得飞速的发展。作为一个新兴的事物，无论是业界还是学界，对其定义众说纷纭，至今未达成共识。

基于前人的研究，本书初步整理了移动互联网的内容和功能，它们是基于移动通信系统，用户在任何时间、任何地点通过移动终端接入互联网，以获取和使用互联网上丰富的资源和服务。移动互联网就是将互联网技术、移动通信技术和商业模式的应用结合并实践的活动的总称。

二、融合创新应用

移动技术正在改变我们沟通、获取信息、休闲娱乐和上网的方式。移动行业将给多个领域带来革新，如医疗行业中的远程患者监护、运输行业中的智能目的地管理、公共事业领域的智能电表和智能电网等。根据全球移动通信系统协会和中文互联网数据研究资讯中心Machina Research的分析，到2020年，互联设备的总量预计将从目前的约90亿个增加至240亿个，其中移动互联设备将增长100%，从目前的60亿个增长到120亿个。通过与电子、汽车、公共事业和医疗等行业合作，到2020年，这种爆炸式增长将使全球移动运营商的业务机遇达到近1.2万亿美元，为整个生态系统提供显著的增长动力。随着互联设备种类的不断增加，新的业务机会正在涌现，“互联生活”的到来正在开始重新塑造电信及其相邻行业。

三、拥抱新流行

互联网改变了电信，移动性也正在改变互联网，移动宽带互联网的发展是未来的趋势。多终端承载的移动互联网提供给人们包括通信、信息、娱乐、生活服务等在内的众多体验，也在潜移默化之中改变了人们乃至社会的行为方式。

(一)虚拟社区的盛行

早期的互联网，个人和组织发布的信息是很少的，新闻和商品供应商占据主要资源，可以说那时的互联网只是现实社会资源的映射。Web 2.0的出现，导致博客、播客等群体创作内容不断增多，个人的网络存在越来越丰满。由于网络的非直面性，使得人们可以方便地隐藏自己的身份，自由地参与各类虚拟社区活动。国内一线城市的快节奏生活，也促生了人们以简单便利的方式消遣业余时间，虚拟社区广受欢迎。而大中城市的消费娱乐方式往往成为更多地区追求效仿的时尚，加之虚拟社区带给人们丰富多彩的体验，能满足多层次人群的生活娱乐需求，它的盛行势不可当。

（二）语言开放推陈出新

既然人们可以在移动互联网中以虚拟身份存在，语言的开放度较之现实社会也就大大不同。互联网的语言不是复杂的理论概念，而是通俗易懂，要学会打比喻、显幽默，否则你再高雅，在互联网中也只能成为被抛弃者。

这也同时导致了一个问题，大家越来越喜欢表达的是情绪，而不是事实。情绪很简单，事实很复杂。因此互联网衍生出很多情绪工具，如顶、打分、表情，更不要说各种情绪定义语言。行为艺术更加发达，目的是突破你的感觉和智性极限，语不惊人死不休的例子在网络上已经举不胜举。

（三）八卦和政治将长盛不衰

随着更多的人群进入互联网，互联网变成了最大的政治广场。这是最让各国政府头疼的事情。因为在互联网上，能够引起普遍关注的除了八卦就是政治。人们通常对自己无法参与的事物保持最大的乐趣去评价和发泄情绪。八卦新闻可能还好说，那本来就是雾里看花的事情；但对于每个政府，快速流动的新闻，将变成蝴蝶效应的大海，你不经意的语言、行为就可能引发海啸。

（四）安全问题最为敏感

互联网的安全问题，已经超越商业安全，成为个人生存安全和国家安全问题。

由于越来越多的企业用户和个人用户把越来越多的个人关键数据放在网上，故网络安全关乎每个用户和企业的生存能力。另外，由于互联网的无国界性，会导致提供通用服务的公司处在风口浪尖上，而正是由于其跨国性，政府无法充当中间服务商的角色。因为这直接关系到国家利益争议。任何国家也不希望自己的企业或国民的信息安全掌握在其他国家手里。

（五）电子商务和物流发展如影随形

不仅网络交易数量已经今非昔比，而且电子商务已经逐渐变成一种生活方式。电子商务除了带来便利，更根本的是成为各种商品扩充影响力的地方，也是厂家和用户交流的场所。

如果虚拟经济需要和现实经济联系起来，那么最直接的纽带就是物流。电子商务和物流是如影随形的一物两面。物流需要更大意义上的合作。不仅是降低物流成本，还要能创造物流业自己的客户、建立信息集成系统、构建供应链协同商务体系等附加价值。创造合作也是商机。

（六）工具狂人族

你是一个Geek（极客），还是QQ客户端的重度依赖者？无论是开发者还是使用者，我们似乎都陷入对工具的巨大依赖之中。在如此复杂的世界面前，工具给了你信心和安全感。

（七）玩家角色诞生

Web游戏（网页游戏）已经成为一种趋势，好处是可以跨平台，减少版本冲突，容易更新和嵌入服务。随着机顶盒逐渐进入客厅，视频游戏的市场大规模崛起。而智能手机或手持终端的游戏大战，从iPhone出现后，全面蔓延着战火。游戏越来越精致，互联网特性越来越显著。

除了各类移动互联网业务使用高手（以各类游戏玩家为代表）的产生，这类人群里还有不少乐于分享自己的经验，成为各类业务甚至是手机终端的免费培训师，这对移动互联网的蔓延更起到了促进作用。

移动互联网是基于固定互联网发展起来的，它可以针对用户具体情况为用户量身定制丰富多样的信息，帮助用户完成交易，实现完全由用户自由控制所需享受的服务的内容、时间和方式，实用性很强。移动和无线终端通常易于携带，用户能在移动状态下随时随地通过无线IP接入互联网，第一时间里快速接入自己最为关心的信息。无论用户身在何处，都能提供基于普通手机等移动终端、由用户自由定制的各种无线互联网信息点播服务，用户愿意为所接受的“个性化”的快捷、方便的服务而付费。移动互联网是一个更加个人化的互联网。

互联经济的蓝图已经展开，部署健康的移动生态系统至关重要，它将继续推动创新，为全世界的消费者和企业开发新的技术、产品及服务，成就属于百姓大众的移动互联新生活。

第二章　移动互联关联生活的体现

第一节　移动互联对需求的多维细分

4G竞赛全面启动后，电信市场竞争变得越来越激烈，运营商的ARPU(Average Revenue Per User，每用户平均收入)值和利润空间都面临着巨大的挑战。客户需求也变得多样化、差异化，对电信业务、服务的要求日趋理性和严格，对电信服务的整体质量也提出了更高要求，各个运营商都已认识到客户是其主要资产，而要在存量市场上创造出更大的价值，只有深入分析客户的消费行为，精确识别、细分客户市场，针对不同层次客户进行服务营销，方能使得各方价值发挥到最大，实现共赢。

在移动互联网领域，对客户特征分析后创造的价值并不低于开发新产品创造的价值。借助客户特征体系，企业能灵活地形成对于客户的宏观观察和微观细分，基于各种不同的营销目标或客户服务需求进行商机挖掘，再利用全程化、协同化的营销管理，促成更为高效的精确化营销模式。

本节将在客户细分概念、移动互联网领域中客户细分的现状基础之上，从个体客户、政企客户和家庭客户的视角分别阐述移动互联的各类应用。

一、客户细分的概念与现状

客户细分，即将客户分成不同群组，组内的客户具有相似的价值和需求，组间客户的价值和需求存在一定差别。电信企业一般以客户细分为基础，针对不同客户群策划和实施相应的营销策略。

客户细分并非只在电信行业或移动互联网时代才被重视，它的发展和应用已经在多个行业经历了较长时期的探索、应用和进步。笔者在多年的营销教学和实践中针对当前应用最多的三大类客户细分做了较为系统的维度整理，供读者研读。按照客户的规模大小，目前各行业中应用最为广泛的一级客户细分结果是个体客户、非正式群体客户和政企客户。

(一)个体客户

个体客户是指具有自主性消费愿望，拥有直接或间接的消费能力，区别于群体的消费主体，通常是自然人。

个体客户本身具有多种属性，用不同变量来划分客户，得到的结论是不同的。

目前总结出来的对个体客户细分的维度一共有八个方面。

1. 地理位置，如一级城市、二级城市和农村等。

2. 人口特征，如年龄、性别、职业、收入和教育程度等。

3. 消费行为，如消费量、购买渠道、决策过程等。

4. 利润潜力，如客户当前的获取成本、服务成本、对企业的贡献度等。

5. 价值观与生活方式。生活方式就是我们如何生活、如何扮演自我想要表达的角色；此类细分维度是根据个体客户宏观的价值观和态度来划分。这是一种相对新颖的个体客户划分方式，通常划分出的结果有八类人群。第一类人群，成就、顾家、自我防御的需要强，归类的需要很弱，将其命名为奋斗者；第二类人群，实用的需要较强，成就、表达、依赖外界、求新猎奇的需要很弱，将其命名为自我者；第三类人群，求新猎奇的需要略强，顾家、实惠、自我防御的需要很弱，将其命名为独立者；第四类人群，成就、影响外界、顾家、自主的需要很弱，追求一致的需要较强，将其命名为被动者；第五类人群，实惠的需要强，归类的需要较强，表达、自主、人际关系的需要弱，将其命名实惠者；第六类人群，实用、重人际关系、自主，影响外界的动机强，模仿的动机弱，将其命名为功利者；第七类人群，表达与客观化的需要强，实用动机弱，将其命名为炫耀者；第八类人群，模仿、追求一致、表达、自我防御等多个动机都很强，将其命名为矛盾者。

6. 需求动机。依据客户对产品/业务看重的要素不同而区分。动机，是指引起和维持个体活动，并使之朝一定目标和方向行进的内在心理活动，是引起行为发生、造成行为后果的原因。它是一种人体内在的、主动的力量，是个体由某种需要所引起的心理冲动。常见的消费者购买动机有以下九种。

第一种，求实购买动机。这是以注重商品和劳务的实际使用价值为主要目的的购买动机。具有这种动机的消费者在购买商品或劳务时，特别注重商品的实用效用、功能质量，讲求经济实惠、经久耐用，而不大追求商品外观、造型、色彩或者商标的名气、包装装潢等。这类消费者在选购商品时大都比较认真、细致，受商品外观和广告的影响较小。产生这种购买动机的原因主要有两方面：一是受经济条件的限制；二是受传统消费观念和消费习惯的影响，崇尚节俭、精打细算、讲求实用，从而也促成求实动机的产生。此外，求实购买动机还受人们所购商品的影响。

第二种，求新购买动机。这是以注重商品的新颖、奇特、时尚为主要目的的购买动机。具有这种动机的消费者在购买商品时，特别重视商品的外观、造型、式样、色彩、装潢等，追求新奇、时髦和与众不同。对陈旧、落后的商品不感兴趣。具有这种动机的人，大都思想解放，富于幻想，接受新思想快，一般在城市消费者和青年当中较多。

第三种，求美购买动机。这是以注重商品的欣赏价值和艺术价值为主要目的的购买动机。具有这种动机的消费者在购买商品时，特别重视商品对人体的美化作用，对环境的装饰作用，对其身份的表现作用，以及对人的精神生活的陶冶作用，追求商品的美感带来的心理享受。因此对商品的造型、色彩、款式、艺术欣赏价值格外重视，“美”是他们最重要的要求，而对商品的实用性、价格不太看重。在青年人、知识分子阶层、文艺界人士中，具有这种动机的人比较多。

第四种，求廉购买动机。这是以注重商品价格低廉，希望付出较少的代价而获得较多物质利益为主要特征的购买动机。这类消费者对价格特别重视，对价格变化的反应格外敏捷，喜欢选购处理价、优惠价、特价折价的商品。具有这种购买动机的人，以经济收入较低的人为多，但也不是绝对的。例如，中国电信推出的宽带网络初装费减免的优惠政策，往往会引发新的需求；中国移动推出的充话费得手机的活动，也会引起新的需求。

第五种，求名购买动机。这是一种以追求名牌商品或仰慕某种传统商品的名望为主要特征的购买动机。这种消费者对商品的商标、牌号特别重视，喜欢选购名牌产品。如只选用某些进口品牌的手机等。此外，这种动机在旅游、观光者中表现比较突出。多数旅游观光者都喜欢在游览名胜古迹的同时，选购、品尝一些反映当地风格特点的土特产品和风味食品。

第六种，自我表现购买动机。这是一种以显示地位、身份和财富为主要特征的购买动机。这类消费者在选购商品或从事其他消费活动时，不太重视消费支出的实际效用，而格外重视由此表现出的社会象征意义。例如，有的消费者会不惜重金选择一个“吉祥”的电话号码。

第七种，好胜购买动机。这是一种争强好胜，或为了与他人攀比并胜过他人的购买动机。这类消费者购买商品往往不是出于迫切需要，而是出于不甘落后、胜过他人的心理。因此，由这种动机引起的消费行为具有冲动性、偶然性、即景性的特点，带有浓重的感情色彩。如以前出现的住宅电话装机热，一些家庭由于经济条件差，客观上并不具备安装电话的条件，但是为了与邻居、同事攀比，也安装了电话。

第八种，好癖性购买动机。这是一种以满足个人特殊嗜好为目的的购买动机。有些人特别偏爱某一类型的商品。例如，有人喜欢运动，有人喜欢摄影等。好癖性消费行为一般比较集中，具有指向性与连续性的特点。

第九种，惠顾性购买动机。这是一种以表示信任而购买商品为主要特征的购买动机。消费者从经验或印象出发，对某种产品、某个运营商等产生特殊的好感，信任备至，在购买中非此不可。具有这种动机的消费者是企业最忠实的支持者，他们不仅经常光顾，而且会对其他消费者产生宣传、影响作用。通信企业应当在自己的经营中努力培养消费者的惠顾动机，不断争取更多的固定购买者。

7. 态度，指客户对产品类别或沟通渠道的认知和偏好态度，如喜欢在实体店面消费的客户与喜欢网络购物的客户。

8. 使用场合。根据客户不同的应用场景来细分，如在什么时间、什么地点如何使用等因素。

移动互联网时代越来越激烈的竞争，驱使运营商必须不断深度细分市场。细分客户单个群体数量相较于运营商的整体客户数量比重会很小，但细分出的种类会很多，在每个种类下积聚的用户都会对这类业务有很高的忠诚度，并会不断促使运营商对该类服务进行更深一步的挖掘。对客户有效的细分是一个不断精细调整的过程，确定客户想要什么服务不是一劳永逸的事情。这就意味着需要一直跟踪市场需求变化的趋势，不断更新客户的需求信息，将客户细分工作长久地进行下去。

作为普通消费者，也应该借此机会审视自己的内心，发掘自身本质的需求驱动力，找到自己最关心的需求点，才不会在面对琳琅满目的各类业务和平台应用时迷失。

(二)非正式群体客户

这里没有直接提到家庭客户的层面，而是用了非正式群体这一在细分中不太常见的用语，是为了更加系统地对客户——企业的宝贵资源形成一个完备的认识。非正式群体客户是介于人们熟知的个体客户和政企客户之间的一种细分维度，现在常常提到的家庭客户是其中的一种，后面会详细描述。

非正式群体，是人们在活动中自发形成的，未经任何权力机构承认或批准而形成的群体。非正式群体的存在是基于人们社会交往的需要，非正式群体之间的关系不像我们所说的政企客户那样的正规组织具有内部强制力，非正式组织内部的关系是相对松散和自由的。当前在对此类客户细分的研究成果中，已经较为成型的有以下四类：

1. 血缘群体，如家庭客户、家族或部族客户。

2. 地缘群体，如社区、乡镇、民族聚居区等。

3. 业缘群体，如白领阶层、行业协会等。

4. 趣缘群体，如网络虚拟论坛的爱好者、俱乐部等。

(三)政企客户

政企客户或集团客户是电信行业常用的分类名称,其更正规的客户细分类别应该称为组织客户,以组织名义与一个公司签署协议,订购并使用该公司的通信产品和服务,并在该公司建立起集团客户关系管理的法人单位及所附属的产业活动单位。

组织客户在规模、行业、所有制、地域、企业个体发展成熟度、产业链信息化程度等各个维度上表现出巨大的差异性,其需求的深入程度也各不相同。因此建立一种多层次、多覆盖面、组织客户精细化细分标准,便是非常重要的,并成为一种必然。当前已经应用的对组织客户的划分主要是按照行业标签来划分的,未来组织客户的细分将在更加精细化的维度上展开。对组织客户的细分维度有以下三种:

1. 组织客户统计因素维度:客户规模(收入、员工数、信息化支出占比等);客户所处行业(行业标签、信息化需求方向);客户所在的地理位置(经济环境等)。

2. 政策导向维度:行业发展对信息化要求的迫切性;组织发展对信息化要求的迫切性及方向。

3. 上下游信息化影响力:上下游信息化发展的成熟度;上下游对组织信息化的影响程度。

上述为笔者历年来对客户市场研究积累下来的多维细分标准。在移动互联网时代,这些标准中的很多都被企业采纳和应用,从当前各企业的产品序列中已经可以略见一二。例如,中国电信拥有众多典型的移动业务。其中,在政企方面,中国电信拥有综合办公和移动全球眼业务。综合办公目前已能够实现公文处理、移动邮件、通讯录、通知公告、日程管理、会议管理等功能;移动全球眼是“全球眼”在移动网络应用上的延伸,以全球眼服务平台为中心,开发移动浏览、移动监控两大类食品应用。在家庭方面,中国电信拥有无线宽带、我的e家和爱音乐业务,基本上体现了中国电信多业务协调发展的特点。在个人方面,大部分业务都是新的业务,也有一些是后续业务的延伸,主要包括手机报、189邮箱、手机阅读、号码百事通、手机动漫、手机影视以及定位/导航服务。

二、无微不至为个体客户

个体客户,是电信运营商的传统服务集中的领域,也是最为人所熟知的客户细分市场。在移动互联网时代,面向个体客户的业务应用可谓五花八门,运营者们无微不至地为客户设想了多种实用和绚丽的产品门类。

(一)为个人用户打造娱乐宝典

随着信息通信技术的发展,如今手机越发成为人们尤其是年轻人的娱乐工具,各种各样的娱乐都将逐步在手机上实现。运营商也越来越重视个人用户的娱乐和便捷需求，开发了非常丰富的信息产品。中国移动以移动应用商场(MM)为核心，以iPhone大手机为展示终端，集中展示了mm门户概念下包括MM游戏、飞信、手机阅读、12580、手机支付、无线音乐、手机电视等在内的丰富多彩的增值业务应用。让用户在享受令人目眩的全新应用体验的同时，更感受到了现代信息服务带给生活的高度便捷。中国电信的天翼空间内容也越来越丰富。中国联通的沃商店平台上的应用非常丰富，包括音乐类、GPS类、商务类、视频类等应用。在支付方式上，沃商城可能会采用“中间账户”的支付模式，用户在注册应用商店的同时自动注册“中间账户”，可选择绑定话费支付或者支付宝、财付通等第三方支付工具。运营商的手机音乐业务吸引了大量年轻人参与体验，手机阅读、手机邮箱、手机支付等应用也很吸引眼球。

(二)小额支付，让出行更方便

现在手机用户不仅可以打电话，还可以实现持手机刷公交、地铁，进行小额支付应用，如同刷一张普通的市政交通一卡通。

以北京为例，早在2010年，北京就推出了“手机一卡通”服务。“手机一卡通”是北京联通与北京市政交通一卡通公司联合开发的一款基于SIM卡应用的移动支付产品，即在实现联通手机通信功能的同时，具备北京市政交通一卡通(简称“一卡通”)应用支付功能。该产品实现了手机刷卡乘坐公交和地铁、小额消费等一卡通应用支付功能。此外，“手机一卡通”用户可以通过手机STK菜单、短信、热线电话等多种形式实时查询电子钱包等的使用情况。在充值方面，消费者可以到一卡通的充值点进行现金充值，同时支持空中充值，用户需要通过手机STK菜单操作将预存资金从后台充到卡上，用于刷手机进行的消费。“手机一卡通”在手，即可轻松享受快捷、时尚的支付生活。

(三)固移融合，方便你我

自中国电信接收CDMA以来，一直致力于发挥有线、无线融合优势，全力打造“固移融合、天地一体”的优势网络。针对公共互联网用户，中国电信首推Wi-Fi时长卡。网上购买、支付和使用方便快捷。Wi-Fi免费体验时间由2小时提升至5小时，其他运营商用户将享受中国电信强大网络提供的极大便利，使用中国电信方便快捷的Wi-Fi服务。业内首推Wi-Fi国际漫游服务。目前，可在13个国家和地区享受该服务，包括中国香港、中国台湾、澳门、泰国、印尼、韩国、日本、法国、意大利、德国、比利时、澳大利亚、新西兰。此外，服务区提示、热点地图搜索、流量统计和提醒服务，也让用户使用更加方便、放心。目前，天翼宽带Wi-Fi客户端已与主流操作系统平台平板电脑适配，在App Store等主流网站上均可下载使用。中国联通也是固网和移动融合业务的提供者，在业务设计方面完善性虽不及中国电信，但各类促销活动也此起彼伏，面向个人市场推出的装宽带送手机、办3G融合业务送互动TV等也都取得了不同程度的效果。

(四)集约经营，提供更专业、更有潜力的业务类型

近两年，通信企业纷纷设立专业公司及业务基地，旨在通过集约化、专业化运作进一步深度挖掘和服务于客户需求，在提升存量客户消费价值的同时孵化未来的品牌应用。中国电信设立了8个业务基地，分别是爱音乐基地、天翼视讯基地、协同通信基地、天翼空间基地、天翼阅读基地、物联网基地、爱游戏基地、爱动漫基地。爱音乐基地是在彩铃基础上成立起来的，已经产生了可观的流量。中国联通也在重点环节集中力量投入，首先是深度定制终端，通过4G时期终端的突出作用捆绑客户；推出了沃品牌下全新青少年业务板块——沃派，并推出外形酷炫、互联网体验丰富且合约计划总额低廉的终端，争抢学生用户群。即时通信工具"沃友"官方网站正式上线，并推出"沃友"校园版。

三、立足创新为政企客户

政企客户是移动互联网时代电信运营商的重量级战场，也是新的利润增长点，在新的历史时期被赋予重要的发展使命。三家电信运营商在传统的政企客户部、集团客户部的基础上纷纷成立了独立子公司，用于运营政企客户的业务。同时，各产业链的参与者也着力于对政企客户的创新性营销研究。

随着国家信息化和工业化的高层次的深度结合以及经济结构调整的推进，各行各业都具有非常迫切的信息化需求。无论是从国有企业肩负的社会责任角度出发，还是从寻找新的发展机遇、培育新的收入增长点角度考虑，运营商都前所未有地重视行业信息化市场，前所未有地关注行业客户的需求。而4G网络的建成及应用的不断丰富，也为运营商服务行业信息化提供了成熟的条件。运营商面向工商、税务、环保、物流、银行、保险、新闻传媒、中小企业等部门及行业用户，为其打造适需的解决方案。

中国联通在建设了世界上最大的WCDMA网络的同时，推出了4200项行业应用。几年来，中国联通已经陆续与中国华电集团公司、中铁快运股份有限公司、山西杏花村汾酒集团有限责任公司、中国中信集团公司、中国五矿集团公司、国金证券股份有限公司、中国民航信息网络股份有限公司等行业巨头展开合作，拓展其电力信息化、物流信息化、金融信息化等行业解决方案市场版图。中国联通面对公交行业推出的智能公交应用方案，能够帮助公交集团管理部门实现车辆调度，提升管理水平；实现对车内情况的实时监控，尽量避免各类事故的发生。中国联通对媒体行业推出的手机移动采编业务也备受记者的青睐，记者利用移动采编系统就能实现远程采编，工作效率大大提高。中国联通的订餐宝业务极大地方便了餐饮企业搞好客户关系的管理工作，能帮助其大幅提升竞争力。

中国移动在政企客户领域也是投入颇多。动力100品牌的树立承载了公司对政企客户市场的殷切期望。旗下涉及政府、农业、教育、电力、银行、交通、商贸和制造业等多个领域的行业应用不胜枚举。产品线也分为基础通信、办公管理、营销服务和生产控制四方面。移动400、移动总机、无线商话、会议电话、集团彩铃、企业建站等多个业务受到客户的广泛关注并被采纳。针对自然灾害预警和安全事件防范等热点话题，中国移动在物联网行业应用领域类研发了众多创新成果，包括电梯卫士、车务通、城消通、校讯通、地质灾害防治系统等在内的大量信息化应用。例如，城消通通过中国移动TD-SCDMA/GSM网络，将各建筑物独立的火灾自动报警系统联网，综合利用地理信息系统、数字视频监控等信息技术，通过统一平台，在集中监控中心内对所有联网建筑物的消防安全情况进行实时监控，对消防设施及值班人员进行实时巡检，将灾害防患于未然。无线城市整体解决方案的试点建设也是中国移动服务政企市场的一大亮点。中国移动利用TD网络优势、客户规模、服务与创新能力，为城市行政区域提供高速无缝的无线宽带覆盖，并向政府、企业、市民提供了包括无线政务、新闻资讯、路况实时监控、景区监控、市民交费查询系统、车辆违章查询系统等丰富的信息化服务，助力实现强政、兴业、惠民。

中国移动无线城市方案能够实现的功能有以下几方面：

第一，智能化区域管理。提供移动办公、市政管理、行政执法、公共安防等信息化解决方案，降低行政成本，提高管理效率。

第二，科技化产业提升。为产业提供信息发布的平台，促进区域安防、物流和信息产业的发展。

第三，和谐化宜居环境。在公共信息获取、休闲娱乐、生活起居等方面提供服务，提升公众生活质量，使知识和创新成为区域居民的生活习惯和发展动力。

第四，方案应用。中国移动无线城市服务已经在厦门成功运营，在湖北黄石、四川成都、上海奉贤区等地全面铺开，探索了一条多方共赢的产业化道路。

中国电信继续以“商务领航”品牌，通过综合办公、移动全球眼、车辆人员定位及物联网应用，充分展示了中国电信在行业信息化方面的主要成果。智能医疗是中国电信利用物联网打造智慧城市的一项重要应用。其特点是基于医院信息、新型农村合作医疗、区域卫生等服务管理模块提升医疗卫生信息化水平，促进资源共享，构建数字化医疗卫生体系。“警务e通”“公交e通”“保险e通”“工商e通”是中国电信在天翼4G无线网络定位技术的基础上，为司法、公交和保险等部门及行业量身定做的行业信息化解决方案，颇受行业用户关注。在新技术应用层面，中国电信主要发力云计算，以实现转型。

四、打造温馨迎家庭客户

家庭客户是移动互联网时代电信运营商的新战场，也是最贴近客户、最易打动客户的软实力竞争领域。

电信家庭客户指包括使用固定电话业务、移动电话业务、宽带互联网业务及IPTV(Internet Protocol Television，网络电视)业务在内的家庭客户，是具有家庭关系的个人客户集合，也是最具有价值特征的客户。

家庭生活是人们生活中很重要的一个组成部分，如何为家庭客户提供丰富的信息业务，是运营商增强业务黏性、维系客户的关键所在。近几年，运营商非常重视对家庭客户需求的研究，努力为家庭客户建设数字化家庭环境。

网络音响是中国联通推出的一款对家庭用户的创新型网络音频播放家电产品，专门针对庞大的宽带互联网用户，结合互联网海量的音频资源，使用户不用电脑，就可在线收听无限量高品质的网络音乐、评书、相声、戏曲、语音小说、生活资讯、时事财经新闻等众多内容，为家庭生活提供了新乐趣、新享受。此外，固话与4G可视互通业务让家庭用户不仅可实现与其他可视固话间的视频通话，还可与联通4G手机进行视频通话，同时可以通过该终端收发短信，获取一些生活信息。视频通话的画面质量好，音质也很清晰。

中国移动的智能家居业务也让人们充满了期待。“宜居通”是典型的物联网产品，除了具备基本的电话通话功能和上网功能外，其最主要的功能为安全防控，用户只需在家中安装无线座机以及探头，就可及时获取非法闯入、有毒气体、异常烟雾等相关告警信息。目前，该产品可设置5个告警手机号码，在发生非法入侵等异常情况时，“宜居通”就会自动向用户拨打告警电话或发送告警短信。“千里眼”是视频监控类产品，该业务可为客户提供视频监控的一揽子解决方案，包括前端设备、网络传输、视频存储和分发、客户端展示等全流程服务等。中国移动的“千里眼”业务与中国电信的“全球眼”、中国联通的“神眼”所提供的服务并无差别，目标市场是有视频监控需求的家庭客户。此外，在家庭客户市场上，亲情通也是中国移动计划实现全网运营的物联网业务之一，这一业务其实是对此前中国移动爱贝通、校讯通等物联网业务的整合。该业务面向儿童，主要提供亲情通信、关爱定位、绿色上网等业务；面向老人，主要提供亲情通信、关爱定位、养生资讯、医疗保健等业务。中国移动计划扩大亲情通业务的业务能力，将更多的信息化服务，诸如学习规划等纳入该平台之上。

随着业务类型的增加和家庭客户市场的不断成熟，移动互联网产业链的各方—电信运营商、设备制造商、内容提供商、业务提供商等方面正充分利用现有的资源和优势，为家庭用户提供具备个性化、智能化、宽带化、移动化特征的综合信息服务，积极开展以移动数字家庭应用、移动数字家庭策略为核心的战略设计、营销推广和服务拓展，打造产业链在家庭客户市场的核心竞争力和持续市场地位。

第二节　移动互联融合灵活的多元发展

如果说2009年以前，中国的移动互联网还处在方兴未艾、山雨欲来的时期，那么今天的移动互联网已经进入攻城拔寨、无坚不摧的境界，成为几乎所有的媒体、所有的电信专家、所有的IT厂家都在谈论的话题。电信运营商、设备提供商、内容提供商、互联网应用提供商云集于此，踌躇满志。

在移动互联网时代，只有根据用户的使用习惯和具体的场景内容选择应用，并为用户提供一站式的应用解决途径，才能更好地发挥移动互联网整个产业链的活力并激发持久的生命力。因此，融合灵活，适应多场景是移动互联网时代的新风尚。

本节将首先阐述场景化设计理念的特点，选取其在移动互联业务设计中的具体体现为切入点，分类阐述场景化应用的奇妙世界。

一、场景化理念的内涵

应用场景化，是把看起来似乎无关的应用跟具体的场景连接在一起，以用户场景为出发点，把用户的需求改进成合理有效的组合。这是未来用户体验“一体化”服务的方向之一。移动互联网时代，面对各类新型应用和体验的爆炸性增长，用户经常会感觉到目不暇接、无所适从。从用户角度出发，如何在缤纷复杂的各类应用中找到最为关注和喜欢的业务，成为用户首要关注点；而从互联网应用供应商的角度出发，如何把新型的应用推广、推送给真正的目标客户，同时完成应用的广泛传播是亟待解决的问题。同时，在未来社会中，整块的时间越来越少，碎片时间越来越多，用户单独享受某一单模块应用的时间会越来越少，因此只有那些能够贴合用户碎片时间的应用服务才能够实现成功推广和传播。为此，互联网应用的“场景化”模式就应运而生，它能够在碎片的时间里整合各类服务和应用，提供打包的一体化的服务，并按照差异化的场景管理，把精彩的业务推送给用户。其特点主要体现在以下几方面。

第一，“应用场景化”能够更好地适应用户的使用习惯和感知关注特点，充分利用碎片时间，提升用户的使用黏性。在很多情况下，用户会根据不同的场景使用不同的业务，而利用应用场景提供相关的场景应用，能够更好地把时间碎片整合在一起，让用户享受更为智能、贴切的互联网应用，从而带来更好的使用效果，场景化将成为未来增强用户黏性的重要武器之一。

第二,“应用场景化”能够带动互联网产品及其衍生产品的推广和服务,满足用户和企业推广业务的要求。对企业而言,差异化的推送和服务是未来营销的关键,场景化则能够从应用的维度提供更为精细化的用户感知服务。另外,各类互联网产品也能够通过某种场景的适用,推送给目标人群。这些关联互联网业务及其衍生产品能够通过场景服务做到更加有效、便携化地推广,并为用户带来更为全面、贴切、周到的服务。

第三,“应用场景化”便于业务的整合、打包及推送,提供一体化的服务,更符合未来融合的趋势和要求。场景化能够摒弃各类烦冗的应用梳理和选择,通过场景设置,把各类业务按照场景进行整合和分类,通过业务的融合和打包,推送各类场景应用给用户。同时,一体化的服务也能够面向用户,摒除各类底层应用的兼容和重叠的情况,在业务层面做到应用产品的“无缝”使用,对用户来说,从感知的角度关注应用的价值远远大于产品层面。

可见,通过移动“应用场景化”的整合服务,未来的用户能够在享受互联网应用的基础上,更好地选择符合自己使用习惯和要求的应用,从而进入到享受场景化的新阶段。

当前移动通信运营商尚处于移动互联网发展早期的引领地位,掌握了移动通信的管道服务,具有进行整合各项业务、提供一体化服务的能力和实力。因此,运营商若能够完成向移动“应用场景化”的转变,则可以更好地提供网络服务和支撑,提升客户对于移动网络服务的依存度。

“应用场景化”的关键在于能够把应用按照各类场景进行梳理和划分,在此基础上搭建场景化的轮廓,让用户能够更多地将自己贴近各个场景,为用户提供更加灵活多变的服务。在移动互联网时代,主动进行应用服务的推送才是方向,只有根据用户的使用习惯和具体的场景内容选择应用,并为用户提供一站式的应用解决途径,才能更好地发挥移动运营商的“运营”特色,掌握主动。场景化的精髓在于能够提供用户个性化体验,而用户需求常跟随潮流变化,运营商必须能够创新出更加贴合用户使用习惯的场景,才能够发挥场景化的作用,这也是运营商必须时刻进行挖掘和创新的动力所在。

目前很多地方的移动、电信公司都开始把研究用户的行为特征和未来的潮流方向作为重点课题来跟进,这表明运营商至少在思维习惯上顺应了“互联网”的自由开放的特质,但是面向应用场景化的转型,还需要时间。

二、奇光异彩的娱乐

在物质极丰富的今天,人们对于生活的追求不仅仅是吃饱穿暖,娱乐的成分也逐渐凸显出来。移动互联网时代的娱乐不仅仅是手机游戏。关于手机娱乐被提到比较多的一个概念是“碎片时间”。每天都有若干个“几分钟”,设计良好的手机娱乐应用应满足单回合时间短、信息量大的特点,使得用户可以在无聊的时候用这些“有趣”的“小”应用打发时间。“愤怒的小鸟”、“新浪微博”都属于其中的佼佼者。

移动娱乐简言之就是传统娱乐方式在手机和其他PDA等移动通信终端上的应用。随着3G时代的来临,宽带传输、手持终端、移动视频等新技术产生的能量会进一步扩展,娱乐创新的表现形式越来越丰富多彩。以移动游戏为代表的移动娱乐业务能够为运营商、服务提供商和内容提供商带来附加业务收入,它将是运营商可提供的又一项有特色的移动增值业务。目前,移动娱乐服务已经涉及短信、拍照、录像、内置游戏、音乐等终端移动娱乐,以及图铃下载、电子视频、网上聊天、新闻资讯、定位导航、商务办公等增值服务。移动娱乐有机会成为移动产业最大的收入来源,同时也是鼓励移动用户消耗剩余预付费的最佳手段。移动互联网业务目前以移动游戏、移动音乐等娱乐型业务为主。

当前较为活跃的移动娱乐业务代表有以下几类。

(一)移动游戏类

随着科技的发展,现在手机的功能也越来越多,越来越强大。而手机游戏也远远不是我们印象中的什么“俄罗斯方块”“捕鱼达人”“贪吃蛇”之类画面简陋、规则简单的游戏,现在已发展出可以和掌上游戏机媲美,具有很强的娱乐性和交互性的复杂形态的游戏。

(二)移动视频类

手机视频是指基于移动网络(GPRS、EDGE、4G、Wi-Fi 等网络),通过手机终端,向用户提供影视、娱乐、原创、体育、音乐等各类音视频内容直播、点播、下载服务的业务。用户有在旅途当中收看视频内容的需求,对内容的要求是长度短、带宽低,如新闻、体育热点、天气、娱乐服务、占星等。

根据国内外移动运营商的发展动态来看,手机视频业务呈现出如下几个发展特点。一是通过管道智能化,为手机视频业务的长远发展打下基础,具体体现在定向流量免费和智能分发上。二是通过提高云服务能力来保障手机视频业务的发展。NTT Docomo 推出手机视频业务,在用户睡觉期间,Docomo 可把用户中意的节目自动送到手机中,用户随后即使在无信号情况下也可收看。三是通过内容整合来丰富手机视频业务的内容。为了整合视频内容,运营商往往通过购买、控股、合作等方式获得视频内容的所有权和播放权。法国电信运营商Orange投入2亿多欧元购买体育以及电影转播权，与一些影片制造商签署独家转播“排他性”合同，以引入一些引人入胜的新影片。由此可见，全球移动运营商一致看好手机视频业务的长期发展，都在竭尽所能地为该业务的发展不断探索。该业务也必将成为带动移动互联网业务发展的主力军。

(三)移动音乐类

目前，手机下载消费已成为中国移动新型消费的主要部分。

在各类有代表性的单项业务基础之上，运营商还积极推出了娱乐打包应用。“百宝箱”业务是中国移动无线应用下载服务的统称，可以更好地为客户提供全新图形化、动态化的移动增值服务。具体地说，百宝箱就是一类可在手机上运行的各类计算机应用程序的集合。客户通过GPRS无线上网方式，从百宝箱业务门户上下载这些应用程序到手机后，就可通过运行这些应用程序获得类似于个人电脑上的游戏、娱乐、商务、生活等各种应用体验。这些应用既有单机方式使用的，如各类单机游戏、动漫画、小小说等，也有联网方式使用的。

三、四通八达的沟通

微访谈、微博、微信、微媒体……这是众多以微字开头的社交应用的一角，随着微博在中国的火爆，我们正面临一个微时代的来临:微时代的重要特征是社交化应用繁荣和人们注意力及时间资源配置的碎片化，“微”既是说内容和应用变得更加小众化，也是说人们的消费趋势变得更加个性化。

沟通，是人与人之间、人与群体之间思想与感情的传递和反馈的过程，以求思想一致、感情通畅。人的沟通需要是普遍存在的，这也是移动运营商的生命力所在。互联网的社交应用为运营商提供了一个免费的话题资源平台。以微博为例，我国微博用户已经超过3亿。在微博上，各种话题资源影响着人们的注意力波动，话题内容从娱乐八卦到新闻时政，从街坊的家长里短到国际政治家的绯闻，无所不包，并具有随时引爆流行的可能。

随着智能手机的普及和国内移动通信网络环境的改善，移动社交既包含了社交的互动性，又有移动终端的灵活性和多样性，蕴藏着巨大商机。因此，除了传统互联网巨头，一些新晋企业也快速涌入市场，群雄逐鹿移动社交领域。

在中国，SNS已经占据互联网浏览量的一半之多，并呈现出向移动网络迁移的增长态势。一方面，SNS具备实时社交功能，大幅刺激了移动网络数据使用量的增长，使得电信运营商极为重视移动社交应用带来的流量规模与流量效益。另一方面，SNS的群体效应与圈子黏性作用，使其成为多类应用尤其是营销类应用的拓展核心,Facebook(脸书)等领头企业开发了包括SNS与广告、LBS、微博、团购、游戏、应用商店等在内的多种组合类别,为把流量转化为收入做出多种尝试。此外,当前越来越多的企业用户开始使用知名微博或知名社交社区进行营销活动,如Twitter(推特)使用Promoted Trends(推广趋向)等广告产品,其日均广告标的已经上升到12万美元,SNS正从以往的娱乐工具逐渐转变为日常工具乃至商务工具。国内外运营商显然也已经注意到了这类社交应用的发展势头,不少运营商已经悄然放弃了自行运营社交应用,更多采取与领先社交企业合作的业务经营方式,主要的合作方向包括流量经营与合作营销。前者一般体现为数据流量或短信流量方面的合作,如运营商与Twitter之间的短信合作协议,或运营商的定向流量包等;后者主要表现为运营商与社交企业进行内容合作,主要为企业客户提供社交营销产品服务,如Twitter与Docomo的合作,为企业客户提供对外营销渠道,并将Twitter消息等内容整合在i Mode门户搜索结果中。此外,社交招聘、社交媒体陪伴孤独老人等更多、更新型的应用正在不断冲击着我们对传统沟通的理解,装点着我们的新生活。

四、事半功倍的学习

学习是人们工作生活中都必不可少的重要活动。人们的学习方式伴随着信息技术的发展已经发生了变化。人们熟悉的新型学习方式有数字化学习、移动学习等。

数字化学习的英文全称为Electronic Learning,中文有“数字(化)学习”“电子(化)学习”“网络(化)学习”等不同译法。不同的译法代表了不同的观点:一是强调基于互联网的学习;二是强调电子化;三是强调在数字化学习中要把数字化内容与网络资源结合起来。三者强调的都是数字技术,强调用技术来改造和引导教育。在网络学习环境中,汇集了大量数据、档案资料、程序、教学软件、兴趣讨论组、新闻组等学习资源,形成了一个高度综合集成的资源库。

移动学习是一种跨越地域限制,充分利用可携技术的学习方式。美国教育学家亚历山大•戴伊(Alexander Dye)等学者对移动学习给出一个较为具体的定义:一种在移动计算设备帮助下的能够在任何时间、任何地点发生的学习。移动学习所使用的移动计算设备必须能够有效地呈现学习内容,并且提供教师与学习者之间的双向交流。

移动学习在国外已经是一个研究得比较深入的课题。现在国内教育界也开始探讨移动学习的应用模式与发展。目前WAP、GPRS和UMTS技术已经得到很大的发展,无线电话和无线通信终端设备也有了很大改善。随着国内4G环境的发展与成熟，从数字化学习到移动学习已经成为一个必然的趋势。移动学习具有可携带性、互动性、操作便捷性等特点，还具备用户针对性的明显优势。国内网络教育已经慢慢发展成熟，目前结合多媒体进行的同步或异步的教育与培训已经取得初步成功，移动学习已经成为有别于校园学习的独立的学习方式。作为辅助学习功能，移动学习具有很大的用户市场及发展空间。

随着手机和PDA等手持移动终端的普及，移动学习自2006年开始迅速升温，越来越多的企业开始进军移动学习产业。以现代通信技术及信息技术为背景的数字化学习模式，为人们的学习提供了理论与实践模式，并逐步成为企业培训和教育研究的热点。移动学习促进了现代教育和计算机通信技术的发展观念的转变，已经成为传统学校教育学习模式的有力补充。

此外，近年来兴起的微博等手段，对学习方式的推进也起到了积极的助力作用。与现有的移动学习平台相比，微博具有更好的即时性和交互性，终端设备要求低，同时受惠于我国4G技术和市场的迅猛发展，可以以更好的通用性和更低的成本来构建移动学习平台。具体而言，基于微博构建移动学习平台具有明显优势。

第一，更能激发学习者兴趣。传统的移动学习平台多数借助于网络课程、教育专题网站、博客、BBS或各种专用软件等来发布知识，但在实际应用中，这些形式往往难以引起学生兴趣，访问率极低，很多网站、BBS都处于无人问津的尴尬境地。而微博拥有极高的易用性、极快的反馈速度，更重要的，它是信息传播的技术明星，是很多人每天必备的阅读、交流工具，是当今的潮流。

第二，更深入的互动和更即时的交流。微博的信息交流核心是“关注”，你可以关注某个人，也可以被别人关注，被关注者的信息更新会被即时地自动推送给关注者。这样的传播模式加深了学习者与学习者或学习者与教师之间的联系，还可以给人很强的临场感，一旦你发布的信息被人回应，就会让你觉得真的在和对方面对面讲话（正是这种临场感让很多人对微博上瘾，欲罢不能）。通过微博的交互性和即时性，很容易地就能把相同领域具有相同诉求的学习者聚合在一起，形成学习群组，进而更容易地过滤掉噪声信息，成为一个高质量的知识中心，增强每个组员的学习效果。

第三，更低的成本。微博早已深入普通人的生活，在这个基础上来构建移动学习平台，仅仅需要功能上的扩展，不像其他一些专用移动学习平台，研发难度大、成本高。同样，微博对于接收终端的兼容性也很好，手机、PDA、平板电脑、笔记本电脑都可以轻松访问，不同层次的学习者都可以很方便地使用。

基于信息化学习方式的发展梳理，移动学习等新型学习手段的应用场景十分丰富,如个人移动学习、企业在线学习、基于问题/主题的微博交流……随着移动互联网技术的迅猛发展,各种流行的网络技术成为人们传播信息的利器。如果能够把移动互联网时代技术的易用、即时、交互性强、成本低等优势引入到移动学习中,必将极大地推动我国移动学习的发展。

五、便捷舒适的日常生活

日常生活是人类活动多彩的部分,随着信息技术的发展,也是最能带给我们惊喜和兴奋的领域。除了移动支付、远程医疗、在线购物等已成规模的场景应用外,面向家庭生活的各类场景设计与应用产品也不断走入我们的视野。

随着信息技术的快速发展、4G移动通信技术的上线,我们正跨入一个崭新的、多元化的信息社会。信息社会对我们的生活产生了巨大影响,它正改变着我们的语言、行为、思想及生活的方方面面。家庭将重新成为信息社会的中心,在信息社会中具有重要的地位,这种地位决定了数字家庭将成为信息社会的重要组成部分。在通信行业转型及宽带网络快速发展的推动下,家庭客户需求逐渐从单一的语音、上网通信,向娱乐、生活应用类的服务需求扩展,基于家庭网络的业务已成为运营商新的利润增长点。全球大多数电信运营商纷纷成立了面向家庭用户的业务部门,大力发展基于家庭网络的业务,他们不再将家庭网络停留在家庭范围内的网络互联,而是将家庭网络作为电信网络的延伸。

根据家庭用户对综合信息服务的不同需求,可将基于家庭网络的业务分为以下五类:一是沟通类业务。用来满足家庭成员的沟通与交流需求,主要包括宽带语音、视频通信、即时通信、FMC(Fixed Mobile Convergence,固定网络与移动网络融合)融合语音等。二是娱乐类业务。可以满足家庭成员的休闲娱乐需求,主要包括电视直播、视/音频点播、网络游戏、家庭媒体共享和存取等。三是信息类业务。用来满足家庭成员获取生活、娱乐等综合信息需求,主要包括信息浏览、定制与推送业务等。四是办公类业务。满足家庭成员在家庭内部与外部进行商务沟通、协同办公等需求。五是生活应用类业务。能够满足家庭成员日常生活便利及家居智能化需求,主要包括家庭监控、电子支付、智能家居、远程医疗、远程教育、电子购物等。

在常规家庭生活场景的应用设计中,运营者们还进一步精细化地提出了老年家庭生活应用场景设计思路。

(1)场景模式:让生活更简单

起床场景:百叶窗开启,夜灯自动熄灭,触摸式电视机开关观看早间新闻。

用餐模式:灯光自动调节,早间新闻屏幕切换.花园里的自动灌溉系统开始工作。

(2)远程控制:随时的便捷与保护

离家模式:电器关闭,窗帘闭合,进入布防状态;指纹锁带来方便,即使忘带钥匙也可回家。远程监控调节煤气等重要家居用具,可随时接收报警短信并作远程处理。

从家庭需求情况来看,家庭信息化需求将逐渐增加,未来家庭不仅需要运营商提供在家上网和办公的条件,还需要运营商提供与各类信息家电融为一体的控制功能。电信运营商应与设备制造商、内容提供商、业务提供商等通力合作,充分利用现有的资源和优势,为家庭用户提供具备个性化、智能化、宽带化、移动化特征的综合信息服务,促进运营商从"管道"提供商向综合信息服务提供商的转型。运营商在4G网络上积极开展以移动数字家庭应用、移动数字家庭策略为核心的战略设计、营销推广和服务拓展,将有效地推动移动通信业务的快速增长,有助于提高移动用户的ARPU值,有力地提升移动通信的核心竞争力。

六、商机无限的移动商务

移动商务是电子商务从有线通信到无线通信,从固定地点的形式到随时随地的商务形式的延伸。通过对移动商务的整个发展历程研究可知,移动商务的兴起和疾速发展并非偶然,主要是由以下三个因素驱动:移动应用的普及越来越广泛,电信市场更加开发和自由,随时随地的商务活动。人们对生活品质的重视成为推动移动商务发展的社会力量。移动商务极具吸引力的内容和功能,移动服务的低成本、合理的价位以及其对电子商务的可替代性,也使得移动商务随着经济进步而不断发展。同时,移动商务作为通信网、互联网和IT技术融合的时代产物,在新技术的不断推动下正在不断地为人们的生活和工作方式开创一种全新的数字模式。

移动电子商务是移动通信与电子商务融合产生的新概念。它是利用手机、PDA、掌上电脑等无线终端进行的B2B、B2C或C2C的电子商务,使人们能在任何时间、任何地点进行各种商贸活动,实现随时随地、线上线下的购物、交易、在线电子支付,以及各种交易活动、商务活动、金融活动和相关的综合服务活动等。网络技术的迅速发展,为移动商务的发展提供了技术上的支持。移动电话与电脑的普及程度相比,移动电话用户远远超过了电脑用户,这意味着移动电子商务具有强大的群众基础。相对于传统的电子商务,移动商务具有以下四个明显的特征,即移动、即时、专属、方便。移动商务的移动不仅仅表现为终端的移动性,还包括服务的对象和提供的服务都是移动的;即时是指移动用户能够及时获取所需要的各种信息和服务;专属通常是对服务终端而言的,移动商务的服务终端主要是移动电话、PDA等工具,具有极强的个人性,这为移动商务的发展带来独特的优势,使移动商务与私人身份认证的业务相结合，使其发展具有了得天独厚的先天优势；方便通常是针对相对服务方式而言，移动商务要求服务形式简单，反应迅速。移动商务的这些特点决定了其在未来的发展前景将异常广阔。

旅行社电子商务，是旅行社基于互联网提供的互联网络技术，使用电脑计算技术、电子通信技术与企业购销网络系统联通而形成的一种新型的商业活动。现代旅行社电子商务已经发展成为集旅行社与顾客信息实时动态交互功能、网络预订与交易功能、客户关系管理功能、企业文化和形象展示功能以及旅行社信息化管理等功能于一体的智能化企业运营管理系统，随着电子商务技术的不断进步，旅行社电子商务功能还可以无限扩展。随着旅行社电子商务应用范围的日益广泛，应用程度日益加深，电子商务将成为旅行社行业变革创新的助推力量，必将提升旅行社行业的服务效率和水平，提升旅行社的整体管理水平，降低旅行社企业的运营成本。

交通运输是名副其实的"移动"过程，是最适合开展移动商务的行业之一。近年来，移动商务在物流领域的应用日益广泛，在配送调度、动态监控、智能交通、存储优化等环节大显身手。在运输管理方面，移动商务与GPS/GIS相连接，能够使运输车队受中央调度系统的控制，实现中央调度系统对在途车辆的实时监控。在数据采集和存储方面，可以利用带有小型移动数据库的设备存储数据，并通过无线通信网将数据直接写进中央数据库。移动商务使得物流信息的全程控制实时而高效，能更好地满足用户的跟踪查询要求。目前市场上已有的手机物流通可以实现的功能有：一是物流信息的发布与查询；二是LBS定位；三是物流安全验证；四是行业温馨服务提醒。

移动商务的发展不仅有利于更加充分地发挥互联网的潜力，还提供了许多新的服务内容。移动商务发展必将迅猛，前景必将诱人。

第三节　移动互联对未来生活的影响

如今，随着智能手机用户的增多，移动互联网跟人们的生活联系也越来越紧密。在地铁、在路上、在公司、在家里，我们随时随地都在使用手机。只要随身携带手机，移动互联网就相伴左右，互动电话、手机电视、家电遥控、网络游戏、在线购物、移动办公等活动可以随时进行。移动互联网时代，人们越来越密切地感受到信息科技带来的巨大改变和种种便捷。面对这样一个崭新的信息生活，移动互联将带给我们更精彩的体验。

一、灵动的家庭

正如前文所提及的，家庭客户是近年来新兴的市场细分类型。在社会变迁的条件下，中国家庭的核心化、空巢化、小型化趋势明显，使得家庭外在模式呈现多元化，家庭通信需求日趋多元化。随着技术的日渐成熟，受需求的拉动，移动互联网产业链的成员们不约而同地把家庭客户作为重要战略市场，各自以优势资源和服务能力为依托，实行差异化的策略，由此也促成了面向家庭客户的各类应用的繁荣。

（一）手机钱包：让百姓“刷”出便利

手机钱包的业务层出不穷：手机钱包购福彩、手机购物、移动话费的查询及交纳、银行卡余额查询、银行卡消费提醒、订票、手机投保、数字点卡购买、手机订报、电费缴纳与查询等，广大用户在尽情享受个性化支付时尚的同时，也切实感受到信息化支付的快捷与便利。

手机钱包的优势主要体现在：一是轻松即时结账，现场刷卡消费。无论是网上购物，还是用手机在合作商户POS机上现场刷机消费，手机钱包都能为您轻松解决，随时随地享受手机支付方式的便捷。二是账户开通方便。市民可以足不出户，只要通过手机钱包网站或编辑手机短信即可开通。三是操作简单便捷，多重安全保障。对于小额支付，市民只需回复手机短信即可实现消费结账，减少时间成本。采用金融级别的安全机制，并增加手机实时验证，让用户使用更放心。四是多种方式充值，支付途径丰富。手机钱包支持现金充值、网银充值、移动话费充值卡充值等多种方式，不仅可以通过互联网、短信、语音、手机上网、手机菜单方式使用，还可直接在商户现场刷机使用。

（二）交通短信：让出行不再困扰

在繁忙的城市，市民的出行越来越成为大家头疼的事。现在可以通过编辑简单短信参与各地方的交通部门出行通知业务，免费得到违法、车辆年检、交通路况、驾驶员换证提示等多项交通信息的服务。

（三）城市光网：让身边充满神奇

城市光网的应用十分便捷，比如只要提前用手机发个指令，下班后一进家门，室内灯火通明，令人温馨；夏天一进屋，提前启动的空调迎面送上冷气，就能让人凉爽。有了城市光网高带宽的基础，用户可以将互联网视频输出到大屏幕电视上，全高清的视频效果将远超以一般方式收看的效果。此外，三天内的节目都能回放，它可以自动录下想看的电视节目等等，这些已经触手可及的神奇已经走近我们。

（四）智能家居：打造灵动生活

用手机控制家庭灯光，用手机给自己换装，用手机控制各种家庭设备（包括灯光、音响、空调、窗帘、投影机、电脑等），以及用手机对家里情况进行监控和布防，一旦布防区域有变动，报警信息和现场抓拍的画面将即时发送到手机……一个个与我们生活密切相关的应用引人入胜，智能家居的不断丰富将带给我们非凡的生活体验。

随着网络技术和通信技术的发展，移动互联智能家居比传统智能家居又有了很大的进步，可以更方便地实现视频监控、可视对讲、安防报警等功能，用户的生活空间得以无限拓展，无论何时何地，用户都可以通过智能手机、平板电脑等移动智能终端实现智能控制，真正畅享无处不在的智慧生活。

二、生动的办公室

随着物联网概念的兴起，移动互联网的应用范围再一次飞跃。物联网，是一个听起来熟悉又生僻的词。说到熟悉，是因为它仅与互联网相差一个字，而互联网早已经被人们所熟知；说到生僻，恐怕真的没有几个人能够真正说清楚，这究竟是一个什么样的新事物。如果正在办公室的你，只是按了一下遥控器，下班后回到家就能吃上已蒸好的热气腾腾的白米饭，你认为这件事情可能吗？答案是完全有可能。在物联网得到广泛应用之后，只需在电饭煲上面安装一个传感器，电饭煲就可以被主人操控，这样你下班就可以吃到自己蒸熟的米饭了。物联网的概念是在1999年提出的，意为“物物相连的互联网”，这有两层意思：一是物联网的核心和基础仍然是互联网，是在互联网基础上的延伸和扩展的网络；二是其用户端可以延伸和扩展任何物品与物品之间的联系，进行信息交换和通信。

已经有技术专家着力于基于物联网技术来设计智能办公系统，如成都物联网移动互联MICT产业项目技术负责人王帅，在2015年提出通过射频识别、全球定位系统、各种传感器等信息传感设备，以ZigBee（紫蜂）无线网络与互联网、局域网相连，实现监控端与之相互进行信息交换和通信，实现对办公环境的实时监控、信息处理的功能，整个系统构成实时、智能的物联网，将有效地简化公司管理任务和提高公司的安全指数，使办公更绿色、更舒适、更安全。

受移动互联网技术的启发，传统办公环境厂商也开始积极寻求新的发展模式和联合策略。

电子保密柜是办公常用物品，传统保密柜只要输入电子密码就可以开启柜门。新型的指纹保密柜，只要将手指轻轻地按在感应区，柜门便自动打开。通过融入活体指纹识别技术，打破了传统办公中必须谨记密码的弊端，同时做到专柜专用，大大提高了档案资料和机密资料的安全性。

集成彩色打印、传真、复印功能的一体机、碎纸机、密码保险箱等的办公立柜设计，通过触摸控制屏，就可以实现对门禁、电源、音响、窗帘、室内灯光的开关和调节，充分体现了科技智能办公理念。

第四节　营销模式的发展与变化

一种产品(或商品)从生产领域向消费领域的转移过程就是一个营销的过程。如何完成这种产品(或商品)的转移？不同的转移方式就是不同的营销模式。从历史的眼光来看，人类社会营销模式有一个产生、发展与变化的历程。

一、物物交换模式

物物交换的模式就是：商品—商品。

是指不同生产者之间物质产品的直接交换，以满足不同生产者不同的需要。这是产品流通最初的原始形式，出现在原始社会后期。

在原始社会，人们使用以物易物的方式，交换自己所需要的物资，比如一头羊换一把石斧。

随着生产力的发展，引起了社会的分工，产品所有者以自己的剩余产品去交换自己所需的其他产品，这种交换就是直接的以物换物，无任何中间媒介，因而也是最简单的交换方式。通过交换，产品变成商品，实现其价值和使用价值。这里，商品的价值是以另一种商品的实体来体现的，其使用价值也是最直接明了的。由于是物对物的直接交换，其最大的弊端在于很少能一次实现产品所有者的交换目的，而是需要多次交换才能实现，这就无形中增加了流通过程的时间，增大了流通环节的复杂性，因而造成流通过程中的诸多不便与不合理，但在当时的生产力水平下，这种交换的出现无疑也是流通经济发展的一大进步。

(一)物物交换的特点

1. 物物交换的最大特点是以物易物；

2. 交换可能一次完成，也可能要经过多次交换才能实现交换的目的；交换得来的物品直接用于生产者的生产和生活消费；

3. 交换的数量以其生产的时间和生产者的需要为衡量尺度；

4. 交换过程只包含实物的运动，与之相对应的流通过程也只是一种实物的流转过程。

(二)原始部落物物交换的特点

1. 交换的物物对两个部族来说都是必需品；

2. 交换的基础是相互之间长久形成的互信；

3. 交换的物物并非等价，相反交换的物物是绝对不等价的，而且可能价值上差距很大。主要是由于价值的难以估量并且在互信基础上价值不是首先会考虑的。

(三)物物交换的弊端

1. 要求双方都需要对方的商品，交换才能成功，否则交换就无法进行；

2. 有时候受到用于交换的物资种类的限制，不得不寻找一种能够为交换双方都能够接受的物品；

3. 物品损耗会比较大，在等待交换的过程中，物品可能会有所损坏，影响交换质量。

(四)现代版的"物物交换"

虽然物物交换是最原始的产品流通方式，但在今天，却出现了其现代版。眼下，以物易物的交易方式正在网络上悄然流行。以物易物的交易平台是"物物交换"网站。这些网站有全国性的也有地域性的，有综合类的也有专业类的，但功能都差不多—你可以在这里用自己不想要的物品与别人交换自己想要的物品，且这种交换不需要货币。

1. 物物交换各取所需

迫于经济压力的一些年轻人，凭借自己对互联网的熟悉，打起了以物易物的主意。比如家里不用的玩具，比如不常穿的衣服，都可以拿到网上换取一些日常需要的东西。

"你不需要的，你不喜欢的，你不舍得丢弃的，也许有人在期待。"虽说这只是某换客网站的一条宣传语，却也揭示出换客易物行为的真实心理。换客一般都会把自己家里各种闲置的东西整理出来，把照片及其详细信息发布在专业的交换网站上，换取自己需要的东西。

"我不再需要的东西说不定在别人那里就成了宝贝，我也能从别人那儿淘来我需要的东西。"可用来交换的不仅是物品，还有技能。在各种交换网站，我们看到，可"交换"的"技能"实在是五花八门，似乎人人都可以找到自身可交换的法宝：外语、琴棋书画、软件开发、中医按摩、汽车驾驶、调酒、摄影、美容化妆、厨艺、歌舞戏剧，等等。

2. 企业以商品换原材料

物物交换的形式除了得到捂紧口袋过日子市民的青睐，一些现金周转不灵的企业也加入了这一行列。

受金融危机影响，不少企业的现金流通出现困难。因此，物物交换的易货贸易方式从个人向企业蔓延开来。各企业之间不用现金，直接用自有产品与对方交换，可以在把自己的产品售出的同时，也换回自己所需的用品。在网上我们可以看到，一些企业交换信息平台也一样火热。有的上网交换的企业主留言：资金周转困难，以物易物，缓解你我(流动资金不足)压力。

一家物物交换网站的崔经理告诉记者，金融危机波及全球后，一些企业资金周转出现困难。为了获取相应的生产原材料或相关职工生活用品，不少企业开始寻求通过以物易物的方式，来缓解压力。物物交换易货这种贸易方式的出现，可以将原始的个人面对面低效率易货，提升为企业对企业通过互联网的高效率易货，帮助企业盘活被库存产品占用的资金，对帮助企业度过危机起到一定的积极作用。

3.易货在国外成新兴的产业

“物物交换”的商业形态，在国外，易货已经成了一种新兴产业。在英国，仅一家物物交换网站一个月就能吸引4万多个新用户，网站成员每月交易商品的价值已超过25万英镑。

此外，物物交换生意已超越实物商品的范畴，出现了服务性交易。家住英格兰西南部的德文资深教师菲奥娜，通过一家网站为11岁以下儿童提供家教辅导，回报方式是让对方家长为自己铺木地板。

经济压力下，“高雅、浪漫”的法国人也开始放弃购置新物品，转而购买二手货，或干脆与他人在网上交换所需的物品。而且，一半以上的法国人认为，消费者之间的交易可以减少浪费，保护环境。

4.国家贸易也有“物物交换”

马来西亚《星州日报》报道，由于国际钢材价格不断上扬，在马许多工程承包商需自行承担比原预算多出的每吨317美元的额外费用，无法按时完成工程。目前，马来西亚所产钢材每吨售价比中国产钢材售价高出约350美元。马建筑商公会建议，通过物物交换方式或不通过中间商直接向中国直接买人，以降低建筑商的原材料成本。

二、产品营销模式

产品营销就是在商品经济时代，产品的生产企业通过货币结算，出售所经营的产品，转移所有权并取得销售收入的交易行为。

产品营销实质上就是一个商品流通的过程。是指商品从生产领域向消费领域的转移过程。在商品流通过程中，需要不断地完成由商品到货币和货币到商品的变化，这种变化既涉及商品价值形态的转换、商品所有权的转移，又涉及商品实体的位置移动。商品通过买卖活动而发生的价值形态变化和所有权的转移，叫作商品的价值转换，简称“商流”。在商品流通过程中，商品实体在空间位置上的移动和在流通领域内的停滞，叫作商品的实体运动，简称物流。

商品的流通过程，实际上是商流和物流的统一。一个个商业经营组织，构成商流与物流的主体，促进商流与物流的顺利完成。如果从纵向商品流通的角度来看，这些商业经营组织形成一个个的商品流通环节，环节与环节之间，形成商品流通渠道。正确认识商业环节、商品流通渠道的本质特征，对于合理地设置商业经营组织具有决定性的意义。

(一)产品营销的经营环节

商品在转让使用价值的过程中，商品价值随着商品的买卖活动而发生转移，每转移一次就发生一笔购销额，就要进行一次结算。因此，经过一次买卖行为，就形成一道经营环节。经营环节也叫结算环节。

(二)产品营销的仓储环节

商品实体在运行过程中的停顿，即商品储存。商品进出仓库一次就是一道仓库环节。在市场经济条件下，商品的经营环节和仓库环节是不可分割地结合在一起的，商品不经过买卖，就不能实现价值的转移。当商品买卖行为发生后，随着商品所有权的转移，交易双方就要办理开票、托收、结算、记账等事务，在完成商品价值转移的同时，商品实体的运动也跟着进行，二者基本上是同步的。

(三)产品营销的社会与自然属性

1. 要受商品生产和商品流通的规模条件制约。随着经济的发展，商品生产的规模越来越扩大，社会商品交换的深度和广度亦不断升级，许多地方性的产品卷入全国市场的流通，商品营销范围的扩大，必然相应要求增加流通环节和延长扩大流通渠道。

2. 要受商品的自然属性的制约，商品越容易变质，体积越大，越不易于运输储存，它离开产地的距离就越近，流通渠道就短，环节就少；反过来，商品体积小，价值大，不容易变质，它离开产地的距离就远。现代科学技术的发展，储存运输手段的进步，可以使一些瓜果蔬菜也能够远距离运销，但这和上述规律发挥作用并不矛盾。

3. 要受商品社会属性制约，越是生活必需品，例如粮食、棉花，在人们日常生活中的地位越重要，营销的范围就越大，营销网络的密度也会加大。

(四)产品营销的商品所有者状况

从商品所有者的状况来看，这些所有者既可以是自然人，也可以是小的经济单位。所有者单一，规模过大，则流通渠道也会趋于单一，反之，就会出现多渠道。但是，所有者成分过分复杂，规模过小，会造成流通渠道的混乱，阻碍商品流通的正常进行。

从交通运输条件的制约来看，商品流通与交通运输是密不可分的。商品流通的扩大，是推动交通运输事业不断完善发展的强大经济动力，而交通运输业的发展又能促使商品流通扩大，这是一种良性循环的关系。如果某一地区交通运输不发达，要与外地进行商品交流，必然要进行多次倒手、中转、装卸，增加很多环节，影响渠道的畅通。可见，交通运输越发达，进行同样距离同样规模的商品流通，所经历的环节越少，渠道越短。

（五）产品营销的商流物流关系

从商流与物流关系的角度来看，呈现出相互结合、相互分离、相互制约三种状态。

第一，在一般情况下，商流和物流是结合在一起的，商品所有权的转移引起商品实体的运动，在这种情况下，商流与物流的关系对流通渠道的形成与选择并没有明显影响。

第二，在商流与物流相分离的情况下，无论是商流在前，物流在后，还是物流在前，商流在后，或者光有商流，没有物流，都使商品流通呈现出价值实体与物质实体相分离的双重渠道，双重渠道在特定历史条件下有利于促进商品从生产领域向消费领域的转移。

第三，商流与物流相互制约的情况有两种，或者是商流不合理导致物流不合理，或者是物流不畅通导致商流停滞，这两种情况都会导致流通渠道的不畅，因而应积极创造条件，协调二者的关系。

从上面的分析可以看出，影响和决定商品流通渠道的因素是多种多样的，这些因素主要是通过影响商业环节从而影响流通渠道，由此可见，正是商业环节的有与无，多与少，才形成了多种商品流通渠道并存的流通渠道体系。

（六）产品营销的流通渠道

1. 直接渠道

这种渠道的典型公式是：生产者—消费者。商品交换没有中间人介入，产销结合在一起，形成的是直接流通渠道。这时商品生产者同时又是自己产品的商人，而没有形成任何商业环节。

首先，这种渠道与简单商品生产相联系，由小商品生产者附带兼营销售业务。由于商品生产、商品消费的规模很小，生产与消费的时空矛盾不大，市场范围狭小，生产者与消费者有条件在交换时直接见面。特别是当农村经济向商品经济转化的过程中，农民在城集贸易市场上将自给有余的商品或少量以交换为目的的产品直接出售给消费者，仍然是最经济最合理的商品流通形式，既方便消费，又能更好地促进农村商品生产的发展。当然，通过直接渠道进行流通的并不限于地产围狭窄的产品，如某些地产地销的手工业产品，也都适宜通过直接渠道进入消费，以节约流通费用，节省流通时间。

其次，许多商品的自然属性，也决定必须通过直接流通渠道进行流通，如某些易于变质、不便储存的农副产品，应尽可能缩短商品的在途时间，尽快进入消费领域，只有直接流通渠道最为快捷。

再次，在生产力水平发展到一定阶段之后，直接流通渠道的地位有越来越受到重视的发展趋势。一是在当代社会化大生产条件下，经常出现集中生产对应集中消费，大规模生产对应大规模消费，直接流通渠道是最为经济合理的流通渠道。二是某些高科技产品，需要完全按照用户的要求，甚至在用户的直接监督下进行生产，因而不需要任何商业环节介入其中。三是随着信息时代的到来，生产者与消费者的接触越来越方便，使得生产者完全可以进行小批量生产而代替过去的大批量生产，为每一个消费者设计生产服装、设计生产食品和其他生活用品，从而实现产需直接见面。

当然，同是直接流通渠道，同是生产者一消费者的过程，在高科技条件下与在小商品生产条件下会有许多质的区别。

2.间接渠道

商品交换以商业为媒介进行，形成了产销分离的间接流通渠道，这种流通渠道因为主要由商业环节构成，因而又可以被称为商业渠道。间接流通渠道与发达的商品流通形式相对应。商品流通间接渠道的具体形式是：

(1)生产者—零售商—消费者

(2)生产者—批发商—零售商—消费者

(3)生产者—产地采购批发商—中转批发商—销地批发商—零售商—消费者

这三种流通渠道，加上前面讲的直接流通渠道，构成商品流通渠道体系。这四种流通渠道同时并存，正常运转，是市场经济健康发展的重要条件。

商业内部批发零售分工的客观必然性、批发商业独立存在的客观必然性、多环节渠道(即长渠道)存在的客观必然性，首先是由于商品产销矛盾不断扩大造成的。随着生产力的发展，商品的销售范围越来越广，流通规模越来越大，生产与消费在时间、空间、品种、规格、档次、数量等方面的矛盾越来越突出。如生产集中消费分散，或生产分散消费集中的矛盾，生产的单一性与消费的多样性的矛盾，生产的时空局限性与消费的时空无限性的矛盾，都需要靠商业的多形式、多功能、多渠道来缓解或解决。

三、服务营销模式

服务营销是企业在充分认识满足消费者需求的前提下，为充分满足消费者需要在营销过程中所采取的一系列活动。服务作为一种营销组合要素，真正引起人们重视的是20世纪80年代后期，这时期，由于科学技术的进步和社会生产力的显著提高，产业升级和生产的专业化发展日益加速，一方面使产品的服务含量，即产品的服务密集度日益增大。另一方面，随着劳动生产率的提高，市场转向买方市场，消费者随着收入水平提高，他们的消费需求也逐渐发生变化，需求层次也相应提高，并向多样化方向拓展。

“服务营销”是一种通过关注顾客，进而提供服务，最终实现有利的交换的营销手段。实施服务营销首先必须明确服务对象，即“谁是顾客”。像饮料行业的顾客分为两个层次：分销商和消费者。对于企业来说，应该把所有分销商和消费者看作上帝，提供优质的服务。通过服务，提高顾客满意度和建立顾客忠诚。

对于厂家来说，有鉴于饮料行业的营销模式，分销商占据举足轻重的地位。厂家的利润来自全国各省市的分销商。分销商具有左右市场需求的力量，因此，我们的主要精力是处理好与各地分销商之间的顾客关系，建立合作、友好、互利的伙伴关系。要知道他们是企业最大的财富，失去了他们，企业将一无所有。

企业必须坚定不移地树立服务客户的思想，认清市场发展形势，明确分销商是厂家的上帝，消费者是最高上帝。企业所做的一切，都要以消费者的需求为最终的出发点和落脚点，通过分销商将工作渗透到消费者层次上，从源头抓起，培育消费者满意度和忠诚度。坚持为他们提供一流的产品、一流的服务。一来能体现企业对产品的负责、对分销商的负责、对消费者市场的负责；二来可以加强沟通，增加公司吸引力，提高竞争力，与客户共同进步，共同得益，实现厂家、分销商、消费者的“多赢”。

作为服务营销的重要环节，“顾客关注”工作质量的高低，将决定后续环节的成功与否，影响服务营销整体方案的效果。

（一）“顾客关注”九项原则

1.获得一个新顾客比留住一个已有的顾客花费更大

企业在拓展市场、扩大市场份额的时候，往往会把更多精力放在发展新顾客上，但发展新的顾客和保留已有的顾客相比花费将更大。此外，根据国外调查资料显示，新顾客的期望值普遍高于老顾客。这使发展新顾客的成功率大受影响。不可否认,新顾客代表新的市场,不能忽视,但我们必须找到一个平衡点,而这个支点需要每家企业不断地摸索。

2.除非你能很快弥补损失,否则失去的顾客将永远失去

每个企业对于各自的顾客群都有这样那样的划分,各客户因而享受不同的客户政策。但企业必须清楚地认识到一点,即每个顾客都是我们的衣食父母,不管他们为公司所做的贡献是大或小,我们应该避免出现客户歧视政策,所以不要轻言放弃客户,退出市场。

3.不满意的顾客比满意的顾客拥有更多的"朋友"

竞争对手会利用顾客不满情绪,逐步蚕食其忠诚度,同时在你的顾客群中扩大不良影响。这就是为什么不满意的顾客比满意的顾客拥有更多的"朋友"。

4.畅通沟通渠道,欢迎投诉

有投诉才有对工作改进的动力,及时处理投诉能提高顾客的满意度,避免顾客忠诚度的下降。畅通沟通渠道,便于企业收集各方反馈信息,有利于市场营销工作的开展。

5.顾客不总是对的,但怎样告诉他们是错的会产生不同的结果

顾客不总是对的。"顾客永远是对的"是留给顾客的,而不是企业的。企业必须及时发现并清楚了解顾客与自身所处立场有差异的原因,告知并引导他们。当然这要求一定营销艺术和技巧,不同的方法会产生不同的结果。

6.顾客有充分的选择权力

不论什么行业和什么产品,即使是专卖,我们也不能忽略顾客的选择权。市场是需求的体现,顾客是需求的源泉。

7.你必须倾听顾客的意见以了解他们的需求

为客户服务不能是盲目的,要有针对性。企业必须倾听顾客意见,了解他们的需求,并在此基础上为顾客服务,这样才能做到事半功倍,提高客户忠诚度。

8.如果你不愿意相信,你怎么能希望你的顾客愿意相信

企业在向顾客推荐新产品或是要求顾客配合进行一项合作时,必须站在顾客的角度,设身处地考虑。如果自己觉得不合理,就绝对不要轻易尝试。你的强迫永远和顾客的抵触在一起。

9.如果你不去照顾你的顾客,那么别人就会去照顾

市场竞争是激烈的,竞争对手对彼此的顾客都时刻关注。企业必须对自己的顾客定期沟通了解,解决顾客提出的问题。忽视你的顾客等于拱手将顾客送给竞争对手。

以上九点都是简单的原则，如果企业能遵循上述原则，将会有事半功倍的效果。当然，没有不变和永恒的真理。随着市场的变化及工作经验的不断积累，相信更多精辟、实用的“顾客关注”法则会应运而生，“顾客关注”工作也将推向更新的高度。

（二）我国服务营销面临的挑战

中国加入WTO后，境外服务企业纷纷涉足中国市场抢占先机，众多知名企业已纷纷落户中国，并且布点工作还在进一步展开。加入WTO后，我国逐步放开服务市场，对外商设立合营、合资公司的数量、地域、股权等的限制也将逐步取消，这无疑会对我国服务业产生巨大的挑战。

我国的服务市场尚处于发育阶段，有关资料显示，经合组织成员国的服务贸易占世界贸易总额的81%，我国服务业占GDP的33.5%，不仅远远低于发达国家，而且比发展中国家的平均水平（40%）还低。我国服务业总体发展水平落后，特别是服务各产业（项目），各地区发展极不平衡，一些地区和一些服务产业（项目）还处于空白状态；同时服务业管理水平和生产效率也比较低下，价值补偿不足，资金短缺严重。

1.服务营销理念面临挑战

外资企业一般都有先进的管理经验和现代商战的营销手段，以及先进的营销哲学，长远的营销目标，完善的营销网络，高效的营销运作体系，而我国的服务性企业缺乏这样的基本素质。他们一旦与高素质的营销人员、营销管理结合，必然会在服务市场营销方面产生巨大的营销力，这会直接冲击我国的服务业。

2.服务营销规模的挑战

外资企业一般都是跨国公司，资金雄厚、实力强大，营销规模优势明显，能产生出价格优势和服务优势，这对我国一些规模小、资金短缺、经营成本高的服务企业也会产生巨大的冲击波。一些服务企业照搬流行的服务措施，脱离自身实际承受能力，在服务时，不顾自身实际，盲目照搬，出了大力，结果却不尽人意。

3.服务营销创新方面的挑战

随着科学技术的飞速发展，外资企业更加容易利用现代化的高新技术开展营销创新活动，如营销组织创新，7Ps创新，服务品牌创新等，这是我国服务企业难以企及的。如近几年发展起来的网络营销，就是外资企业运用现代科技进行营销创新的结果。

4.服务营销人员素质方面的挑战

有些企业服务人员在服务营销中，人员就是服务的一部分，服务人员的素质与行为直接决定了服务质量水平。服务质量和服务水平难以满足顾客需求，服务工作简单草率或出现较多的服务断层链。服务工作是一项长期连环工作，它贯穿于售前、售中、售后组成一个环环相扣的服务链。当前一些企业只能简单地服务，服务有其名无其实，无法形成优质竞争力。

四、体验营销模式

体验营销是站在消费者的感官、情感、思考、行动和联想等五个方面，重新定义、设计的一种思考方式的营销方法。

这种思考方式突破传统上"理性消费者"的假设，认为消费者消费时是理性与感性兼具的，消费者在消费前、消费中和消费后的体验才是购买行为与品牌经营的关键。比如当咖啡被当成"货物"贩卖时，一磅卖300元；当咖啡被包装为商品时，一杯就可以卖25元，当其加入了服务，在咖啡店中贩卖，一杯最少卖35-100元；但如能让顾客体验咖啡的香醇与生活方式，一杯就可以卖到150元甚至好几百元。星巴克(Starbucks)真正的利润所在就是"体验"。在施密特博士所提出的理论中，营销工作就是通过各种媒介，包括沟通(广告为其之一)、识别、产品、共同建立品牌、环境、网站和消费者，刺激消费者的感官和情感，引发消费者的思考、联想，并使其行动和体验，并通过消费体验，不断地传递品牌或产品的好处。

体验营销是指企业营造一种氛围，设计一系列事件，以促使顾客变成其中的一个角色尽情"表演"，顾客在"表演"过程中将会因为主动参与而产生深刻难忘的体验，从而为获得的体验向企业让渡价值。体验营销以向顾客提供有价值的体验为主旨，力图通过满足消费者的体验需要而达到吸引和保留顾客、获取利润的目的。

在体验营销模式中，企业的角色就是搭建舞台、编写剧本。顾客的角色是演员。而联系企业和顾客的利益纽带则为体验。开展体验营销，要求企业深入体察顾客的心理，准确掌握顾客需要何种类型的体验。

(一)体验营销的主要策略

1.感官式

感官式营销是通过视觉、听觉、触觉与嗅觉建立感官上的体验。它的主要目的是创造知觉体验的体验。感官式营销可以区分公司和产品的识别，引发消费者购买动机和增加产品的附加值等。以宝洁公司的汰渍洗衣粉为例，其广告突出"山野清新"的感觉:新型山泉汰渍带给你野外的清爽幽香。公司为创造这种清新的感觉做了大量工作，后来取得了很好的效果。

2.情感式

情感式营销是在营销过程中，要触动消费者的内心情感，创造情感体验，其范围可以是一个温和，柔情的正面心情，如欢乐、自豪，甚至是强烈的激动情绪。情感式营销需要真正了解什么刺激可以引起某种情绪，以及能使消费者自然地受到感染，并融入这种情景中来。在“水晶之恋”果冻广告中，我们可以看到一位清纯、可爱、脸上写满幸福的女孩，依靠在男朋友的肩膀上，品尝着他送给她的“水晶之恋”果冻，就连旁观者也会感觉到这种“甜蜜爱情”的体验。

3. 思考式

思考式营销是启发人们的智力，创造性地让消费者获得认识和解决问题的体验。它运用惊奇、计谋和诱惑，引发消费者产生统一或各异的想法。在高科技产品宣传中，思考式营销被广泛使用。1998年苹果电脑的IMAC计算机上市仅六个星期，就销售了27.8万台，被《商业周刊》评为1998年最佳产品。IMAC的成功很大程度上得益于一个思考式营销方案。该方案将“与众不同的思考”的标语，结合许多不同领域的“创意天才”，包括爱因斯坦、甘地和拳王阿里等人的黑白照片。在各种大型广告路牌、墙体广告和公交车身上，随处可见该方案的平面广告。当这个广告刺激消费者去思考苹果电脑的与众不同时，也同时促使他们思考自己的与众不同，以及通过使用苹果电脑而使他们成为创意天才的感觉。

4. 行动式

行动式营销是通过偶像，角色如影视歌星或著名运动明星来激发消费者，使其生活形态予以改变，从而实现产品的销售。在这一方面耐克可谓经典。

5. 关联式

关联式营销包含感官、情感、思考和行动或营销的综合。关联式营销战略特别适用于化妆品、日常用品、私人交通工具等领域。美国市场上的“哈雷牌”摩托车，车主们经常把它的标志文在自己的胳膊上，乃至全身。他们每个周末去全国参加各种竞赛，可见哈雷品牌的影响力不凡。

(二)新型体验营销的几大类别

1. 美学营销

美学体验营销是指以人们的审美情趣为诉求，经由知觉刺激，提供给顾客以美的愉悦、兴奋、享受与满足。这种营销模式要求企业对色彩、音乐、形状、图案、风格等美的元素加以良好地运用。这种方式在奢侈品尤其盛行，并且被广泛应用。

2. 娱乐营销

娱乐体验营销是指以顾客的娱乐体验为诉求，通过愉悦顾客来达到企业的营销目标。这种营销方式的出发点和归宿点就是为顾客制造快乐和开心。它相对传统营销方式来说显得更加亲切、轻松、生动，并富有人情味。

3.生活方式的体验

生活方式体验营销是以消费者所追求的生活方式为诉求点，通过将公司的产品或品牌演化成某一种生活方式的象征甚至是身份、地位的识别标志，从而达到吸引消费者、建立起稳定的消费群体的目的。体验营销中的“体验”是要消费者经过自我思考与尝试去获得的解决方案。这种方案是独特的，是一种生活方式与消费者个人喜好的结合。商家要做的就是对产品的文化、功能、搭配方案的介绍及制作展示等，帮助他们找到最适合自己的方案。

比如宜家把家具卖场打造成消费者寻找灵感和设计思路的地方，消费者可以根据每种产品价格、材料大小、颜色、产地等，思考出搭配方式。宜家的出现，为喜欢变革的中产阶级们提供了一个温暖的支撑。在自己的私人空间里，宜家的家具是为生活中的不断变动而设计的——一个新公寓，一段新恋情，一个新家……即使仅仅随意地逛逛宜家的商场都会让许多人振奋起来。宜家的许多空间都被格成小块，每一处都展现一个家庭的不同角落，而且都拥有自己的照明系统，向人充分展示那可能的未来温馨的家。几年的运作，宜家成了一个文化符号，让长久以来渴望自由消费主义的中国新兴中产阶级趋之若鹜。当消费者将自己的人生主张、价值观、生活态度借由某种商品传达时，就表明他对该品牌的感官享受超过了临界点，开始形成对这一品牌的价值主张，这是品牌体验的最高境界。

4.氛围营销

氛围指的是围绕某一群体、场所或环境产生的效果或感觉。氛围营销就是要有意营造这种使人流连忘返的氛围体验。因为好的氛围会像磁石一样牢牢吸引着顾客，使顾客频频光顾。对于服装行业，即是通过布置和细节，营造出该季产品的特点，让消费者能够一目了然。

整个星巴克就像一杯咖啡:夹带暗红的咖啡色墙壁，浅黄色隔板，或深或浅的咖啡色桌椅、沙发，加上暗黄色柔和的灯光，四周充满咖啡的香味，再喝上一口醇香润滑的咖啡，整个人似乎溶入了一杯浓浓的咖啡中。耳边的爵士乐让人雀跃于这种感受，更添一份轻松与愉悦。墙壁上的挂画或色彩纷呈、抽象味儿十足，给人以时尚与个性的张扬感。咖啡馆内的一切，都围绕着咖啡文化而设计。

5.文化营销

文化对于消费者而言，往往会显得高端和远离，而通过独具匠心的文化体验安排，将艺术、文学、音乐等看似高雅的文化活动能够深入消费者的心目中，让消费者感受到不一样的独特韵味。

五、互助营销模式

互助营销模式就是本书所论述的一种全新模式。

互助营销模式的最根本特点就是两点：

(1)这是人类社会商品经济以来，营销模式发展的最新最高阶段。

(2)互助营销模式是一种综合的、复合型的模式，它总结了人类社会商品流通及营销模式的优点与精髓，取其长而避其短，具有极大的革命性和不可估量的价值。

笔者认为从物物交换，到产品营销，到服务营销，到体验营销，再到互助营销，这是一个营销模式发展的规律性轨迹，是一种历史的必然。营销的实质就是满足消费者需求，原始的物物交换可以说尚无营销意识与行为，商品短缺年代对应的是产品营销，产品营销的重心是物，初级阶段在于有无及数量多少、高级阶段在于产品功效品质；商品过剩年代对应的是服务营销，服务营销的重心是人，在于产品的价值延伸，在于营销过程服务的专业；商品超过剩年代对应的是体验营销，体验营销的重心是人心、智、灵，在于营销过程与商品使用过程的内心体验(感受、感觉、感悟、感想、感动、感触)；今天是商品与服务都超过剩的时代，人们的需求体现出立体性、多元性、差异性、个性化，人们的需求既有对产品的理性回归也有对服务与体验感性的升华，只有复合升级的营销模式才能对接与满足人们新的需求，所以互助营销应运而生了。

第三章　移动互联促进电商发展的必然

第一节　商业形态的发展与变化

商业形态是市场营销实现的组织形式，它的产生、发展与变化，折射出市场经济的起伏脉络。

一、集贸市场

(一)集贸市场是中国市场经济的摇篮

中国历史上农村集市起源很早，“日中为市”“交易而退，各得其所”，这种小生产者之间的贸易，至少可上溯到秦汉之前的远古时代。唐宋以后，随着社会经济的发展和坊市制度废弛，草市、墟集贸易日渐活跃。宋代已有不少墟市征收商税，还有一些草市、墟集更因交通便利、贸易繁盛，逐渐发展为镇市。

不过，农村集市的大规模发展是在明中叶以后，它是随着商品经济的发展而发展的。据珠江三角洲地区番禺、顺德等十余州县统计，永乐年间共有墟市33个，嘉靖时增至95个，万历时更发展到176个。到嘉靖一万历年间，全国各主要省区大体已形成一个初具规模的农村集市网。

从康熙中叶开始，在全国范围内战事已毕，社会经济复苏，集市也随之逐渐恢复，有些地区还有新的发展。如广东遂溪县两家滩墟，位于遂溪、石城两县交界，原是一个重要的港口墟市，“迁海以来，商多陆行”，该墟遂废，1685年海禁开放之后，逐渐恢复。乾隆八年编纂的山东《宁阳县志》记载，该县明代有集市十余处。

嘉靖，万历年间，各省区虽发展程度不一，但基本上已形成一个初具规模的农村集市网。康熙、雍正年间集市数量较之明代已有所增长，不过除个别省区外增幅尚属有限；乾隆一光绪年间大多数省区集市数量较清初有显著增长，其中直隶、山东增长在20%以上，广东、湖北超过50%，四川、江西的数字更是翻了一番还多；清中叶以后，绝大多数省区仍保持着继续增长的趋势，此外，新开发地区如东北三省集市也在迅速发展。

在明代十三个布政司中我们有其中七个的集市数字，如果再加上河南、湖广、广东等布政司，全国主要省区合计集市数量约在1万上下，比清初的数字稍低些。清代中叶，11个省区集市合计已有18000余个，若再加上河南、山西、湖南等省的数字，全国集市总数至少可达22000-25000个，清末超过3万个。

随着集市数量的大幅度增长，集市分布密度也大大提高了。清代中叶，全国大多数省区已形成一个具有相当密度的农村集市网。统计数字显示，清代中叶各省区的集市密度大体在每100平方公里1-2集，平均每集交易面积在60-90平方公里，其中平原多在40-60平方公里，山区多在100平方公里以上；至于每集交易半径，平原多为3-5公里，山区多为5-7公里，平均约在4-6公里之间。也就是说，小农赴集贸易一般只需1-2小时的路程，步行半日即可往返；山区距离稍远，一日也可从容往返；河网区由于水路交通之便，实际耗时则要少得多。各省区之间集市密度相当接近，这或许可看作清代集市发展的某种整体性。

进一步的分析可看到，人口、耕地资源，以及经济发展水平都是影响集市发展的重要因素。一定数量的人口与耕地是维持一个集市最基本的条件。市场是由需求决定的，一定数量的人口是保证这一需求的第一要素。但小农还必须有剩余产品可供出售，才能使他的各项需求从潜在的转化为现实的需求。平原区与山区相比，平原人口密度多在每平方公里200人以上，而山区人口密度多在100以下，山区集市密度普遍低于平原区，人口稀少显然是十分重要的因素之一。由于气候、水源条件的差异，南北方耕作制度亦有不同。华北平原为旱作区，农作物大多一年一熟，部分地区两年三熟；而长江以南各省均为稻作区，大多一年两熟，条件好的还可一年三熟；故维持一个人的生活所需要的土地数量南北方也相差较大，北方旱作物区大致在3-4亩，而南方只需1-2亩。当然土质、水源条件不同、商品化程度不同，同样数量的土地其实际收益仍会相差很多。这些因素都会对市场需求量造成影响。

当时全国集贸市场发展很好的地区有：

四川各府，特别是成都府、重庆府。

广东各府，特别是位于珠江三角洲的广州府，人口密度最高，集市密度也是最高的，每100平方公里墟市密度为3.5个，平均每集交易半径只有3公里，这一密度不仅在广东，即便在全国也是首屈一指的。

江南的苏州、松江二府是全国经济最发达的地区，这里人口密度最高，耕地条件亦佳。

集市开市频率是反映其发展水平的又一指标。在既定的集市密度下，开市频率越高，市场的实际效率也就越大。

与集市密度相比，集市开市频率的多寡更明显地反映各地区经济发展水平，特别是商品化程度的差异。江南地区商品经济发展水平居全国之首，市场发育早于其他诸省,明代中叶基本上已是每日开市,每旬开市数次的定期市已十分罕见。广东的墟市"大率三日一市",以每旬三次最为常见,但在沿海地区也有相当一部分州县因"商贾辐辏无虚日"改为"逐日市"。

(二)集贸市场的形式

一是庙会。庙会起源于寺庙周围,所以叫"庙";又由于小商小贩们看到烧香拜佛者多,在庙外摆起各式各样的小摊赚钱,渐渐地成为定期活动,所以叫"会"。久而久之,"庙会"演变成了集市贸易。庙会是群众生活文化的一个有机组成部分,它的产生、存在和演变都与老百姓的生活息息相关。

二是古会。各地经年形成的百姓聚会集市的日子,称为古会。古时,每年夏忙结束、秋粮播种、农家休闲之际,是亲戚之间相互传递信息,关切夏粮收成、秋粮务作的最佳时期;也是出嫁的女儿携夫引子抽空回家归省娘亲的最好时间。随着慢慢地积习衍化,便在一个个村落里形成了集中在农历的某一天聚会的习俗。加之在生产发展过程中农事之需要,物资交流之必须,这种聚会便在夏收前后、播种前后、节日前后、春节前后演变成了集市贸易。

三是物资交流会。这是新中国成立后,由政府部门发起组织的。每年的春季和秋季,各地政府、商业和供销社都要发起和组织规模宏大的物资交流会。一进交流会会场,卖绸缎布匹的、衣服鞋帽的、估衣旧货的、木器家具的、瓷器盆碗的、各种家电的、风味小吃的,还有文艺表演的团体……行人和货物把会场堵得水泄不通。小贩的吆喝声,买卖双方的讨价还价声、表演者的优雅唱腔和车辆受阻叫唤"辟路"之声互相交织在一起,形成了乡村庙会一道独特的风景线。

集贸市场是最早商品购集的地方,是农村与城镇之间生产资料、生活资料、农产品收购和交易的纽带。

在今天,庙会、集市照样经久不衰,在许多地方,我们的老百姓还经常"赶集",并且还兴起了早市或者晚市。

(三)清明上河图——我国集贸市场的经典写照

清明上河图,中国十大传世名画之一。为北宋风俗画,是北宋画家张择端仅见的存世精品,属国宝级文物,现藏于北京故宫博物院。

清明上河图作品以长卷形式,采用散点透视构图法,生动记录了中国12世纪北宋汴京的城市面貌和当时汉族社会各阶层人民的生活状况。描绘当时清明时节集贸市场的繁荣景象,是汴京当年繁荣的见证,也是北宋城市经济情况的写照。

清明上河图在中国乃至世界绘画史上都是独一无二的。在五米多长的画卷里,共绘了814个各色人物,牛、骡、驴等牲畜73匹,车、桥二十多辆,大小船只29

艘。房屋、桥梁、城楼等各有特色，体现了宋代建筑的特征。具有很高的历史价值和艺术价值。

二、柜台交易

我们一定在电影电视中看过很多这样的镜头：一个小孩子拿着几枚铜钱，站在高高的柜台外面，向柜台内戴眼镜的白胡子老爷爷买东西的情景。这样的场景，便是柜台交易的缩影。

柜台交易得益于店铺的诞生。

店铺，就是今天我们所说的商店，是坐商进行贸易活动的场所。唐朝封演《封氏闻见记》写道："至京邑城市，多开店铺。"唐朝当年定都长安，即今天的陕西省。可见陕西省早在1000年前的唐朝，就已习用"店铺"一词。如今，民间习惯称大者为"店"，小者为"铺"。另外，旅舍也叫"店"，旧时称住旅舍为"住店"。店铺的营业场所，叫"店面""铺面"。

回顾店铺柜台交易的发展历史，我们也许不会忘记诸多的"中华老字号"。

中国到底有多少"老字号"？现状如何？在中国中华老字号博览会发布会上，有专家称，中国目前究竟有多少家老字号，尚没有一个准确的统计数据，粗略估算有一万多家。

这些老字号中，大家十分熟悉的就有：

同仁堂、瑞蚨祥（卖布的）、盛锡福（做帽子的）、内联升（做鞋的）、六必居（酱菜）、张一元和吴裕泰是卖茶叶的、天福号（卖肉的）、桂发祥（麻花）、全聚德烤鸭店、鸿宾楼（清真饭店）、东来顺、便宜坊、狗不理、茅台、五粮液、稻香村（做点心的）、冠生园、张小泉（做剪刀的）等。

而它们也是我国较早的柜台交易的形态，只不过这些老字号往往是相对专业的店铺，其商品品种比较单一。

而对我国现代经济影响最为深刻的一种柜台交易形态就是供销社了。

供销合作社在我国已有近百年的历史。早在民主革命时期，毛泽东、刘少奇等党和国家领导人就多次论述过合作社的问题。中华人民共和国成立后，党和政府一直把发展合作社作为促进农村经济发展、解决农民问题的重要方面，切实给予引导、支持和推动。

1950年7月，召开了中华全国合作社工作者第一届代表会议，通过了《中华人民共和国合作社法（草案）》《中华全国合作社联合总社章程（草案）》等重要文件，成立了中华全国合作社联合总社，统一领导和管理全国的供销、消费、信用、生产、渔业和手工业合作社。

1954年7月，将中华全国合作社联合总社更名为中华全国供销合作总社，建立了全国统一的供销合作社系统。从新中国成立到1957年，供销合作社在全国得到迅速发展，形成了一个上下连接、纵横交错的全国性流通网络，不仅成为满足农民生产生活需要、组织农村商品流通的主渠道，而且成为联结城乡、联系工农、沟通政府与农民的桥梁和纽带，对恢复国民经济、稳定物价、保障供给、促进农业和农村经济发展发挥了重要作用。这一时期，是供销合作社发展的黄金时期。

1958年以后，供销合作社的发展经历了一个曲折的发展时期，与国营商业两次合并，后又两次分开。

1982年，设立了中华全国供销合作总社理事会，保留了省以下供销合作社的独立组织系统，供销合作社在加强为农服务、改进经营方式、提高综合实力和扩大对外交往等方面取得了可喜的成绩，供销合作社事业得到较大发展，为改革开放初期我国农业和国民经济的发展做出了很大贡献。从1982年到1988年，先后进行了恢复“三性”（群众性、民主性、灵活性）、“五突破”（劳动制度、农民入股、经营范围、内部分配、价格管理）、“六个发展”（发展系列化服务、横向联合、农副产品加工、多种经营方式、农村商业网点、科技教育）。

中华全国供销合作总社经过三个阶段性改革，进入20世纪90年代，又进一步探索向综合性农业服务组织发展的新路子。

1995年2月，党中央、国务院根据建立社会主义市场经济体制和深化农村改革的要求，从农业、农村经济发展需要出发，在总结供销合作社过去改革和发展经验的基础上，做出了《关于深化供销合作社改革的决定》，明确了供销合作社的性质、宗旨、地位和作用，并决定恢复成立中华全国供销合作总社，提出了支持供销合作社改革发展的若干政策措施。

三、百货大楼

百货大楼指经营各种商品的商店，同时，为了推销、服务、记账和管理，下分设若干部门。

作为近代资本主义商品市场的产物，世界第一家百货公司于19世纪20年代开设在法国的巴黎，以后很快在西欧一些繁华商埠发展起来。

1917年10月20日，中国第一家自建百货大楼开始营业。

1949年以前，上海的先施、永安、新新、大新这四大百货公司均在最繁华的南京路一带。有趣的是，其创办人均为广东中山籍的澳大利亚华侨。从时间上看，马应彪的先施最早，于1917年开业，因此被誉为“中国百货商店的鼻祖”。不过就规模及影响而言，列居榜首的则要数郭氏兄弟的永安了。

早年的华侨企业多为家族企业，永安公司也是如此。所谓的郭氏兄弟是指郭乐等六兄弟。他们于1897年先在澳大利亚的悉尼开设永乐果栏，从事水果的批发零售，获得第一桶金，继而于1907年在香港创办永安公司，积累较多资本和经验后，再到上海谋发展。

早在悉尼时，郭乐对当地的百货公司就推崇备至。1949年他在《回忆录》中说，旅居悉尼10年，深感“欧美货物新奇”且“经营殊有研究”。反观中国，由于工业尚处萌芽，商业墨守成规，因此落在别人的后头了。“余思我国欲于外国人经济侵略之危机中而谋自救，非将外国商业艺术介绍于祖国”不可。可见他办百货公司，是要以经商来救国的。

1913年郭乐决定筹设上海永乐公司。经过一番考察之后，他们在南京东路以每年租金白银5万两的高价租下一块8.5亩的地皮，然后筹集侨资从1916年到1924年，分3期建造7层的商场大楼，并分批进行营业。1918年9月5日，上海永乐公司开业，商场分底层及二、三、四层楼而，面积达6000平方米，40多个商业部分布在各层，每个商业部就是一个专业商店。这等于40个专业商店同时开业。如此规模的百货公司在当时国内还属少见。由于打出“经营环球百货，推销中华土产”的口号，而且商品种类丰富，价格适中，因此开业那天人山人海，整个商场水泄不通。原先准备在几个月销售的货物，结果在20天左右便销售大半。这不能不说是中国百货业的一个奇迹。

至20年代，郭氏兄弟旗下的永安资本集团的联合企业达14家，除澳大利亚悉尼的永安果栏之外，香港6家，上海4家，广州、中山以及广西的梧州各1家，涉足的行业有水果、百货、货仓、酒店、纺织、银号、游乐场等。这更是一个多元化的企业王国了。

中华人民共和国成立后北京建造的第一座大型百货零售商店，被誉为“新中国第一店”，位于王府井大街。以经营日用百货为主。1955年9月开业，名为北京市百货公司王府井百货商店。1968年7月改为现名。建筑面积3.9万平方米，营业面积1.8万平方米。1970年扩建附属业务楼和仓库楼。1989年增建玩具娱乐品商场，晋升为国家二级企业。1991年成立北京百货大楼集团。1993年进行股份制改造。1994年北京王府井百货(集团)股份有限公司在上海证券交易所上市。1999年新建北部商业楼。2000年王府井百货和东安集团公司实现资产重组，成立北京王府井东安集团有限责任公司。2004年2月百货大楼开始进行内部升级改造，4月对外营业。百货大楼售货员张秉贵是全国著名劳动模范，大楼前广场立有其半身铜像，陈云在基石上题词“一团火精神光跃神州”。

四、大型超市与网商

(一)大型超市

大型超市(hypermarket)或称综合超市,英文叫General Merchandise Store(简称GMS),是采取自选销售方式,以销售大众化实用品为主,并将超市和折扣店的经营优势结合为一体的,品种齐全,满足顾客一次性购齐的零售业态。根据商品结构,可以分为以经营食品为主的大型超市和以经营日用品为主的大型超市。这种业态可以充分地采用现代商业科技,较易采取连锁经营的方式,许多跨国零售商均采取这种业态,如法国的家乐福、美国的沃尔玛、我国联华超市等。

沃尔玛(WAL-MART)公司由美国零售业的传奇人物山姆•沃尔顿先生于1962年在阿肯色州成立。经过五十多年的发展,沃尔玛公司已经成为美国最大的私人雇主和世界上最大的连锁零售企业。沃尔玛在全球开设了6600多家商场,员工总数180多万人,分布在全球14个国家。每周光临沃尔玛的顾客1.75亿人次。沃尔玛WAL-MART是全球500强榜首企业。

综合超市一般选址于商业中心、城乡接合部、住宅区、交通要道;在中国这类综合超市一般位于城市主要的商业中心,作为主力店吸引着巨大的人流,是大型购物中心保持一定人流的保证。营业面积在2500平方米以上;衣、食、用品齐全,重视该企业的品牌开发;采取自选销售方式;设有与商店营业面积相适应的停车场。

(二)网上商城

网上商城类似于现实世界当中的百货商店,差别是利用电子商务的各种手段,达成从买到卖的过程的虚拟商店,从而减少中间环节,消除运输成本和代理中间的差价,保护消费者利益。

网上商城也有诸多的类别。

1. CIA(Cross Industry Alliance,异业联盟)

CIA模式是目前最新型的电子商务模式,典型代表有科萃异业联盟。该模式以"合纵连横、共创共享"的思想为指导,让商家与商家之间资源共享、互助共赢;同时,以消费返利的方式,实现消费者零成本创业。通过消费者与商家的互动,实现市场终端的无限扩张。

2. B2B(Business To Business,商家对商家)

B2B典型代表有阿里巴巴。中国制造网,慧聪等,主要是从事批发业务。

3. B2C(Business To Customer,商家对顾客销售)

B2C典型代表有当当网、京东商城、中国购、凡客诚品、稀货街、百宝汇商城、新蛋商城、中国巨蛋、思和电器商城、聚购商城。聚购商城主要是经营工艺品与创意产品。

B2C中又分为三种，一种是实体企业转网上商城，代表网站为库巴网；一种是实体市场转网上商城，代表为蚕丝网城；一种是原有电子商务公司建设的网上商城，代表为京东商城，中华网库商城系统等。

4.C2C(Customer to Customer,客户和客户)

C2C典型代表有淘宝、中国购、易趣、倾心淘宝导购返利网、拍拍、百度有啊、奥图商城。

5.020(Online To Offline,线上线下相结合)

020典型代表有象屿商城。

6.G2C:G2C电子政务是指政府(government)与公众(citizen)之间的电子政务。是政府通过电子网络系统为公民提供各种服务。

7.B2B2C:目前最新的一种整合型网上商城模式，代表有汇诚网。

8.02P(Online To Place,本地化线上线下)

02P:2013年最新的一种电商模式，针对大型家电或者汽车等大件商品不便运输，由电动车业界精英提出的线上商城，本地化配送的新模式。代表有道易行商城(又名"道易行专业电动车商城")。

9.G2C电子政务所包含的内容十分广泛，主要的应用包括:公众信息服务、电子身份认证、电子税务、电子社会保障服务、电子民主管理、电子医疗服务、电子就业服务、电子教育、培训服务、电子交通管理等。G2C电子政务的目的是除了政府给公众提供方便、快捷、高质量的服务外，更重要的是可以开辟公众参政、议政的渠道，畅通公众的利益表达机制，建立政府与公众的良性互动平台。

在这里，我们特地为广大读者整理了网上商城十大品牌排行榜:

(1)天猫商城。"天猫"(英文:Tmall,亦称淘宝商城、天猫商城)原名淘宝商城，是一个综合性购物网站。2012年1月11日上午，淘宝商城正式宣布更名为"天猫"。

(2)京东商城。京东是专业的综合性网上购物商城。百万种商品，家用电器、手机数码、服装、电脑、母婴、化妆、图书等十几大类。

(3)玉兔商城。属于南通玉兔集团有限公司，是一家集肉制品研发、生产、销售于一体的综合性集团公司，公司成立于1984年，是生产肉制品的老牌企业。

(4)凡客诚品。凡客诚品，具广泛影响力的互联网快时尚品牌，极具性价比的服装和完善的客户体验成为网民购买的优先选择!

(5)苏宁易购。苏宁易购，苏宁旗下综合网上购物商城。主营家电、3C、日用百货、图书、机票酒店、母婴、酒水等数百万种商品。拥有国内领先的女性购物平台红孩子。

(6)当当网。当当网,全球领先的综合性网上购物中心。超过100万种商品在线热销!图书、孕、婴、童、服装鞋包、家居家纺、数码3C等几十大类,正品行货!

(7)库巴。库巴是国美电器旗下B2C网上商城。主营:家电、数码、手机、视听影音、生活电器、厨卫电器、家装建材、网络产品等数万种商品直销,便捷,诚信服务,引领中国网上购物新时尚。

(8)红孩子商城。红孩子商城是苏宁旗下全国领先的女性在线购物平台,赢得5000000家庭会员信赖,主营各类母婴用品和美容化妆品。包括:童装、童车、童床、玩具、早教、奶粉代购等各类产品。

(9)卓越亚马逊。亚马逊中国,综合网购商城,销售图书、电脑、数码家电、母婴百货、服饰箱包等29大类上千万种产品。亚马逊中国承诺:正品行货天天低价,机打发票全国联保。

(10)衡康网。专业的以健康产品为主导的电子商务网上商城。

网上商城是在为个人用户和企业用户提供人性化的全方位服务,努力为用户创造亲切、轻松和愉悦的购物环境,不断丰富产品结构,最大化地满足消费者日趋多样的购物需求,并凭借更具竞争力的价格和逐渐完善的物流配送体系等各项优势,赢得市场占有率多年稳居行业首位的骄人成绩,也是时代发展的趋势。

五、互助联盟

互助联盟是在互助营销理念指导下所创设的一种全新的商业形态。

它是以互联网电子商务为基础技术,以网上商城、网下专卖店、特色店为基本形态,以异业联盟为桥梁,以人际口碑传播为纽带,以消费创业为核心原理,以营销团队成员互帮互助为基本方式,以教育营销、文化营销为动力体系,通过商业形态的组织创新,既达到商品有效流通、有序流通、精准流通的目的,又实现了消费者、创业会员与企业的互动多赢,使更多的人通过互助联盟平台实现互助创业、成功创业的一种商业新模式。

(1)“互助联盟”模式以产品为导向,积极发展消费会员,建立庞大的消费数据库,让系列健康产品走进每个社区与商圈,走进千家万户,造福人类。

(2)“互助联盟”以IT联网为核心技术手段,通过为广大消费者和合作伙伴提供“订单、能绩、咨润”等方面“诚信、便捷、高效”的服务。

(3)“互助联盟”模式高举消费创富的旗帜,倡导“互助创业”行动,引导与帮助会员进行创业。中衡生物科技集团有限公司就是全国互助创业孵化基地。以此为依托，在全国各地设立若干创业辅导中心。

(4)“互助联盟”模式强调个人创业、团队协作，通过互相帮扶、资源互补，通过“我为人人，人人为我”，实现组织互助创业和个人成功创业。

集贸市场、柜台、百货大楼、大型超市、空中超市(网商)，再到互助联盟平台，商业形态的变化又有什么规律呢?

笔者认为有以下规律：

(1)越来越有规模性，规模越来越大，产品越来越多，服务越来越全。

(2)越来越尊重消费者、方便消费者，消费更自由，体验更愉悦。

(3)商家间的合作意识越来越强，在有意识寻求联合促销等合作。

(4)商家与消费者越来越重视、相信、依赖于平台。

所以我的结论是：建立互助联盟平台是实施互助营销模式的前提与必要条件：互助营销产生是经济发展的必然，互助营销模式是互助联盟平台的核心与根本。

平台产生互助，平台经济时代到来；互助推动平台，互助经济时代到来。

第二节　经济时代的发展与变化

一、农业经济时代

由于科学技术正处于发达中还未完全发达，人类开发自然资源的能力很低。对于大多数资源来说，短缺问题并不突出。例如，直至19世纪人们还认为森林是砍伐不尽的。因此，在这一时期，劳动力是主要的争夺对象。有了劳动力就能开发资源，发展经济，获得财富。古代许多战争的目的就是掠夺劳动力——人口，而西方贩卖奴隶的活动一直持续到19世纪末。从政治制度来看，集中的管理体制有利于农业经济的发展，中央集权的中国和法国曾分别是亚、欧大陆上劳动力经济最为发达的国家。

农业经济一直持续了几千年。在这一经济阶段中，人们采用的是原始技术，使用的是犁、锄、刀、斧等手工生产工具和马车、木船等交通运输工具，主要从事第一产业——农业，辅以手工业。在这几千年中，尽管科学技术有所发展，生产工具不断改进，但在工业革命之前，这种生产格局没有改变。这时的劳动生产率主要取决于劳动者的体力。因为从总体来看，人的智力方面的差别不太大。据统计，在低机械程度条件下，劳动者的体力支出和智力支出之比是9:1。

同样，土地也是农业发展的重要基础，所以它也成为争夺的对象。从最初来看，水美田肥的地方就成为经济发达的地方，所以就有了经济发达之后的诸多文明之地：如印度河恒河流域、尼罗河流域、底格里斯河幼发拉底河的两河流域、黄河流域等。就整个世界而言，生产的分配主要是按劳动力资源的占有或通过土地占有的劳动力资源来进行的。

在农业经济阶段，广大人民的生活十分贫苦，缺衣少食比较普遍，不能抵御自然灾害造成的经济危机。教育很不普及，文盲占大多数，人才难以流动和发挥作用。

到20世纪上半叶的中国广大农村，生产动力仍然基本依靠牛耕和人力，农具和生产技术基本上依然沿用传统方式。多年的战争使得农民生活更加贫困，有的贫苦农民为了度过饥饿的年关，在严冬把仅有的耕牛低价典当出，到来年春耕时再高价赎回，使自己“永远陷于无穷的灾难”。从全国来看，农用役畜短缺情况越来越严重，据北洋政府1914年统计，全国平均每两家农户才有1头役畜。很多贫苦小农

“不得不以自己的体力替代畜力”，出现了“犁耕”向“锄耕”的生产力的历史倒退。在这种情况下，更难以谈及农业生产技术的改进。总之，传统农业不仅因自身生产率和经济收益的低下而不能为工业化提供大量的资本积累、广阔的商品市场、充足的原材料和大量的劳动力，而且更不能在整个社会经济的现代化中占有重要的地位，甚至成为现代化的包袱和障碍，要实现经济现代化就必须对传统农业进行改造。

传统农业经济结构能够长期存在的重要基础是农业技术的长期停滞不前，农民仅仅依靠密集的劳动来提高农业收益，已经耗尽了已有的所有农业经济结构的要素的有利性，达到了一种高水平的均衡状态，并且不易破解，致使传统农业经济结构长期存在。舒尔茨关于传统农业有效率但贫穷的假说非常重要的限定条件是，不允许改变社会所拥有的生产要素技术特征，也不允许提供关于其他社会已有的优质要素的新的有用知识，即不允许提供比原先的成本少的这种知识。因为这样做将会改变寻找有关其他经济机会的信息的成本和收益。因而，这一假说的另一重含义就是只要存在技术进步和创新，传统农业“有效而贫穷的”的均衡状态就会被打破，传统农业就会被改造。

二、工业经济时代

工业革命(The Industrial Revolution)开始于18世纪60年代，18世纪后半期，在英国的进展已经很显著了。通常认为它发源于英格兰中部地区，是指资本主义工业化的早期历程，即资本主义生产完成了从工场手工业向机器大工业过渡的阶段。工业革命是以机器取代人力，以大规模工厂化生产取代个体工场手工生产的一场生产与科技革命。由于机器的发明及运用成为这个时代的标志，因此历史学家称这个时代为“机器时代”(the Age of Machines)。18世纪中叶，英国人瓦特改良蒸汽机之后，由一系列技术革命引起了从手工劳动向动力机器生产转变的重大飞跃。随后向英国乃至整个欧洲大陆传播，19世纪传至北美。一般认为，蒸汽机、煤、铁和钢是促成工业革命技术加速发展的四项主要因素。英国最早开始工业革命也是最早结束工业革命的国家。

工业革命都是以轻工业开始，向其他部门发展。在瓦特改良蒸汽机之前，整个生产动力依靠人力和畜力。伴随蒸汽机的发明和改进，工厂不再依河或溪流而建，很多以前依赖人力与手工完成的工作自蒸汽机发明后被机械化生产取代。工业革命是一般政治革命所不可比拟的巨大变革，其影响涉及人类社会生活的各个方面，使人类社会发生了巨大的变革，对推动人类的现代化进程起到了不可替代的作用，把人类推向了崭新的“蒸汽时代”。

工业革命的意义：

(1)工业革命是资本主义发展史上的一个重要阶段,实现了从传统农业社会转向现代工业社会的重要变革。

(2)从生产技术方面来说,它使机器代替了手工劳动;工厂代替了手工工场。

(3)工业革命创造了巨大生产力,使社会面貌发生了翻天覆地的变化。工业革命同时也是一场深刻的社会关系的变革。它使社会明显地分裂为两大对立的阶级——工业资产阶级和工业无产阶级。

(4)资本主义最终战胜了封建主义。

(5)率先完成工业革命的西方资本主义国家逐步确立起对世界的统治,世界形成了西方先进、东方落后的局面。

(6)带来了工业污染。

(7)开始了城市化进程。

(8)使弱小国家缓慢地走上了工业化进程。

自19世纪以来,世界发达国家陆续完成了工业革命,科学技术取得了巨大发展,拖拉机、机床等代替了手工生产工具,汽车、货车、轮船和飞机代替了落后的交通工具,生产效率有了很大的提高。但是在这一时期,知识对于经济的作用尚未起到决定性作用。铁矿石、煤、石油等发展机器生产的主要资源很快成为短缺资源,并开始制约经济发展,因此,这一阶段的经济发展主要取决于自然资源的占有。

由于科学技术的不断发展,知识的不断积累,人类开发自然的能力不断增强,使得大多数可认识资源都成为短缺资源。19世纪以来的世界战争,其目的主要是掠夺或保卫自然资源。最近美国发动的伊拉克战争,针对的主要是海湾地区的石油资源。在国家独立自主的条件下,有了资源,就能发展经济。

在工业经济阶段,生产的分配主要按自然资源(包括通过劳动形成的生产资料)的占有来进行。所以,虽然生产效率大大提高了,物质财富大大增加了,但广大人民生活水平的提高与此不成正比。西方主要国家大约花了100年时间解决温饱问题,又用了约50年时间变成小康,以后才逐步开始富裕。在这期间,它们基本普及了中等教育,开始了人才的自由流动,比较成功地开发了智力资源。

三、服务经济时代

服务经济是指服务经济产值在GDP中的相对比重超过60%的一种经济状态,或者说,服务经济是指服务经济中的就业人数在整个国民经济就业人数中的相对比重超过60%的一种经济态势。现代服务经济产生于工业化高度发展的阶段,是依托信息技术和现代管理理念而发展起来的,现代服务经济的发达程度已经成为衡量区域现代化、国防化和竞争力的重要标志之一，是区域经济新的极具潜力的增长点。

服务经济是近五十年来崛起的新的经济形式，它在国民经济构成中占有极其重要的地位，它涵盖了服务业乃至对外服务贸易的广阔的市场经济门类与形式。在国外，服务经济已基本形成相对成熟的体系，并有其自身的运作方式。在我国，随着市场经济的发展，服务经济开始得到政府主管部门的高度重视，并在国民经济中逐渐加大其比重。它是我国正在进行的产业结构调整升级的主要途径，关系到未来经济发展的走向与创新，具有十分重要的战略意义。

自20世纪50年代以来，全球经济经历着一场结构性的变革，对于这一变革，美国经济学家维克托•福克斯(Victor R.Fuchs)在1968年称之为"服务经济"。福克斯认为美国在西方国家中率先进入了服务经济社会。福克斯的宣言预示着始于美国的服务经济在全球范围的来临。伴随信息革命和技术的飞速发展，服务经济也随之表现出新的发展趋势。

(一)产值比重攀升

全球服务业呈现快速增长势头，服务业产值在各国国民经济结构中的比重不断攀升，逐渐成为许多发达国家的主导产业。美、英、法等发达国家的服务业占GDP的比重基本超过70%以上。发展中国家的比重要小得多，但也都超过了50%以上，并呈快速增长态势。譬如，印度的软件服务业以及信息服务业发展十分迅猛，正逐渐成为全球服务外包的主要目的国。

(二)就业人数增加

佩蒂•克拉克定理指出：随着经济的发展和人均国民收入水平的提高，劳动力首先由第一产业向第二产业移动，当人均国民收入水平进一步提高时，劳动力便向第三产业移动。自20世纪80年代以来服务业就业比重就一直在稳步上升。

(三)贸易飞速发展

服务贸易的飞速发展是经济全球化的必然结果，服务贸易加速发展体现在两个方面：服务贸易的增长速度快于货物贸易，从1993—2002年，全球服务贸易进口总额从9531亿美元增长到15455亿美元，年增长率为5.5%，出口总额从9418亿美元增长到15701亿美元，年增长率为5.8%，均高于同期的货物贸易增长速度；服务业正逐渐成为外国直接投资(FDI)的重点。以世界经济合作组织的国家为例，外国直接投资服务业的总额明显高于投资制造业的总额，主要集中在零售、金融、商务服务和电信业中。全球商务流程外包(Business Process Outsourcing BPO)带动了服务贸易在世界范围内的快速发展。据预测，2015年，美国将有330万白领工作岗位以及1360亿美元的工资转移到海外，诸如俄罗斯、印度、中国和菲律宾等国。在今后二三十年间，整个国际贸易中，服务贸易的比重大约每年提高一个百分点，预计到2030年，服务贸易将成为国际贸易的主要对象和内容。

四、体验经济时代

体验经济被其称为，继农业经济、工业经济和服务经济阶段之后的第四个人类的经济生活发展阶段，或称为服务经济的延伸。从其工业到农业、计算机业、因特网、旅游业、商业、服务业、餐饮业、娱乐业（影视、主题公园）等等各行业都在上演着体验或体验经济，尤其是娱乐业已成为现在世界上成长最快的经济领域。

农业经济、工业经济和服务经济到体验经济之间的演进过程，就像母亲为小孩过生日，准备生日蛋糕的进化过程。在农业经济时代，母亲是拿自家农场的面粉、鸡蛋等材料，亲手做蛋糕，从头忙到尾，成本不到1美元。到了工业经济时代，母亲到商店里，花几美元买混合好的盒装粉回家，自己烘烤。进入服务经济时代，母亲是向西点店或超市订购做好的蛋糕，花费十几美元。到了今天，母亲不但不烘烤蛋糕，甚至不用费事自己办生日晚会，而是花一百美元，将生日活动外包给一些公司，请他们为小孩筹办一个难忘的生日晚会。这就是体验经济的诞生。

（一）非生产性

体验是一个人达到情绪、体力、精神的某一特定水平时，他意识中产生的一种美好感觉。体验经济本身不是一种经济产出，不能完全以清点的方式来量化，因而也不能像其他工作那样创造出可以触摸的物品。

（二）短周期性

一般规律下，农业经济的生产周期最长，一般以年为单位；工业经济的周期以月为单位，服务经济的周期以天为单位；而体验经济是以小时为单位，有的甚至以分钟为单位，如互联网。

（三）互动性

农业经济、工业经济和服务经济是卖方经济。它们所有的经济产出都停留在顾客之外，不与顾客发生关系。而体验经济则不然，因为任何一种体验都是某个人身心体智状态与那些筹划事件之间的互动作用的结果，顾客全程参与其中。

（四）不可替代性

农业经济对其经济提供物—产品的需求要素是特点，工业经济对其经济提供物—商品的需求要素是特色，服务经济对其经济提供物—服务的需求要素是服务，而体验经济为其经济提供物—体验的需求要素是突出感受，这种感受是个性化的，在人与人之间、体验与体验之间有着本质的区别，因为没有哪两个人能够得到完全相同的体验经历。

(五)映像性

任何一次体验都会给体验者打上深刻的烙印,几天、几年、甚至终生。一次航海远行、一次极地探险、一次峡谷漂流、一次乘筏冲浪、一次高空蹦极、一次洗头按摩,所有这些,都会让体验者对体验的回忆超越体验本身。

(六)高增进性

一杯咖啡在家里你自己冲,成本不过2毛钱。但在鲜花装饰的走廊,伴随着古典轻柔音乐和名家名画装饰的咖啡屋,一杯咖啡的价格可能超过10元,你也认为物有所值。在家里烧一盆洗头水,成本不会超过1元,但在洗头洗脚城找一下放松、快慰的感觉,一次可能会花上几百元。截至目前,有幸进入太空旅游的只有美国富翁丹尼斯•蒂托和南非商人马克•沙特尔沃斯,他们各自为自己的太空体验支付了2000万美元的天价。而一个农民两亩地种一年的产值不过上千元,一个工人加班加点干一个月的工资也不过千元。这就是体验经济,一种低投入高产出的暴利经济。

五、信息经济时代

(一)概述

信息经济又称资讯经济,IT经济。作为信息革命在经济领域的伟大成果的信息经济,是通过产业信息化和信息产业化两个相互联系和彼此促进的途径不断发展起来的。所谓信息经济,是以现代信息技术等高科技为物质基础,信息产业起主导作用的,基于信息、知识、智力的一种新型经济。

如果说,在工业经济中,钢铁、汽车、石油化工、轻纺工业、能源、交通运输、电话通信等传统产业部门扮演着重要的角色,那么,在信息经济中,居重要地位的则是芯片、集成电路、电脑的硬件和软件、光纤光缆、卫星通信和移动通信、数据传输、信息网络与信息服务、新材料、新能源、生物工程、环境保护、航天与海洋等新兴产业部门,同时,科技、教育、文化、艺术等部门通过产业化而变得越来越重要。

这种信息经济的发展,不仅不会否定农业经济、工业经济、服务经济的存在,相反会促进这三种经济的素质通过信息化后大为提升,并导致不可触摸的信息型经济取代可以触摸的物质型经济而在整个经济中居于主导地位。

最早提出“信息经济”概念的是美国学者马克卢普教授。他在信息经济的经典论著《美国的知识生产与分配》中首次提出了“知识产业”,它包括了教育、科学研究与开发、通讯媒介、信息设施和信息活动等五个方面,并以大胆而富有创新精神的工作测算出“知识产业”(即信息产业)在美国国民经济中的比例。据他的估计,在

1958年美国国民生产总值(GNP)中有29%来自信息产业。整个劳动者的投入32%以上来自信息生产和活动。

(二)特点

信息革命是在科技一体化和科技非线性发展新形势下掀起的一种高科技革命。尽管高科技除信息科技外，还有生物、新材料、新能源、航空航天、海洋开发等各种高科技，但是迄今为止，信息科技是其中最成熟、发展最迅速的高科技。它与其他高科技相比，有两个显著特点：

一是极强的渗透性以及由此而来的十分广泛的应用性，几乎是“水银泻地、无孔不入”。

二是能与信息资源的开发和利用结合，从而会全面扩展和加强人类的信息功能，特别是管理和决策功能。信息革命既是科技革命，又是产业革命，它正在深刻地改变着人类的生产、生活、工作、学习和思维的方式。

随着信息技术的进一步发展，尤其是微电子技术的迅速发展和广泛应用，近些年来，世界信息经济的结构正在发生引人瞩目的变化。信息经济的结构特征越来越明显，主要体现在以下方面：

(1)信息经济的企业结构是知识和技术密集型的。传统的企业结构都是劳动密集型或资本密集型的，而新兴信息企业结构都是知识和技术密集型的，不但投资少，效率高，最终还将把人类从繁重的体力劳动中解放出来，得到全面发展。

(2)信息经济的劳动力结构是智力劳动型的。企业结构的状况决定着劳动力结构的状况，由于新兴信息经济的企业结构是知识和技术密集型的，而以科学家、工程技术人员、软件编制人员等脑力劳动者为主的劳动力结构也必然发生根本变化，传统体力劳动者将经过再教育成为新的脑力劳动者。

(3)信息经济的产业结构是低耗高效型的。这些以新兴科学知识和高技术为基础的尖端信息产业群，具有高效率、高增长、高效益和低污染、低能耗、低消耗的新特点。在传统产业日益衰落的过程中，专业化、小型化的新兴产业却在迅速发展。这种产业结构及其技术结构的变化，将会使劳动生产率获得极大增长。

(4)信息经济的体制结构是小型化和分散化的。小型分散化的水平网络式的管理体制将代替集中、庞大而又互相牵制的传统金字塔型的体制结构，小公司、小工厂等横向组织将代替大公司、大工厂等纵向组织。信息经济的体制结构小型化和分散化，绝不意味着生产社会化程度的降低，而恰恰相反，通过信息化，生产在更广泛、更深入的程度上社会化了。

(5)信息经济的消费结构将是多样化的。传统工业生产是大规模的集中性生产，产品单一，规范化。虽然成套生产，但是品种少，规模单调，不能及时满足多种多样的社会需要。由于信息经济的生产机动灵活，分散化，它所提供的消耗品将是更加丰富多彩，更符合人们的实际生活需要。

(6)信息经济的能源结构是再生型的。传统经济的能源结构是非再生型的，如煤炭，石油等，消耗一点，就少一点，不能再生，而且浪费大，效率低，污染严重。信息经济的能源结构主要是再生型的，如太阳能，生物能，海洋能等，它们不仅可以再生，取之不尽，用之不竭，而且有用，干净，效率高。

六、互助经济

互助经济是继农业经济、工业经济、服务经济、信息经济、体验经济之后，在21世纪背景下诞生的一种新型经济模式。

互助经济模式是在缓解经济危机，拉动内需资金投入的背景下，以均衡生产者、经营者、消费者三者之前的利益及需求关系为目的，在统一的体系范围之内，将消费者与生产经营者从以往的对立关系转换为合作互助关系，从而达到让消费者成为投资者，消费等同于储蓄投资，真正体现出消费者的行为价值。

通过互助营销平台近年来对市场运营模式的不断摸索和总结对市场运营机制和运营方式的不断改进和完善，面向全国正式启动运行“互助经济模式”。

(一)互助的前提是合作

当前，在经济领域，国家大力提倡各经济主体之间的合作。

农民专业合作社是在农村家庭承包经营基础上，同类农产品的生产经营者或者同类农业生产经营服务的提供者、利用者，自愿联合、民主管理的互助性经济组织。农民专业合作社以其成员为主要服务对象，提供农业生产资料的购买，农产品的销售、加工、运输、贮藏以及与农业生产经营有关的技术、信息等服务。

农民专业合作社遵循“入社自愿、退社自由；成员地位平等，实行民主管理；盈余主要按照成员与农民专业合作社的交易量(额)比例返还”等原则。

依照《中华人民共和国农民专业合作社法》和有关法律、法规、政策，各地这样的互助经济组织如火如荼地发展。

如“中兴农民经济互助社”，就是经政府行政管理职能部门批准成立的、唯一的、具有特色的互助性社会经济组织。既是一种新的经济组织，有一般金融机构的服务功能，但又不同于银行、担保公司和其他金融机构，是一个全新的经济组织，主要以资金互助的形式服务农民、中小企业和新农村建设。它无论在组织形式上，还是在运作模式上更具灵活性，与其他经济组织有明显的区别。它是新形势下诞生的一个具有强大生命力的具有中国特色的社会经济组织。

中兴农经社，以本社社员为主要服务对象，以谋求全体社员的共同利益为职责，依托银行，集中吸纳本社社员的闲散资金，以各自的联产承包土地为入社基本单位，以合作项目为纽带，以增加社员收入，丰富农民物质文化生活，提高农民素质，增强国力，实现国富民强、家家安乐为目的，开展全面经济互助服务。

(二)互助让梦想不遥远

你有一个梦想，我有一个梦想，互相交换我们的梦想都有可能实现。梦想互助网络平台，在让更多人的梦想走进公众视野的同时，也使这些梦想通过互联网的万人传递，有了更多照进现实的可能。比如，你梦想游遍祖国河山，但受限于经济能力难以成行，就可以通过梦想互助平台与许多网友结成“互助对子”，互相帮助提供食宿，以解决双方的旅游经费问题，共同实现各自的梦想。这是梦想互助创意发起者的初衷。

当“梦想”得到“互助”后，社会正能量便可以源源不断地产生，就激发了不少人去帮助他人、参与公益。长期坚持下去，就会有更多个人和组织在梦想互助平台表达出关注和帮助弱势群体的公益梦想。当梦想成为街头巷尾热议的话题，营造促进梦想实现的良好环境就显得尤为重要，梦想互助平台这类事物受到网民支持并非偶然。笔者认为，在互联网时代，善用网络能拉近人与人之间的距离；梦想互助，能让爱和关怀在人与人之间温情传递。

(三)互助经济空间巨大

以互助营销平台为标志的互助经济模式，其可持续发展空间大，消费者无风险投资，不仅能够节约财政开支，还可以为国家解决部分就业问题。在互助经济模式中，定位于打造互助经济平台，就像在经济浪潮中的一艘航空母舰，把大小运营商聚集在一起，给消费者提供一个和大小运营商共享流通领域行为价值的机会！

第三节　互助营销崛起的新时代背景

一、21世纪营销领域：理念大变革的震撼碰撞

对世界来说，20世纪的结束宣告了工业文明之后一个信息时代和网络社会的到来。全球经济一体化、竞争无国界化的崭新格局，引发了市场营销继工业社会诞生以来最深刻的变革。对中国来说，在21世纪之初加入世界贸易组织，也意味着国际市场营销竞争环境发生战略性重组，竞争国际化进入了专业营销企业与营销人员的视野。

（一）虚拟市场营销理念

2000年伊始，信息社会的到来将改变传统市场营销的运作模式，以互联网技术为基础的电子商务不仅会取代旧有的贸易方式，而且将市场营销竞争从一个物理的空间转化到一个虚拟的空间。

21世纪市场营销因素的组合是信息与互联网技术的组合。以互联网技术为基础的高新技术与市场营销资源融合在一起，在信息社会发展的催化与影响下，生成新的市场营销模式——营销虚拟化：

消费者身份虚拟，消费行为网络化；

广告、调查、分销和购物结算都通过互联网而转变为数字化行为。

20世纪工业时代创造的市场营销要素与互联网技术资源重新整合。产品、价格、分销渠道、广告和人员推广等市场营销要素的组合面对的不再是单一或具体的市场，而是全球性的一个统一而又抽象的市场。不受时空限制的24小时网上营销，将产品或服务通过互联网最直接、最快速地传递给处于世界任何一个角落的客户；商品或服务的推广不再是面对面地与客户直接产生交易，而是借助电脑与互联网在网上与客户直接见面。客户不再是被动地去接受商品或服务，而是利用互联网、多媒体手段主动与企业建立互动式商业关系。

消费者通过互联网这个虚拟的购物空间确定自己的消费行为，标志着21世纪虚拟营销时代的到来。

如同中国加入WTO一样，加入互联网营销是中国21世纪追赶或与世界潮流保持同步的一条捷径。如果说20世纪中国与西方发达国家在工业化进程上的差距是几十年甚至上百年的话，21世纪中国在互联网方面的差距则相对较小。可以

说，互联网为中国市场营销的发展提供了一个千载难逢的机会。

（二）个性化的市场营销理念

市场进一步细分化和个性化是20世纪以来市场发展总的趋势。

国际著名市场营销专家菲利普•科特勒在其《想象未来的市场》一文中指出，未来“市场经营者将把注意力集中于大的群体转移到寻找特殊的、合适的目标。在这些目标所在处，有财富存在”。

由于消费者需求的特殊性增加，不同消费者在消费结构、时空、品质诸多方面的差异自然会衍生出“特殊的、合适的目标市场”，这些市场规模会缩小，但其购买力并不会相对减弱。目标市场特殊性的强化预示着消费者行为的复杂化和消费者的成熟。

21世纪的消费者具有良好的教育背景和日益个性化的价值观念，虽然他们总体上倾向于和大众保持同质化的产品或服务消费，但他们期望在送货、付款、功能和售后服务等方面，供货方能满足其特别的需求。这是导致市场营销个性化的基础。

21世纪市场营销策略走细分化的发展趋势，完全不同于传统工业社会将消费群体相近的需求等同看待。根据单个消费者的特殊需求进行产品的设计开发，制定相应的市场营销组合策略，是新世纪营销个性化的集中。能够满足千差万别个性化需求的营销可能取决于21世纪高新技术的发展。因为互联网技术使信息社会供求关系变为动态的互动关系，消费者可以在全世界的任何一个地方、任何时间将自己特殊的需求利用互联网迅速地反馈给供给方，而生产方也可以随时随地通过互联网了解和跟踪消费者的市场反馈。供需双方利用现代媒体相互沟通使得工业时代难以预测和捉摸的市场将变得逐渐清晰和有章可循，传统的市场调查在未来将渐渐失去其存在的价值。

个性化的营销是以产品最终满足单个消费者需求为归依的。企业能否根据具体消费者而不是群体消费者设计非常个人化的产品或服务，成为衡量其竞争实力的一项准则。

在20世纪末，中国海尔集团提出了“您来设计我来实现”的新口号，由消费者向海尔提出自己对家电产品的需求模式，包括性能、款式、色彩、大小等。

海尔集团实施家电个性化生产的战略举措，其产品的人文概念和更具实用的价值与传统工业社会的产品价值已经不能同日而语，这不仅是因为衡量产品价值的标准发生了变化，更重要的是因为信息社会中人的生活方式影响了消费者对产品价值的需求。

海尔的这种举措实际上是一种新营销模式即定制营销的应用。

定制营销(customization marketing)是指在大规模生产的基础上,将市场细分到极限程度—把每一位顾客视为一个潜在的细分市场,并根据每一位顾客的特定要求,单独设计、生产产品并迅捷交货的营销方式。它的核心目标是以顾客愿意支付的价格并以能获得一定利润的成本高效率地进行产品定制。美国著名营销学者科特勒将定制营销誉为21世纪市场营销最新领域之一。在全新的网络环境下,兴起了一大批像Dell、Amazon,P&G等,提供完全定制服务的企业。在宝洁的网站能够生产一种定制的皮肤护理或头发护理产品以满足顾客的需要。

“私人订制”就是一种个性化的消费需求理念,它已经不是消费量的满足而是质的差异的获得。企业要生存和发展就必须同时具备个性化的营销能力,一种能够将互联网、信息和企业资源整合的能力;机器、生产规模和成本让位于情报、网络和知识。

(三)精简、反应快速的营销组织

21世纪信息社会的最大特征就是网络化和自动化。由互联网产生而带来的速度、效率和不确定性,使得工业社会建立的营销组织必须变革才能适应新的市场营销环境。

美国著名管理学权威彼得•杜鲁克说:“世界的经济与技术正面临一个不连续的年代,在技术和经济政策上,在产业结构和经济理论上,在统领和管理的知识上,将是一个瞬息万变的年代。”

社会的不确定性从根本上改变了传统市场营销组织设计的思路,适应网络时代变化的营销组织要求反应迅速、沟通畅通、加强企业内外的协调和互动。传统的产品部门、分销部门、广告部门、公关部门和推销部门等都会被逐一淘汰。

企业营销构架特征是不设中层管理机构,层级减少,20世纪层级组织体系则由网状组织体系取代。

因为信息化社会的市场竞争强调的就是速度,产品更新换代快、消费者行为变化快、竞争对手反应敏捷、信息技术日新月异等因素,都制约着市场营销组织建立的模式。

因此,精简、富有弹性和互动,极具效率并且高度自动化、网络化,是营销组织在信息化社会设置的基本原则。

(四)以客户为中心的市场营销管理

21世纪以来,以产品为导向的营销哲学逐步转向以客户为中心,全方位满足客户需求,不断创造更新、更好的产品。

市场营销管理的中心则从以往注重业务的量的增长转向注重质的管理。

营销目标则从降低成本、提高效率转向开拓业务、提高客户忠诚度。

工业时代市场竞争的焦点是产品和价格，降低生产成本提高劳动效率制约着竞争的优势；而21世纪之后，科技发展、全球经济一体化使得企业竞争的焦点变为对客户的争夺。因为互联网的广泛应用和信息的爆炸，特别是电子商务的迅速崛起，改变了消费者传统的购买行为，顾客由以往购买信息的被动接受者变为主动积极的信息搜寻者，现代高科技赋予消费者前所未有的权利，他们决定着信息价值的取舍。

另外，消费者行为的个性化和多元化，以及顾客身份的国际化，也促使企业必须随时随地将市场营销管理的重点转移至客户的开发和维系上来，可以说，没有同顾客的信息交流与互动，就没有企业的存在。

(五)市场营销人员成为消费者的专业顾问

21世纪知识经济时代营销管理人员存在的价值不再是单纯推销产品和服务，而是充当消费者的“专业咨询顾问”。

由于营销环境的变化、消费者需求的变化，特别是产品极大地丰富导致“买方市场”的效应不断升级，营销本身的功能也在不断“进化”，因此，营销人员的“素质能力模型”产生了巨大的变异。

营销人员的作用是要借助互联网等各种信息系统为客户提供各种解决问题的方案，而不是简单地劝诱顾客或向顾客推销产品。

“功夫在诗外”，产品以外的“功夫”显得尤其重要：

策划能力、沟通能力、全方位咨询能力。

由于营销人员角色转换成为辅助消费者采取购买行为的顾问，在营销健康产品的同时，他们还需要对消费者的“整体健康管理方案”有全面的把握；在营销生活类产品时，他们更需要为消费者定制“家庭生活管理全案”；在与消费者及其家庭沟通时，还需要有充足的健康知识底蕴、亲子关系协调能力、理财专业特长等。

因此，他们不但要适应信息化社会千变万化的需求，充满真知灼见，全面掌握和了解市场全球化的发展趋势，应对技术创新而带来的营销观念、营销理论和销售策略的不断变化；还要将自己培养为洞悉消费者行为、精通业务分析的专家。他必须能够让产品与知识融合一体，一同出售给消费者，成为知识产品的创造者。

这种“顾问”定位才能使消费者对你情有独钟，做到“他的心中只有你”，因为他为你的顾问行为“买单”。

顺应这样一种趋势，对营销人员的“培训”“教育”就显得迫在眉睫了！因此，企业培训部的升级、商学院的兴起就蔚然成风。

(六)产品多样化、产品生命周期缩短

21世纪与工业时代相比的一个最大区别就是高科技的发展极大地影响着人类的生产方式和生产领域,数字化的经济模式使得产品生产不仅越来越多样化,而且越来越容易。由此而引发的一个问题就是技术的高度发展,一方面降低了生产成本,市场上出现越来越多同质性很强的商品;另外,先进的技术又会加速产品的发明创造,使得一种新产品在市场上停留的时间越来越短。

速度在市场营销的每一个环节都加速转动着产品寿命周期。与传统工业社会产品升级换代相比,今天,汽车制造商仅用过去一半的时间就可推出一种新款汽车,未来,这一周期还有可能缩短。

(七)品牌与市场营销的“双国际化”

工业社会的市场壁垒随着互联网和全球经济一体化进程的加快而被逐渐打破,知识经济和信息社会将全球融合为一个巨大的没有时空差异的统一市场。社会的发展客观地把现代企业营销置于一个国际化的环境之中。

我们在不知不觉之中,融入了国际市场营销的潮流中,与发达国家在同一市场条件下展开竞争,传统的市场营销观念、体制和策略等都必须站在国际市场营销的起点重新调整、审视和制定。我们不仅要全方位地应对西方发达国家诸多方面的挑战,还必须了解和掌握国际市场发展动态,培养与建立全球化的营销思维方式以及战略实施组织体系。

全球性的市场进一步加速了市场营销的国际化,特别是国家之间、区域之间和跨国公司之间的战略性联合,缩短了国际市场之间的差异和距离。

与市场营销国际化相对应的必然是品牌的全球化。

如今,越来越多的商品品牌可以在世界市场范围内流通,消费者在任何一个国家都可以买到他所熟悉的时装、快餐、旅游或银行服务等。特别是网络营销和电子商务的出现,既降低了品牌全球化的运作成本,使无数过去在传统工业社会难以跨出国界的品牌,可以一夜之间进入国际市场,面向全球的消费者;同时,也使过去无法在本国买得到的世界知名品牌,坐在家里就可以轻松地享受到。

世界著名市场战略家杰克•特罗特在分析未来市场品牌的意义时指出:“有两类竞争者是成功的。一类是强有力的品牌、大的品牌。这类公司能够在全世界范围内谋求利益。另一类是专门化的或定位很好的品牌。这是一些小的竞争者。”

(八)市场营销的公益化旗帜高高飘扬

进入21世纪之后,企业忽然一夜之间感到:履行社会责任、实施公益慈善行动与营销同等重要!

当前,大气污染、臭氧层被破坏、全球温度升高以及核废料处置等问题成为世界极为关注的重大议题,全球对于低碳环保的呼声越来越高,因为环保关系到人类的生存。那么,企业在面对这种大环境的时候,就不能无动于衷,而只能是与时俱进。

企业市场营销组合策略要素中纳入了如何自行解决废水、废气和废料等环保措施,获取利润必须建立于环境保护前提之下。企业自觉将公众利益置于企业利益之上,成为企业求得长期稳定发展的战略之道。

21世纪企业社会营销战略制定中,还包括了对社会公益福利事业的自觉支持,如赞助文化教育事业、帮助无家可归的人、解决社区困难和援助贫困地区、援助地震等灾后重建等,企业以此赢得社会认同。

正如菲利普•科特勒所讲的:“树立一种公民的特征,而不仅仅是一种商人的特征,就能够引起人们的兴趣、尊敬和忠诚。”

当前,我国许多企业包括专业化的营销企业都在公益方面投入巨大,有些企业还建立了专门的社会公益基金机构,如:安利公益基金会、“512公益基金”等。

从营销的角度来看,公益旗帜的高高飘扬其实质上是一种“大情感营销”,就是通过系列公益活动,树立企业的慈善形象,吸引消费者眼球,拉近与消费者的距离,并且直接或间接为消费者做出贡献。

二、移动互联网:商业形态的“指尖革命”

农业革命牲畜取代了人力,工业革命机器取代了畜力,今天的移动互联网让我们每天的工作、通信、出行、购物,都离不开移动终端、互联网和方兴未艾的智能家电。移动互联网技术的成熟与普及,构成了即将开启电子商务3.0时代的重要特征。移动4G时代的开启以及移动终端设备的创新,必将为移动互联网的发展注入巨大的能量,2014年移动互联网产业迎来了前所未有的飞跃。2013年年底才在中国大陆兴起的公共免费wifi,仅半年多时间就在许多城市开始普及,广东省率先提出要实现全省免费wifi覆盖,在全国许多城市都把wifi覆盖定位成城市第五大基础设施建设,这种趋势下中国将很快实现wifi全国覆盖。同时,宽带运营商之间的竞争,在移动终端设备快速崛起和普及下,也将促使宽带免费开放使用的局面尽早到来,移动互联网时代将给人类生活带来空前的变化。

目前,在大中城市中年以下人群都已成为低头族,每到一处首先寻找的是wifi信号,随时随地都试图能够上网,这就是移动互联网时代到来的特有现象。网民利用移动终端设备上网的普及,也给商家带来新的挑战和机遇,商家的广告如何才能跟着移动终端走？网络电商又该如何把移动终端的网民拉到网店中来？这些都是现代电商必须面对的现实问题。

韩国80%的商户在利用wifi作为自媒体工具，日本也有GO%以上的商户在使用wifi作为营销工具。中国市场虽然只有极少数商家懂得利用wifi作为自媒体工具，或者利用移动互联网的端口引入网店流量，而移动终端设备这个新媒体工具会在电子商务3.0时代得到快速普及运用，将开启中国电子商务新篇章。

在义乌一家单位上班的小周，通过手机微信，向城区一名专做私家菜的微信卖家，订了一份口水鸡，价格39元。约一个小时后，对方做好了菜，而且把菜送到了小周手中。“订菜十分方便，菜的味道也不错。”她说，加个小菜，食堂的晚饭，就更有味道了。

(一)微电商的兴起

其实，微电商的兴起，与移动互联网发展密切相关。中国电子商务协会正式挂牌成立了“微电商创新应用服务中心”。

电商下一站就在移动互联网。电商的发展分为三个阶段，电商1.0的丛林时代，比如易趣和8848，电商2.0，拼价格和资源，比如天猫和京东。如今，已进入电商3.0时代，也就是移动互联网时代。在电商3.0时代，垂直电商将消失，分众电商将崛起，品牌电商将复兴；颠覆淘宝的不是电商，不是零售商，而是消费者。移动互联网时代已然到来。

2014年，是移动互联网元年，也拉开了中国商业形态重构的序幕。

从线下实体，到线上电商，再到移动互联网电商，短短30年的市场演化，形成了相互关联又彼此独立的“三个世界”结构。2014年，“第三世界”(移动互联网)正式登上舞台，开始重构市场结构，普遍称之为移动互联网元年。从这个元年开始，中国市场的商业形态将形成什么格局，又会向什么趋势演变?

电商与店商的战争焦点，我们总结为五大力量的消长：快递消灭渠道、网银支付消灭终端、SNS(社交化媒体)消灭传统媒体、SEO(搜索引擎优化)消灭广告、客户端消灭逛街。淘宝天猫、京东、易迅等，是进攻方力量的代表。

电商的顾客在“空中”即被拦截，央视媒体的饱和轰炸，也不能改变消费者购物路径迁移的趋势。2016年马云与王健林1亿元对赌电商份额，以2017年王健林的主动取消而告结束。形势比人强：线下店商无法阻挡线上电商对零售份额的瓜分。2016年，从李宁到好想你，百货商场的关店潮蔓延到品牌连锁店，已经充分说明，传统商业形态的模式红利已经走到了尽头。

(二)移动电商改变社会

在电商生态消解店商生态的五大力量冲击下,涉及的绝不仅仅是渠道、终端、传播、支付等的变革,而是在商业生态背后的社会形态发生"巨变"。我们认为,线上营销(含电商与移动电商)的五大力量,使社会的四大基础结构发生本质改变。

变化1:时间。

移动电商,让商业变成了真正的365天×24小时的"不眠商城",无时不商业、时时在销售变成了现实,朝九晚五、门店营业时间变成落后的代名词。商业的黄金时代开始了。

变化2:空间。

电商时代,空间的障碍有了创新解决方式,物流成本大幅减少,交付速度大幅提高,理论上,企业的好产品,可以不需要借助传统的渠道模式去完成。小米手机、三只松鼠,这些没有一家实体零售店,却用两三年就实现300亿元、3亿元的新品牌,反映电商时代的空间障碍已经不再是新品牌的必然障碍。

变化3:媒体。

社会化(SNS)媒体、IM(即时通讯)媒体的出现,使人类历史上第一次实现了信息的无障碍、完全自由、"高保真"、即时化的传递,以及互动。这种新媒体让每个人都可以走出地域、生活圈的限制,与互联网上的任何一个人实现交流。六度分隔理论,论证了社交化媒体时代传播到达率的基本规则(通过六次传递,可以让人与任何预期的对象建立联系)。

变化4:关系。

"人人传播"的巨大威力在于,不仅用六度分隔理论构建起有效传播的新模型,而且第一次让人与人之间形成跨越地域的社交网络。自此,全国性品牌不用跨越万水千山,也无须到强势媒体上狂轰滥炸,只要掌握新媒体的社交化属性,可以用另一种方式与目标顾客建立关系。小米、逻辑思维等,是运用人人传播形成滚雪球粉丝的创新实践者。

移动互联网,就是将移动通信和互联网二者结合起来,成为一体。

这些资讯使我们自豪地感到:我国移动互联网发展进入全民时代!

移动互联网之所以可以称之为一个时代,并不是因为他创造了更多的信息,而是因为它改变了信息和人的二元关系,让人成为信息的一部分,由此改变了人类社会的各种关系和结构,也因此会引起整个社会商业模式的变迁。

(三)移动互联网需要5F思维

2016年,移动互联网趋势更加蔓延。当我们的思维还停留在研究PC互联网的商务模式时,全世界的消费者正在通过移动互联网实时连接。率先拥有移动互联网思维,才能更好地抓住消费者的心。

那么,什么是移动互联网时代的思维?简单地说,移动互联网思维可概括为5F思维。

Fragment碎片化思维:

移动互联网加剧了消费者的三个碎片化趋势:购物地点的碎片化;购物时间的碎片化;购物需求的碎片化。

碎片时间成为赢得消费者的黄金窗口,如何建立起碎片化思维,从看似碎片的世界中汇聚商业的力量?我们有五个关键的课题需要研究:

(1)如何让消费者在碎片时间主动选择你?

(2)如何让消费者在一分钟内爱上你?

(3)如何在一小段时间里与消费者建立起令她心动的对话?

(4)如何在一个碎片的时间窗口提供令消费者尖叫的商品和服务?

(5)如何通过全渠道覆盖消费者更多的碎片时间?

Fans粉丝思维:

今天,移动互联网时代的法则是"得粉丝者,得天下"。粉丝就是生产力,粉丝经济学将大行其道。

我们的品牌需要粉丝,他们是最优质的目标消费者,一旦注入感情因素,有缺陷的产品也会被接受。他们对你的品牌、对你的企业拥有高度的忠诚和热情,还会向他的社交圈传播你的口碑,帮助你的业务获得非线性的增长甚至是爆炸性增长。

如何建立起粉丝思维,从看似彼此竞争激烈的市场中汇聚粉丝的力量?我们有三个关键的课题需要研究:

(1)如何重新定义品牌的理念和价值主张,吸引粉丝?

(2)如何将品牌的消费部落打造成粉丝们温暖的精神家园?

(3)如何激发粉丝的激情和参与感?

Focus焦点思维:

在移动互联网时代,"不做什么"比"做什么"更重要。

专注才有力量,才能做到极致。如何建立起焦点思维,从看似碎片的世界中汇聚商业的力量?我们有两个关键的课题需要研究:

(1)如何做减法,找到焦点战略?

(2)如何将焦点战略做到极致?

Fast快一步思维:

在移动互联网时代，你得到优势的时间和失去优势的时间可能是同样的短。

如何建立起快一步思维，从变化多端的世界中找到“天下武功，无坚不破，唯快不破”的速度？我们有两个关键的课题需要研究：

(1)如何加速，找到快速发展的道路？

(2)如何将整个组织的速度与顾客的速度协调一致？

First第一思维：

移动互联网时代，只有第一，没有第二。第一，并不一定是销售额第一。如果想要成为第一，就必须打破消费者的思维定式，成为消费者心智里的第一。

如何建立第一思维，在自己定位的焦点市场赢得消费者心中的第一？我们有两个关键的课题需要研究：

(1)如何定位，找到成为第一的路径？

(2)如何成为第一？

上述的“5F思维”，与互助营销模式的理念一脉相承，也是推动该模式未来走向科学化、系统化的指针。通过这样的思维定位，互助营销模式本身就往“First”(第一)的目标冲刺。

(四)未来中国移动互联网主要呈现出六大发展趋势

未来其六大发展趋势为：

一是移动互联网超越PC互联网，引领发展新潮流。

有线互联网(又称PC互联网、桌面互联网、传统互联网)是互联网的早期形态，移动互联网(无线互联网)是互联网的未来。PC机只是互联网的终端之一，智能手机、平板电脑、电子阅读器(电纸书)已经成为重要终端，电视机、车载设备正在成为终端，冰箱、微波炉、抽油烟机、照相机，甚至眼镜、手表等穿戴之物，都可能成为泛终端。

二是移动互联网和传统行业融合，催生新的应用模式。

在移动互联网、云计算、物联网等新技术的推动下，传统行业与互联网的融合正在呈现出新的特点，平台和模式都发生了改变。这一方面可以作为业务推广的一种手段，如食品、餐饮、娱乐、航空、汽车、金融、家电等传统行业的APP和企业推广平台，另一方面也重构了移动端的业务模式，如医疗、教育、旅游、交通、传媒等领域的业务改造。

三是不同终端的用户体验更受重视，助力移动业务普及扎根。

不同大小屏幕的移动终端，其用户体验是不一样的，适应小屏幕的智能手机的网页应该轻便、轻质化，它承载的广告也必须适应这一要求。而目前，大量互联网业务迁移到手机上，为适应平板电脑、智能手机及不同操作系统，开发了不同的APP、HTML5的自适应较好地解决了阅读体验问题，但是，还远未实现轻便、轻质、人性化，缺乏良好的用户体验。

四是移动互联网商业模式多样化，细分市场继续发力。

随着移动互联网发展进入快车道，网络、终端、用户等方面已经打好了坚实的基础，不盈利的情况已开始改变，移动互联网已融入主流生活与商业社会，货币化浪潮即将到来。移动游戏、移动广告、移动电子商务、移动视频等业务模式流量变现能力快速提升。

五是用户期盼跨平台互通互联，HTML5技术让人充满期待。目前形成的ios、Android、Windows Phone三大系统各自独立，相对封闭、割裂，应用服务开发者需要进行多个平台的适配开发，这种隔绝有违互联网互通互联之精神。不同品牌的智能手机，甚至不同品牌、类型的移动终端都能互联互通，是用户的期待，也是发展趋势。

六是大数据挖掘成蓝海，精准营销潜力凸显。随着移动带宽技术的迅速提升，更多的传感设备、移动终端随时随地地接入网络，加之云计算、物联网等技术的带动，中国移动互联网也逐渐步入“大数据”时代。目前的移动互联网领域，仍然是以位置的精准营销为主，但未来随着大数据相关技术的发展，人们对数据挖掘的不断深入，针对用户个性化定制的应用服务和营销方式将成为发展趋势，它将是移动互联网的另一片蓝海。

第四章　依托移动互联建设电商运营平台

第一节　电商运营的实施

从一开始的运营规划到实践过程，都需要团队成员默契配合，尤其值得一提的是各成员之间的工作任务分配。工作量分配比例协调，沟通方便，能及时有效总结，迅速改进不足的地方。

一、运营方向达成共识

作为一名合格的运营人员，必须要培养一个优秀的团队，而一个优秀的团队必须具备良好的信任感、良性冲突解决感、坚定不移的执行力、无怨无悔的信任感。电商运营合作要求的是分工明确，相互间配合紧密。团队成员必须具备以下几个要素。

（一）包容成员

团队工作需要成员在一起不断讨论，如果一个人固执己见，无法听取他人的意见，或无法和他人达成一致，团队的工作就无法进行。团队的效率在于配合的默契，如果达不成这种默契，团队合作就不可能成功。因此，对待团队中其他成员时一定要抱着宽容的心态，讨论问题的时候对事不对人，即使他人犯了错误，也要本着大家共同进步的原则帮对方改正，而不是一味斥责。同时也要经常检查自己的缺点，意识到自己的不足，要坦诚地讲出来了，承认自己的缺点，让大家共同帮助改进，这是最有效的方法。

（二）获得支持

要使自己的工作得到大家的支持和认可，而不是反对，必须让大家喜欢你。但一个人又如何让别人喜欢你呢？除了在工作中互相支援、互相鼓励外，还应该尽量和大家一起去参加各种活动，或者礼貌地关心一下大家的生活。

（三）保持谦虚

任何人都不喜欢骄傲自大的人，这种人在团队合作中也不会被大家认可。你可能在某个方面比其他人强，但你更应该将自己的注意力放在他人的强项上，只有这样，才能看到自己的肤浅和无知。因为团队中的任何一位成员都有自己的专长，所以必须保持谦虚。

(四)资源共享

团队作为一个整体,需要的是整体的综合能力。不管一个人的能力有多强,如果个人能力没有充分融入团队中,到了一定阶段必定会给整个团队带来致命打击。资源共享作为团队工作中不可缺少的一部分,可以很好地评估团队的凝聚力和团队的协作能力,也是一个团队能力的客观体现。因此,提高团队的资源共享度是可以让团队健康与稳定发展的基础。

现在的电商运营要求的是专业的团队化操作,相互间的配合十分重要,这关系到营销活动的最终效果。

二、运营体系及策略的制定

运营体系这个词其实包含的东西很多,运营体系又分为若干个分支体系,以B2C体系来说可以分为如下几种。

(一)平台体系

B2C平台在整个互联网中最能够贴切反映传统企业的位置,可以帮助传统企业实现厂家的货物直达消费者手中,实现厂家与消费者之间直通,做到厂家跟消费者两互利,形成双方共赢的局面。但是随着社会的发展,平台日益凸显它的弊端:

由于受平台缺乏互动的局限,造成无法对产生用户黏性,维护成本过高,推广更加艰难。

对客户的需求缺乏准确把握,缺乏深度挖掘客户,也容易造成客户流失,后期运作缺乏持续的竞争力度,容易被市场淘汰。

平台的产品信息更新周期慢,信息更新量小,难以覆盖潜在的客户群体,推广成本更高。

综上所述,只有在现有平台的基础上不断继续优化平台,适应市场的需求,提高市场的竞争力度,才能让企业占领市场的制高点。未来的平台战略规划是:

B2C+视频购物+(先有论坛过渡到)SNS社区+无线。

(二)团队体系的建设

所谓的团队,即人与人之间形成的集体工作效应,简单的理解就是搭档与集体之间的一种合作形式。一个良性发展的团队是以沟通、分工明确、按需合作、共同成长进步、明确目标,发挥超强战斗力的综合体。特别是在当今,早已不再是一个单打独斗的年代,没有团队做任何都寸步难行。

优秀的团队还需要不断整合优质的资源来促成利益最大化,如合并其他优秀的团队。

团队的建设我们可以从以下几个方面进行。

1.团队建设

(1)团队规模

明确团队组建的目的,通过现有业务规模来制定团队现阶段规模。

(2)人才需求

对每个岗位人才制定不同的需求偏向,可分为专业知识型人才、管理人才、公关人才等,有了具体的规划再去找相关的人就可以了。

2.人才招聘

(1)公司介绍

把公司所有的得奖信息或者卓越的成绩表单一一放到人才招聘简介中,尽量把公司最好的一面呈现在应聘人员面前,如加入本公司之后能得到什么样的福利、待遇怎么样、团队气氛如何、发展前景等,这样才能吸引应聘者的眼球。

(2)人才筛选

从大量的应聘信息中筛选出公司需求的岗位人才,以待能更好地融合自己的团队。

3.人员培

(1)市场动向培训

主要对新聘人员介绍一下目前公司在市场中所处的地位,以及未来布局的动向及影响,让新晋人员对此有所了解。

(2)个人能力培训

根据每个人能力的不同,采用分别对待培训,取长补短,从而加强个人综合能力,以待日后工作中能应付自如。

(3)熟悉公司规章制度

把公司现有的规章制度制作成手册,传授每一位新进的员工,遵守游戏规则非常重要。

4.团队管理

(1)培养团队的凝聚力

凝聚力是一个团队的灵魂,刚开始可以从沟通开始,在进行一个新任务之前可以开个早会,当达到某任务考核标准之后就可以组织团队聚餐或集体活动,对提升团队凝聚力有好处。

(2)主动获取型团队打造

一日不学习,就要落后于别人,主动出击是关键,而主动学习可以提高团队对市场的把控度,能及时赶上市场发展的步伐。及时总结,每周安排交流会,保持相互学习的气氛。

(3)合理分配工作任务

按照工作总方针，根据人员的特点分配相应的工作任务，发挥每个成员的潜力以提升团队高度。通常工作岗位可以分销售部、市场部、业务部、客服部、采购部、配件部、维修部、财务部、办公室行政管理人员等。

5.选定团队领导人

一个团队除了凝聚力之外，还需要一个核心领导人物，在日常的工作中协调、分配、细心观察各岗位之间的不足之处，更重要的是需要当机立断的魄力。常以身先足以率人，律己足以服人，宽容待人，得人心者得天下。对自己要严格要求，以自己的能力、魄力、气度来服众。

(三)品牌体系

由于不同企业的品牌评估结果均以行业内同一标杆企业为基数，因此，此模型较好地体现了品牌评估的相对性、市场性、模拟性和公正性等特点。

(四)价格体系

价格体系的实质内容是商品价值的表现形态。商品的价值品质决定于生产商品的社会必要劳动时间的多少。所以价格体系中．表现为横向联系的比价联系是国民经济中各类商品价值比例关系的反映，表现为纵向联系的各种差价关系是同类商品在再生产过程中因生产阶段不同、地区不同、季节不同、质量不同而具有不同的价值差别的反映。

价格体系中的比价关系和差价关系是生产各类商品所花的社会必要劳动时间的比例关系的反映，同类商品因生产发展阶段不同、地区不同、季节不同、质量不同，所花的社会必要劳动时间有差别的反映。正确的、合理的价格体系，其比价关系、差价关系大体上能够反映生产各类商品的价值比例关系，反映同类商品因不同条件引起的价值差别关系，反映生产各类商品所花社会必要劳动时间的比例关系和反映生产同类商品因不同条件引起的所花社会必要劳动时间。

(五)物流体系

物流是物品从供应地向接受地的实体流动过程，根据实际需要，将运输、存储、装卸、搬运、包装、流通加工、配送、信息处理等基本功能实现有机结合。

物流系统规划与设计的层次：

战略层面：长期，超过一年，设施的数量、规模、位置，运输方式的选择，制定采购政策，物流节点的功能定位、订单选择；

策略层面：中期，短于一年，库存定位、物流节点内部布局，物流节点的功能、物流作业流程，设施设备选择。

运作层面：短期，每天、每小时，发出订单时间，确定补货时间，确定发货程序。

战略层次的规划侧重于宏观控制，解决的是影响企业长远发展的战略决策等问题。物流系统战略层次的规划在各种规划层级中是最高的，时间也是最长的。

战略规划的内容都是在战略层次上的引导，所考虑的是企业的目标、总体服务需求以及管理者通过何种方式来实现这些目标。

策略层次的规划则是在战略规划框架下更为细致的指导性规划，通常是一个中期的计划。它在内容上比战略计划更为具体，可以包括：配送策略规划、供给策略规划、国际物流策略、减少物流时间的策略规划、提高资本生产率的物流策略规划等。

运作层次规划是在操作层次上的计划，是企业物流规划与设计的最后一层。详细的操作计划用来指导每时每刻的物流活动。它所包括的内容比较繁杂，所涉及的领域也极为广泛，比如建立合理的流程计划、确定车辆调度方案、简化环节和合理的资源整合，以及构建IT系统等。

按照物流范围的不同，物流系统可以构成一个完整的层次秩序，即国家一级物流系统——省、市一级物流系统——企业物流系统。高一级的物流系统包含低一级的物流系统，在进行物流规划时应该表现出这种层次性。其主要表现在：

第一，国家一级的物流规划应是着重以物流基础设施和物流基础网络为内容的物流基础平台规划，应当和国家基础设施建设的国策相吻合。这个物流基础平台的规划应当从现代物流综合的角度进行全面规划，组建综合网络，其中包括不同运输方式线路的合理布局和使网络发挥更大效用的综合物流结点——物流基地，以及相应的综合信息网络。

第二，省、市一级的物流规划应当着重于地区物流基地、物流中心、配送中心三个层次的物流结点以及综合的物流园区规模和布局的规划。物流基地、物流中心、配送中心三个层次的物流结点是省、市物流外结内连的不同规模、不同功能的物流设施，也是较大规模的投资项目。这三个层次物流结点的规划是省、市物流运行合理化的重要基础。

物流系统的网络由点和线两个基本要素组成。物流点主要包括单一功能点、复合功能点和枢纽点，这三点在功能上不断完善，在物流网络结构中的辐射范围也不断扩大，规划、设计和管理的难度也逐渐加大。连接物流网络中结点的路线就构成了线，铁路、公路、水路和航空都属于物流网络的线；物流基地、物流中心和物流园区都属于物流网络的点。

目前，许多城市制订了物流发展规划，都对自己的物流中心、物流基地和物流园区进行了规划。但是，如果从物流运作的功能整体和跨边界的特点来看，以城市的行政区划为基础来制订物流结点的规划具有局限性，可能会出现物流结点分布过密或者物流结点作用不大的情况。从而影响整体的物流效果。因此，建议应以市场辐射区域或经济地理区域为基础对物流结点进行发展战略规划，充分考虑区域经济的辐射范围和能力，如珠江三角洲地区市场、长江三角洲地区市场、东北地区和西南地区市场等。

第三，企业的物流规划。现代物流系统规划的发展离不开供应链这个大环境。物流就像是供应链体内的大动脉，研究物流系统规划还需要研究供应链，进而分析物流与供应链的关系，尤其是它们之间的区别。从而规划一个有效的、整合的物流系统。

(六)货源体系

货源一般指的是进货的渠道，我们可以从以下几方面来采购：

做别人的代理，上家必须是一手货源，这样你赚的会多点。

找批发商合作，这样货便宜，但是你要胃口大，吃得下才行。

通过阿里巴巴进货，市场中在推销的公司很多，记得找通过认证的公司。

去当地科技市场之类的批发点进货，这要看你的货量大小，是否长期合作，以及与商户砍价的本事。

关注季节与各大商场的促销消息，这样你可以通过一种错位的营销方式以低价的成本拿到高质量的品牌货。

在中国几乎不存在货源问题，因为有太多的生产加工型企业，如何打动这些加工企业给我们供货呢？首先肯定要让对方知道我们是能为对方卖货的、销售能力强的正面人士，可以从共同的利益点出发来合作。

三、运营计划是实施基础

一个良好的运营计划是一切事物的开始，有计划等同于有了努力实现的目标。运营计划一般从梳理现状、确定挑战目标、制订行动计划、资源分配、制订检验计划五部分开始。

(一)梳理现状

运营规划需要了解现状，对现状充分了解是成功规划的基础。

1.按业务流程梳理，按组织结构汇总

业务流程生产客户需要的产品/服务，不同业务流程为客户提供不同的产品/服资源分配、协调、问责以部门为基础，各部门负责协调资源，以完成各项任务。

2.梳理各类资源消耗

不同环节完成不同任务，梳理各环节的各类资源消耗需要梳理各环节人力、各类费用，以及完成的工作量。

3.梳理各指标现状

实际指标值代表当前的运营能力，需要梳理流程和各环节的指标实际值，测量成本、时效、质量、服务水平等指标。

（二）确定挑战目标

确切的挑战目标可指导运营规划的开展与实施，确定挑战目标是成功规划的前提。

1.明确年度工作重点

根据战略考虑现状，确定年度工作重点，一定要明确是优化成本、时效、质量、服务还是打造运营平台。

2.根据工作重点，确定挑战目标

设置挑战性目标，以支持完成年度工作重点，按照业务现状确定流程成本、时效、服务、质量的挑战性目标。

3.确定各业务活动的挑战目标

根据各个业务不同的方向和发展，制定合理的业务挑战目标，切记不要超出自己能力范围外。

（三）制订行动计划

制订行动计划，可以提高挑战目标的达成。

1.实际与目标的差距

综合分析成本、时效、质量，服务、活动的差距。

2.找出差距的原因

只有找出差距存在的根本原因，才能对症下药。找出导致差异的因素，详细描述差距的原因，制订改善计划。

3.改善行动方案

通过制订改善方案，快速以实际行动来布局，改善现有业务状态。

（四）资源分配

资源分配保证改善计划的执行，以达成挑战目标，科学的资源分配是成功实现目标的根本。

1.行动计划，确定资源需求

分析行动计划，确定人力、时间、费用等资源需求．目的是清晰地确定行动计划的成果和资源需求。

2.选择行动计划

主要参考与达成挑战目标的关联程度进行排序，排序时要综合考虑计划的资源耗费、风险、难易程度等。

3.资源分配

优质资源通常都是有限的，常常不能保证所有计划都得到资源。根据排序结果分配资源，优先满足高优先级的行动计划。

（五）制订检验计划

制订检验计划，监测目标实现情况，合理的检验规则是实现目标的保证。

1.项目管理机制

制定专业的项目管理制度，在项目规划阶段、执行阶段、受益阶段有效管理。

2.监测指标

同一管理主题有多种衡量方法，建立候选指标库，不同指标衡量不同的内容，选择的监测指标应能够衡量要管理的内容。选择指标时，综合考虑管理要求、可操作性。

3.检验计划

规划运营检验计划，以检验指标和项目进度达成情况来改变。根据检验结果调整行动计划。检验的目的是阶段性监测是否按要求实现目标。

四、建立数据支撑体系

企业在日常的经营中必然要建立一套数据分析支撑体系，做任何营销都以数据为支撑，根据设定的某个指标的异常变化，立即执行相应的方案，来保证企业的运营正常进行。数据分析体系的建立需要根据企业自身的一些特性来建立框架，而电子商务数据分析体系大多基于共性的角度建立。

电子商务数据分析体系包括网站运营指标、经营环境指标、销售业绩指标、营销活动指标和客户价值指标五个一级指标。网站运营指标定为一个综合性的指标，其又包括网站流量指标、商品类目指标以及（虚拟）供应链指标等几个二级指标。经营环境指标细分为外部经营环境指标和内部经营环境指标两个二级指标。销售业绩指标则根据网站和订单细分为两个二级指标，而营销活动指标则包括市场营销活动指标、广告投放指标和商务合作指标等三个二级指标。客户价值指标包括总体客户指标、新客户指标和老客户指标等三个二级指标。

（一）网站运营指标

网站运营指标主要用来衡量网站的整体运营状况。网站运营指标下面细分为网站流量指标、商品类目指标，以及供应链指标。

1.网站流量指标

网站流量指标主要从网站优化、网站易用性、网站流量质量以及顾客购买行为等方面进行考虑。目前，网站流量指标的数据来源通常有两种，一种是通过网站日志数据库处理，另一种则是通过网站页面插入JS代码的方法处理（这两种收集日志的数据各有长短处。大企业都会有日志数据仓库，以供分析、建模使用。大多数的企业使用GA进行网站监控与分析）。网站流量指标可细分为流量数量指标、流量质量指标和流量转换指标，例如我们常见的PV、UV、Visits、新访客数、新访客比率等就属于流量数量指标；跳出率、页面/站点平均在线时长、PV/UV等则属于流量质量指标；针对具体的目标，涉及的转换次数和转换率则属于流量转换指标，譬如用户下单次数、加入购物车次数、成功支付次数以及相对应的转化率等。

2.商品类目指标

商品类目指标主要用来衡量网站商品正常运营水平，这一类目指标与销售指标以及供应链指标关联缜密。譬如商品类目结构占比、各品类销售额占比、各品类销售SKU集中度以及相应的库存周转率等，不同的产品类目占比又可细分为商品大类目占比情况，以及具体商品不同大小、颜色、型号等各个类别的占比情况等。

3.供应链指标

这里的供应链指标主要指电商网站商品库存以及商品的发送方面，而关于商品的生产以及原材料库存运输等则不在考虑范畴之内。这里主要考虑从顾客下单到收货的时长、仓储成本、仓储生产时长、配送时长、每单配送成本等。譬如仓储中的分仓库压单占比、系统报缺率（与前面的商品类目指标有极大的关联）、实物报缺率、限时上架完成率等，物品发送中的譬如分时段下单出库率、未送达占比以及相关退货比率、COD比率等。

（二）经营环境指标

电子商务网站经营环境指标分为外部竞争环境指标和内部购物环境指标。外部竞争环境指标主要包括网站的市场占有率、市场扩大率、网站排名等，这类指标通常采用第三方调研公司的报告数据，相对于独立B2C网站而言，淘宝此方面的数据要精准得多。网站内部购物环境指标包括功能性指标和运营指标（这部分内容和之前的流量指标是一致的），常用的功能性指标包括商品类目多样性、支付配送方式多样性、网站正常运营情况、链接速度等。

（三）销售业绩指标

销售业绩指标直接与公司的财务收入挂钩，这一块指标在所有数据分析指标体系中起提纲挈领的作用，其他数据指标的细化落地都可以根据该指标去细分。销售业绩指标分解为网站销售业绩指标和订单销售业绩指标，其实两者并没有太大的区别，网站销售业绩指标重点在网站订单的转化率方面，而订单销售指标重点则在具体的毛利率、订单有效率、重复购买率、退换货率方面，当然还有很多指标，譬如总销售额、品牌类目销售额、总订单、有效订单等。

(四)营销活动指标

一场营销活动做得是否成功，通常从活动效果(收益和影响力)、活动成本以及活动黏合度(通常以用户关注度、活动用户数以及客单价等来衡量)等几方面考虑。营销活动指标区分为日常市场运营活动指标、广告投放指标以及对外合作指标，其中日常市场运营活动指标和广告投放指标主要考虑新增访客数、订单数量、下单转化率、每次访问成本、每次转换收入以及投资回报率等指标。而对外合作指标则根据具体合作对象而定，譬如某电商网站与返利网合作，首先考虑的也是合作回报率。

(五)客户价值指标

客户的价值通常由三部分组成:历史价值(过去的消费)、潜在价值(主要从用户行为方面考虑，RFM模型为主要衡量依据)、附加值(主要从用户忠诚度、口碑推广等方面考虑)。这里的客户价值指标分为总体客户指标、新客户价值指标以及老客户价值指标，这些指标主要从客户的贡献和获取成本两方面衡量。譬如，这里用访客人数、访客获取成本以及从访问到下单的转化率来衡量总体客户价值指标，而对老顾客价值的衡量除了考虑上述因素外，更多的是以RFM模型为考虑基准。

数据分析体系建立之后，其数据指标并不是一成不变的，需要根据业务需求的变化实时调整，调整时需要注意的是统计周期变动以及关键指标的变动。通常，单独分析某个数据指标并不能解决问题，而各个指标间又是相互关联的，将所有指标织成一张网，根据具体的需求寻找各自的数据指标节点。

五、市场分析及用户需求调研

一个良好的市场分析是非常有必要的，一个产品在上市以前必须对市场的需求进行一番调查，再结合各方面的数据来改进自己的产品，这种市场调查分析是产品顺利销售的必备手段。

(一)市场分析

市场分析的主要目的是研究商品的潜在销售量，开拓潜在市场，安排好商品地区之间的合理分配，以及企业经营商品的地区市场占有率。

通过市场分析，可以更好地认识市场的商品供应和需求的比例关系，采取正确的经营战略，满足市场需要，提高企业经营活动的经济效益。

市场分析主要作用包括两个。

正确制定营销战略的基础。企业的营销战略决策只有建立在扎实的市场分析的基础上，在对影响需求的外部因素和影响企业购、产、销的内部因素充分了解和掌握以后，才能减少失误，提高决策的科学性和正确性，从而将经营风险降到最低限度。

实施营销战略计划的保证。企业在实施营销战略计划的过程中，可以根据市场分析取得的最新信息资料，检验和判断企业的营销战略计划是否需要修改，如何修改以适应新出现的或企业事先未掌握的情况，从而保证营销战略计划的顺利实施。

市场分析方法包括如下几种。

系统分析法。市场是一个多要素、多层次组合的系统，既有营销要素的结合，又有营销过程的联系，还有营销环境的影响。运用系统分析的方法进行市场分析，可以使研究者从企业整体上考虑营业经营发展战略，用联系的、全面的和发展的观点来研究市场的各种现象，既看到供的方面，又看到求的方面，并预见到它们的发展趋势，从而做出正确的营销决策。

比较分析法。比较分析法是把两个或两类事物的市场资料相比较，从而确定它们之间的相同点和不同点的逻辑方法。对一个事物是不能孤立地去认识的，只有把它与其他事物联系起来加以考察，通过比较分析，才能在众多属性中找出本质属性。

结构分析法。在市场分析中，通过市场调查资料，分析某现象的结构及其各组成部分的功能，进而认识这一现象本质的方法，称为结构分析法。

演绎分析法。演绎分析法就是把市场整体分解为各个部分、因素。形成分类资料，并通过对这些分类资料的研究分别把握特征和本质，然后将这些通过分类研究得到的认识联结起来，形成对市场整体认识的逻辑方法。

案例分析法。所谓案例分析，就是以典型企业的营销成果作为例证，从中找出规律性的东西。市场分析的理论是从企业的营销实践中总结出来的一般规律，它来源于实践，又高于实践，用它指导企业的营销活动，能够取得更大的经济效果。

定性与定量分析结合法。任何市场营销活动，都是质与量的统一。进行市场分析，必须进行定性分析，以确定问题的性质；也必须进行定量分析，以确定市场活动中各方面的数量关系，只有使两者有机结合起来，才能做到不仅问题的性质看得准，又能使市场经济活动数量化，从而更加具体和精确。

宏观与微观分析结合法。市场情况是国民经济的综合反映，要了解市场活动的全貌及其发展方向，不但要从企业的角度去考察，还需要从宏观上了解整个国民经济的发展状况。这就要求必须把宏观分析和微观分析结合起来以保证市场分析的客观性，争取正确性。

物与人的分析结合法。市场分析的研究对象是以满足消费者需求为中心的企业市场营销活动及其规律。作为企业，营销的对象是人。因此，想把产品送到所需要的人手中，需要既分析产品的运动规律，又分析人的不同需求。以便实现二者有机结合，保证产品销售活动顺畅。

直接资料法。直接资料法是指直接运用已有的本企业销售统计资料与同行业销售统计资料进行比较，或者直接运用行业地区市场的销售统计资料同整个社会地区市场销售统计资料进行比较。通过分析市场占有率的变化，寻找目标市场。

必然结果法。必然结果法是指商品消费上的连带主副等因果关系，由一种商品的销售量或保有量而推算出另一种商品的需求量。

复合因素法。复合因素法是指选择一组有联系的市场影响因素进行综合分析，测定有关商品的潜在销售量。

市场分析是一个运营人员在做任何产品之前都要进行市场范围的调查，这直接关系到后面的努力是否值得，选择比努力更加重要，一旦选错了市场直接同等于失败。

（二）用户需求调研

任何产品都应该是用户需要的产品，这样才能真正让顾客为你的产品买单。如果不考虑用户需求，网站的页面设计得再漂亮，功能再强大，也只能作为摆设，无法吸引用户，更谈不上将网站用户变为你的客户。

1. 用户类型划分

对用户需求的分析，首先要考虑的就是用户类型层面：

面对的是国外客户，还是国内客户？

面对的是经销商，还是终端客户？

面对的是家庭购买者，还是个人消费者？

面对的是老顾客，还是新客户？

面对不同的用户类型，我们需要满足客户的不同需求。

2. 用户需求分析

确定好用户类型之后，接下来就是研究用户所关注的内容。怎样确定用户关注哪些内容呢？除了向企业的销售人员调研，也可以做一个简单的“角色互换”思考，如果你是用户，那么你会从哪些方面来考察企业呢？如果你是用户，你希望看到怎样的网站？

用户的明确需求。如产品的展示、公司的介绍、服务介绍等，这些都属于用户最基础的需求，一般的企业网站都会有，但是不同网站之间的差别在于细节，比如产品应如何展示才更美观？公司介绍要怎样写才能突出企业优势呢？只有将细节做好，才能打动用户。

用户的潜在需求。当客户购买某个产品之后，需要再深入挖掘其他方面的需求点。如一位女性顾客购买过一个BB霜，那么她是不是也需要美甲的相关产品呢？深入挖掘消费者背后更加深层的需求可以帮助我们提升销售业绩。

六、采购及仓储策略

销售型企业、必定会存在采购进程和仓储进程。如何合理有效地将二者衔接起来，是需要一些策略来实现的。

（一）采购策略

1. 策略制定要求

节约采购成本：如批量采购会影响采购成本（如折扣条件、快递费用），应选择合适的订购数量。

防止资金被套：如购买了一段时间内用不到的物料，运作资金将长时间被套，而急需的物料却可能无法买到。

防止库存积压：如同资金被套情形，买了用不到的物料，也会造成库存积压，增加管理成本，形成不良资产，最后可能因时间过长而变质报废。

防止库存爆仓：对于采购批量大，仓库存放空间有限，采购周期稳定的物料，应分批做采购计划，防止库存爆仓，也减少对周转资金的占用。

2. 采购策略方案

分享合同策略：依据上级部门/单位、母公司已签署的涵盖多项目的战略合作协议、长期合同等合同文件，各项目通过分享，提高采办效率，获得价格优势，稳定与供应商/承包商的合作关系，确保资源的及时可用性，享受更优质、全面的服务。

战略合作策略：在一定层面与特定对象建立战略合作关系，有利于在保障作业生产需要、技术发展需要的前提下稳定、改善、提升合作关系，降低综合成本，获得超值的服务，使得合作的双方达到双赢的目的。

长期合作策略：与特定的供应商/承包商建立长期合作关系。有利于降低采办工作量，提高采办效率，发挥规模效应，降低采办成本，降低维护成本，稳定供需关系，建立长期的合作关系，确保供应/服务资源。

横向打包策略:有利于减少合同数量,提高采办效率,减少供应商/承包商数量,便于供应商/承包商队伍管理,降低管理难度,减少配套、协调难度。确保作业生产顺利进行,降低作业生产成本。

综合成本策略:有利于降低产品/服务全生命周期成本,从而真正降低作业成本。提高作业、生产时效,降低作业风险,便于作业生产管理,促进技术进步。

工作订单策略:有利于带动关联公司协调发展,降低采办风险,便于供应商/承包商队伍管理,增强服务可靠性、可协调性。

竞争策略:在供应市场/服务市场条件成熟、竞争激烈时,采用招标、询价等采办方式,引发市场竞争,从而获得最大让利、降低采办成本的策略。

备份合同策略:采办过程中,为了规避某个供应商/承包商的执行能力、效果对作业进度、作业保障等的影响,在签订合同时同时与一家以上为同一个采办项签订合同的行为。这样,在第一选择的合同执行中一旦有偏差,必要时可以废除第一合同的继续履行,而启动备份的第二个合同。

鲶鱼策略:为了避免一定市场环境下供应方形成联盟而损害我方的利益,适时引进陌生的供应商/承包商,激化竞争,从而获得更多的让利和更好的服务的目的而采取的一种策略。

(二)仓储策略

1.什么是仓储

仓储从字面上可理解为用仓库来储存东西,这个概念比较简单。教科书上指出商品的储存是指商品离开生产领域但在进入消费领域之前,处于流通领域时所形成的"停滞",马克思在《资本论》中也说明过,在产品处于它从中生产出来的过程和它进入消费过程之间的间隔期间,产品形成商品储存。

2.现代物流中仓储的意义

保持商品物质实体的有用性。在社会生产与生活中,经常会出现产品生产的节奏同产品消费的节奏不一致的情况,因此总会存在现在用不上或用不了或有必要留待以后使用的产品,那么为了在产品生产与消费的时间差距内保证产品的有用性,就必须借助于仓储,这是仓储的最基本意义。

调节产品流通。随着经济的进一步发展,仓储的意义也在发生变化。我们知道,市场需求逐渐个性化、多样化,生产方式也逐渐向多品种、小批量的柔性生产方式转变,因此,现代物流也必须适应多品种、小批量的特征,但多品种、小批量就意味着物流费用上升,例如,对运输来说,过多的小批量,零担运输必然导致高成本,所以在这里有必要通过仓储的产品积散作用等来协调产品的流通过程,我们在后面将具体讲到仓储是如何来协调流通，降低成本的。

3.仓库的分类

从不同的侧面来分析，仓库可以有不同的分类标准，这里主要从以下几个方面来讨论仓库的分类。

按仓库用途来分类。仓库按照它在商品流通过程中所起的作用可以分为以下几种：

采购供应仓库：主要用于集中储存从生产部门收购的和供国际进出口的商品，一般这一类的仓库库场设在商品生产比较集中的大、中城市，或商品运输枢纽的所在地。

批发仓库：主要用于储存从采购供应库场调进或在当地收购的商品。这一类仓库一般贴近商品销售市场，同采购供应仓库相比规模一般要小一些。它既从事批发供货，也从事拆零供货业务。

零售仓库：主要用于为商业零售业做短期储货，一般提供店面销售。零售仓库的规模较小，所储存物资周转快。

储备仓库：一般由国家设置，以保管国家应急的储备物资和战备物资。货物在这类仓库中储存时间一般比较长，并且储存的物资会定期更新，以保证物资的质量。

中转仓库：处于货物运输系统的中间环节，存放那些等待转运的货物。一般货物在此仅做临时停放，这一类仓库一般设置在公路、铁路的场站和水路运输的港口码头附近，以方便货物在此等待装运。

加工仓库：一般具有产品加工能力的仓库称为加工仓库。

保税仓库：指为应国际贸易的需要，设置在一国国土之上，但在海关关境以外的仓库。外国企业的货物可以免税进出这类仓库而办理海关申报手续，而且经过批准后，可以在保税仓库内对货物进行加工、存储等作业。

按照货物的特性分类。

原料仓库：用来储存生产所用的原材料，这类仓库一般比较大。

产品仓库：存放已经生产完成的产品，但这些产品还没有进入流通区域，这种仓库一般附属于产品生产工厂。

冷藏仓库：用来储藏需要进行冷藏储存的货物，一般多是农副产品、药品等对于储存温度有要求的物品。

恒温仓库：恒温仓库和冷藏仓库一样，也是用来储存对子储藏温度有要求的产品。

危险品仓库:从字面上就比较容易理解危险品仓库是用于储存危险品的,危险品由于可能对人体以及环境造成危险,因此,此类物品的储存方面一般会有特定的要求,例如,许多化学用品就是危险品,它们的储存都有专门的条例。

水面仓库:像圆木、竹排等能够在水面上漂浮的物品可以在水面储存物品。

4.性能参数

仓库最重要的两个性能参数是仓库的库容量和出入库频率。

库容量是指仓库能容纳物品的数量,是仓库内除去必要的通道和间隙后所能堆放物品的最大数量。在规划和设计仓库时首先要明确库容量。库容量可用“t”“m”或“货物单元”表示。

出入库频率表示仓库出入库货物的频繁程度,它的大小决定了仓库内搬运设备的参数和数量,出入库频率可用“t/h”或“托盘/h”表示。

除去以上两个主要参数外,决定仓库性能的还包括其他因素和参数,如储存物品的特性、盘及其辅助工具的尺寸、库的自动化程度、入库平均作业时间、仓库约束条件(如运输条件、仓库高度、面积及地面承载能力等)等。

评价仓库经营效率的主要指标为库容量利用系数和库存周转次数。

库容量利用系数是平均库容量与最大库容量之比。由于这是一个随机变动的量,一般取它的平均值作为考核指标。

库存周转次数是年库存总量或年出库总量与平均库存量之比。对于生产性和经营性仓库,库存周转次数越多,说明资金周转越快。一些经营较好的仓库可以达到每年24次以上,即不到半个月就周转一次。对于储备性仓库,库存周转次数不是一个重要指标。

5.其他衡量指标

单位面积的库容量。总库容量与仓库占地面积之比。在土地紧缺、征用费用高的地方,这是一个很重要的经济指标。

人员平均劳动生产率。仓库全年出入库总量与仓库总人数之比。通常它取决于仓库作业的机械化程度。

装卸作业机械化程度。装卸机械装卸货物的作业量与总的装卸作业量之比。

机械设备的利用系数。机械设备的全年平均小时搬运量与额定小时搬运量之比。可用这个系数来评估机械设备系统配置的合理性。

6.配送中心与仓库

配送中心是仓库的仓储功能和扩展出来的销售功能的综合,是以“仓储业务”为核心,以尽可能降低其服务对象的库存为主要目标,根据用户的订单和销售预测，进行规模化采购、进货、保管；然后，按客户订单所需商品及数量，在规定的时间准时送达客户的公共仓库。配送中心通过集中向客户进行多频次的配送业务，可将支线搬运及小搬运统一起来，使物流过程得以优化和完善；通过将众多用户的小批量商品集中，进行一次发货，可提高末端物流的经济效益；通过高水平的配送，众多客户可以不设仓库或少设仓库，实现生产企业的“零库存”，继而大大提高供应链的竞争力。很显然，这是一条改造物流结构的最优途径。

配送中心的具体功能如下。

保管功能。这是配送中心的主要内容之一。但它与一般的仓库不同，配送中心的仓库形式、平面布置、设备组成，首先要有利于拣选方法、拣选路线、拣选设备等。为了充分利用仓库的面积和空间，提高保管商品的出入库频率。其机电、信息、管理一体化的水平要高于传统意义上的仓库，货架的高层化、作业机械化、自动化、信息网络化是配送中心的发展趋势。

倒装功能。配送中心采购时，为了降低运输成本，一般采用大包装或散装；同时，因商品来自不同的制造厂或流通企业，运输包装的形式也各不相同；为利于配送中心的机械化和自动化作业，必须进行商品的集装箱单元化，即进行倒装作业。倒装作业一般在入库区和出库区，在商品整理、检验作业时进行。

拣选功能。商品在配送中心保管时，一般是按保管单元的形式来分区域存放；但出库时，首先按客户订单的商品目录进行拣选。同一张订单可能只有一种，但通常是若干种；同一张订单的商品可能在一个区域内存放。也可在不同区域存放；所需的商品数量，可能是一个整保管单元，也可能不是一个整保管单元，所以应根据具体情况，采用一张订单，顺序到有关保管区拣选，或者先分解成若干张订单，指令有关保管区分别拣选有关商品及其数量，然后再按订单一一汇总。其作业的工作流程较一般仓库复杂。

流通加工功能。经济、高效的运输、装卸、保管一般需要大的包装形式。但在配送中心下游的零售商、最终用户一般需要小的包装。为解决这一矛盾，配送中心要设置流通加工功能。流通加工功能与制造加工不同，它对商品不做性能和功能上的改变，仅仅是商品大小、数量和包装形式的改变。

运送功能。配送中心需在其服务范围内，准时地把必要的商品按所要求的数量送达客户。为了减少客户的库存或做到零库存，运送是多频次的。这就需要配备相应的运输设备及装卸设备，这是做到良好服务的重要保证之一。

信息管理功能。为了从供货商处准时采购商品，然后准时向客户配送，提供快捷满意的服务，并最大限度地减少库存，提高工作效率，信息的加工与处理十分重要。配送中心应具有完备的仓库管理信息系统，并且能与各供货商、客户的ERP或其他信息系统实时对接。

(三)仓储的战略决策

1.仓库空间决策

仓库所需空间一般由货物存储所需的空间、仓库过道和通道空间、存储设备存放空间以及仓库管理人员办公所需空间组成。

仓库内部空间的大小首先可根据每年储存货物的数量和存储货物的特点，通过对未来市场需求情况的预测，确定所需要的基本存储空间；其次根据对企业发展的规模和速度的预测，确定仓库未来的弹性发展空间；最后根据对仓库的内部布局和作业设计、作业机械确定仓库的通道与过道空间，从而确定仓储作业所需的硬性使用空间。

在此基础上，综合考虑仓库建设成本、仓库的维修成本和顾客服务方面的因素，在满足顾客服务的前提下，追求总成本的最小化，从而确定合理的仓库空间大小。

2.仓库自建或租赁决策

评价仓储经营效率的一个重要指标是库容量利用系数，仓库设计的出发点就是满仓利用。但仓库全年实际处于满仓的可能性极小，经营运作良好的仓库一般也仅在75%-85%。因此，在15%-25%的时间里那些旨在满足高峰所需的仓库空间并没有得到充分利用。在这种情况下，有效的办法是建立企业自有仓库，以满足75%的仓储要求，而用公共仓库或合同仓库应付高峰期的要求。

3.仓储设备决策

竞争性的市场要求仓库具有准确、及时的信息处理、存储和出入库系统及高效的包装及输送系统。但在仓储作业的许多环节中，手工操作仍然必不可少。所以对一个企业来讲，仓储作业中的人工操作和机器自动化处理的合理配置就显得至关重要。

合理的仓储设备必须符合标准化，能保持或提高物料的搬运活性，使物料处于易搬运的放置状态，满足“移动路径最短、存储空间占用最小、人工控制程度最低”的原则，而且在成本开销方面，必须能够做到最低的成本开支。

在仓储设备的选择决策时，一般来说，应基于仓库现有内部布局，遵循技术成熟、经济合理、安全可靠、操作方便和满足需求的原则，从设备的生产效率、设备的采购成本、设备的可靠性和设备的柔性化程度以及设备维修的难易等方面考虑。

(四)仓库的基本组成

不同类型仓库的功能有所差异，若按仓储系统的信息管理来分，都包含了如下四个基本子系统：入库子系统、仓储子系统、装卸搬运子系统、出库子系统。若按功能区域划分，可划分成储货区、入库区、出库区和管理区。对于配送中心的附属仓库还有相应的信息子系统、货物分拣子系统和专用的分拣区。

1.入库子系统

入库子系统是仓储作业的缓冲区，承担货物的接运、验收以及办理入库手续，并将到库货物按储存要求拆开包装，组成新的存储单元，如托盘、包装或容器，并完成有关信息的登录等一系列活动。货物接运的主要任务是及时准确地从交通运输部门提取入库物质；货物验收的主要任务是核对证件、实物检验和入库登记。

在大多数情况下，货物在入库区采用的自然堆放方式，因此，入库子系统的面积大小应能保证上述工作顺利进行；为提高仓库的入库效率，应考虑从载重汽车或列车上接运货物的装卸工艺和装卸设备的布置及将货物从入库区送往库存区的输送系统，尽量减少货物在入库区内装卸作业次数和装卸作业时间，实现物流的机械化。此外，在规划该子系统时，还应考虑仓库管理部门的办公场所、控制中心所需空间、空托盘的堆放空间和库内运输车辆的停车场所及必要的消防设施。

2.仓储子系统

仓储子系统的任务是做好货位的管理工作及仓储物品的养护工作，如防虫、防鼠害作业、防腐作业、防锈蚀作业、防老化、防变质作业和仓储中的安保工作，保证仓储物品不受环境影响，使其本身的物理、化学、生物性能不发生变化。

货物在仓库内的存入和堆码方式一般有自身堆码、托盘堆码及货架存放三种。

(1)自身堆码。

自身堆码就是将同一种货物按其形式、质量、数量和性能等特点，码垛成一个个货堆。在货堆与货堆之间留有供人员或搬运设备出入的通道。常见的堆码方法有重叠式堆码(板材)、纵横交错式堆码、正反交错式堆码和旋转交错式堆码等。

重叠式。即各层码放方式相同，上下对应。这种方式的优点是，工人操作速度快，包装货物的四个角和边重叠垂直，承载能力大。缺点是各层之间缺少咬合作用，容易发生塌垛。在货物底面积较大的情况下，采用这种方式具有足够的稳定性，如果再配上相应的紧固方式，则不但能保持稳定，还可以保留装卸操作省力的优点。

纵横交错式。相邻两层货物的摆放旋转90度，一层横向放置，另一层纵向放置。每层间有一定的咬合效果，但咬合强度不高。

正反交错式。同一层中，不同列的货物以90度垂直码放，相邻两层的货物码放形式是另一层旋转180度的形式。这种方式类似于建筑上的砌砖方式，不同层间咬合强度较高，相邻层之间不重缝，因而码放后稳定性较高，但操作较为麻烦，且包装体之间不是垂直面相互承受载荷，所以下部货物容易压坏。

旋转交错式。第一层相邻的两个包装体互为90度，两层间码放又相差180度，这样相邻两层之间互相咬合交叉，货体的稳定性较高，不易塌垛。其缺点是，码放的难度较大，且中间形成空穴，降低托盘的利用效率。

采用自身堆码时，货堆的高度受货物强度的制约，一般以最低层货物不被压坏为前提，另外货堆的高度还受堆垛设备(如叉车)提升高度的限制。故货堆的高度一般小于4米。这种堆码方式是一种最简单、最原始的堆码方式。

如果货物的包装比较规整，而且有足够的强度，则可采用无托盘的自身堆码方式。在叉车上装一些属具如纸箱夹、推出器等再进行作业。

(2)托盘堆码。

托盘堆码是指将货物码在托盘上，货物在托盘上码放方式可采用自身堆码采用的码放形式，然后用叉车将托盘货一层层堆码起来。对于一些怕挤压或形状不规则的货物，可将货物装在货箱内或带立柱的托盘上。由于货箱堆码时，是由货箱或托盘立柱承受货垛的重量，故这种托盘具有较高的强度和刚度。

采用托盘堆码时，其堆码和出入库作业常采用叉车或其他堆垛机械完成，采用桥式堆垛机时，堆垛高度可达8米以上，故其仓库容积利用率和机械化程度比自身堆码有较大提高。

(3)货架存放。

在仓库内设置货架，将货物或托盘放在货架上。采用货架存入的最大优点为：货物的重量由货架支撑，互相之间不会产生挤压，可实现有选择取货或先入先出的出库原则。总之，货架存放形式为仓库的机械作业和计算机管理提供了必要的条件。

3.装卸搬运子系统

装卸搬运子系统包括货物的入库、出库机械系统及货架(货垛)堆取作业机械系统。若无特殊要求，可将出入库机械系统合为一体。货物的运输可以采用人力驱动，也可采用半自动或全自动的方式，借助辊道输送机、链式输送机、叉车、堆垛机，辅以行车、手推车、电瓶搬运车完成货物的出入库及上下货架作业。

4.出库子系统

货物的出库、发运是储存过程的终止，也是仓库作业的最后一个环节。出库子系统承担着整理、包装出库物资，核对出货凭证并登账及向承运机构点交货物。货物出库时，一般遵循“先进先出”的原则，对有效期限的货物要在限期内发放完毕；对于采用自身堆码和托盘堆码方式的仓库，也可采用“后进先出”的方式；对多品种小批量的货物出库可以采用拣选出库。

(五)仓储物流规划的原则

仓储规划方案应做到以尽可能低的成本实现货物在仓库内快速、准确流动。这个目标要通过物流技术、信息技术、成本控制和仓库的组织结构的一体化策略才能实现。仓储系统的物流规划原则不是一成不变的，要视具体情况而定。在特定场合下，有些原则是互相影响的，甚至互相矛盾。为了做出最好的设计，有必要对这些原则进行选择和修改。

1.系统简化原则

要根据物流标准化做好包装和物流容器的标准化，把杂货、粮食、饮料、食盐、食糖、饲料等散装货物、外形不规则货物组成标准的储运集装单元，实现集装单元与运输车辆的载重量、有效空间尺寸的配合、集装单位与装卸设备的配合、集装单位与仓储设施的配合，这样做有利于仓储系统中各个环节的协调配合，在异地中转等作业时，不用换装，提高通用性，减少搬运作业时间，减轻物品的损失、损坏，从而节约费用，同时也简化了装卸搬运子系统，降低系统的操作和维护成本，提高系统的可靠性，提高仓储作业的效率。

2.平面设计原则

如果没有特殊要求，仓储系统中的物流应在同一平面上实现，从而减少不必要的安全防护措施，减少利用率和作业效率低及能源消耗较大的起重机械，提高系统的效率。

3.物流和信息流的分离原则

现代物流是在计算机网络支持下的物流，物流和信息流的结合解决了物流流向的控制问题，提高了系统作业的准确率，从而提高系统作业效率。如果不能实现物流和信息流尽早分离，就要在物流系统的每个分节点、合节点均设置相应的物流信息识读装置，这势必造成冗余，增加系统成本；如果能实现物流和信息流尽早分离，将所需信息一次识别出，再通过计算机网络传到各个节点，即可降低系统的成本。

4.柔性化原则

仓库的建设和仓储设备的购置需要大量的资金。为了保证仓储系统高效工作，需要配置针对性较强的设备；而社会物流环境的变化又有可能使仓储货物品种、规格和经营规模发生改变。因此，在规划时，要注意机械和机械化系统的柔性及仓库扩大经营规模的可能性。

5. 物料处理次数最少原则

不管是以人工方式还是自动方式．每一次物料处理都需要花费一定的时间和费用，通过复合操作，或者减少不必要的移动，或者引入能同时完成多个操作的设备，减少处理次数。

6. 最短移动距离，避免物流线路交叉原则

移动距离越短，所需的时间和费用就越低；避免物流线路交叉，即可解决交叉物流控制和物料等待时间问题．保持物流畅通。

7. 成本与效益原则

在建设仓库和选择仓储设备时，必须考虑投资成本与系统效益原则。在满足作业需求的条件下，尽量降低投资。

七、营销活动配合

（一）营销活动的内在意义

营销活动主要是以销售为主、品牌宣传为辅而展开的主题运营，其内在的意义主要包括以下三个。

1. 提升品牌的影响力

一个好的营销活动不仅能够吸引消费者的注意力，还能够传递出品牌的核心价值，进而提升品牌的影响力。那么，如何让品牌的核心价值为消费者所认同呢？关键就是要将品牌核心价值融入活动的主题里面，让消费者参加活动的时候，自然而然地受到品牌核心价值的感染，并引起消费者的情感共鸣，进而提升品牌的影响力。

2. 提升消费者的忠诚度

营销活动是专为消费者参与打造的活动，可以进一步扩大消费者的关注度，放大产品和品牌形象，更能够提升消费者对品牌的美誉度，进而提升消费者的忠诚度。

3. 吸引媒体的关注度

营销活动是近年来国内外十分流行的一种公关传播与市场推广手段，集新闻效应、广告效应、公共关系、形象传播、客户关系于一体，并为新产品推介、品牌展示创造机会，建立品牌识别和品牌定位，形成一种快速提升品牌知名度与美誉度的营销手段。20世纪90年代后期，互联网的飞速发展给营销活动带来了巨大契机。通过网络，一个事件或者一个话题可以更轻松地进行传播和引起关注，成功的活动营销案例开始大量出现。

(二)营销活动的分工配合流程

1.收集数据,建立数据库

通过各种渠道收集消费者信息,这些信息包括:消费者姓名、年龄、家庭住址、联系电话、家庭收入、健康状况等,建立消费者档案数据库,并对这些数据进行分析整理,把消费者根据需求状况分类,确定目标消费人群。

2.营销的组织实施

确定活动的时间、地点后,针对目标消费人群发出邀请。活动营销主要以服务为主,以健康保健理念的宣传为例,通过免费的健康咨询、诊断以及消费者喜闻乐见的文娱活动来吸引目标人群参加;通过专家的推荐,使用消费者对产品良好效果的现身说法以及业务员一对一沟通来促成销售。

3.跟踪服务

对购买的客户进行售后跟踪服务,指导其使用,并对使用前后的效果进行比较,形成良好的口碑宣传,对未购买的客户继续进行跟踪,通过一对一沟通,消除其顾虑,促成销售。

八、营销渠道布局

营销渠道是实现产品销售和服务传递的重要通道。公司的产品策略、价格策略、促销策略很大程度上都需要通过渠道合作伙伴的密切配合才能够得以执行,所以渠道在公司的市场营销过程中发挥了关键性的作用,对营销渠道的规划和设计也就显得至关重要。

营销渠道的规划是指公司为了达成营销目标,对各种备选渠道结构进行评估和选择,从而开发出新型的营销渠道或改进现有营销渠道。渠道规划设计一般要经历以下几个步骤。

(一)明确企业的战略目标方向

渠道生存发展有其特定的市场环境,这些都对渠道结构和行为产生重大的影响,因此在设计之初就要提前考虑到位。渠道环境大致分为四个方面:一是社会文化环境,包括一个国家或地区的思想意识形态、道德规范、社会风气、社会习俗、生活方式、民族特性等许多因素。二是经济环境,主要是指渠道所在地区的经济发展水平,它可以具体到人口分布、人均GDP和收入、通货膨胀等。三是竞争环境,主要是指来自同行业的渠道争夺市场的压力。竞争会影响公司的渠道设计。面对竞争压力,公司可以选择正面竞争或通过渠道差异化途径取胜。四是消费者需求的变化。消费者需求是渠道营销活动的中心。消费需求变化和社会行为变化是一个渐进过程，渠道成员应在变化处于量变过程时，抓住时机，做出适应这些变化的经营决策。

除了认清外部环境外，渠道规划还必须与公司的发展目标紧密结合，从战略目标到市场目标再到渠道目标逐层分解，保证渠道的发展不偏离或背驰公司总体的发展轨道。一般来说，渠道的目标包括八种：

分销顺畅。

流量最大化。

分销便利。

拓展市场。

提高市场占有率。

扩大品牌知名度。

分销成本最小化。

提高市场覆盖面积和密度。

(二)设定目标

渠道设计首先要考虑的是渠道的长度结构问题。渠道的长度是指产品从制造商(公司)到达客户所经过的渠道层级。渠道长度越长，交易的成本越大，产品销售的价格越高，这并不符合公司、渠道商、顾客三方的利益。因此，渠道的扁平化成为众多公司转型的目标。

自营和他营的模式各有利弊，自营能够加强对网点的掌控力，快速获得第一手市场信息，不足之处在于需要直接占有资金及必要的管理成本；他营的优点在于无须过多的资金投入，能降低公司的经营风险，不足之处在于公司对网点的掌控力弱。但目前较流行的模式还是以他营为主，自营为辅。有些公司在一些重要的战略市场上如果实在找不到理想的合作者，从公司品牌及长远利益考虑，会暂时考虑自营，等成熟后再让其他经销商接盘。

渠道的长度和宽度设计基本搭建了公司的渠道框架结构，这是渠道构建的一般方法，但不同行业所适用的渠道模式的差异巨大。快速消费品是高频率消费的产品，使用时限短，拥有广泛的消费群体，对于消费的便利性要求很高，销售渠道层级和种类多而复杂；工业品购买者人数较少，购买数量较大，购买集中，但购买频率较低，价格弹性较小，有时协商定价、专业性购买，需要较强的技术支持与服务。

通过以上方法确定渠道长度和宽度的可能选择的渠道层级和类型、数量之后，公司只是具备了初选方案。接下来对各项方案的评估优选十分关键。对渠道模式优劣的评估要遵守三项原则：

经济原则。公司要对拟选择的不同渠道构建方案的成本和销售水平进行评估衡量，以找到最经济适用的渠道规划方案。

控制性原则。即选定的渠道模式必须有利于增强对渠道的控制能力。只有对渠道进行有效控制，才能保证市场按照设定的目标发展。虽然自建渠道能够最大限度地控制渠道，但成本非常高；反之，如果使用批发商，则意味着会产生更多的控制问题。

适应性原则。因为渠道成员之间的合作在一个特定的时期内往往会有一定程度的承诺，但由于市场的变动会影响公司的应变能力和合作基础，因此在迅速变化的市场上，公司需要寻求能获得最大控制的渠道结构和政策，以适应不断变化的营销战略。

(三)渠道布局，开拓渠道

网点布局就是公司将商品摆在什么地方销售，总体原则是尽可能贴近顾客。网点布局也要遵循科学的方法：

第一步：细分市场区域，规划区域内网点数量。网点数量的多少与区域位置、经济发展水平、人口数量和消费能力等关键指标密切相关。网点布局即实现市场和渠道的区域匹配，需要对渠道数量进行总量控制。

第二步：选择周密的布局模式。常见的布局模式是在市场依次建立中心点、旗舰店，并在四周建立卫星店，初步形成对区域的覆盖，辅之以零星网点补充盲点区域，从而最终实现对市场区域的无缝辐射和覆盖。

第三步：开展网点选址。网点位置要贴近客户，更为重要的是要贴近顾客购买心理。如果顾客注重品牌，网点的位置要处于高端商业区或商务区；如果客户注重便利，网点的位置则要跟随人流，设立在顾客出现的位置，如商业区，住宅区、商务区、车站码头等。

第四步：检验网点实际的运营效果并调整。网点的运营效果是否达到设计预期需要通过实践的检验来证明。对于运营效果不佳的网点，公司要对其进行二次评估，对效益不好的网点要留待考察或果断退出；对盲点区域要重新检索，新设网点进行补足。

(四)建立有效的渠道激励机制

渠道激励主要包括物质激励和精神激励两种方式，物质激励的手段主要有购销价差、返利、阶段性竞赛奖励等；精神激励的手段主要有奖励旅游、培训机会、召开大客户会或聘请重要渠道商部分参与公司内部渠道决策等。要想激发经销商的主观能动性，作为厂家就一定要物质激励与精神激励相结合。物质激励能够满足经销商的生存、发展的需要，而精神激励能够满足经销商内在深层次的精神提升需求。双管齐下，激励政策才能真正发挥效用，起到最大化的激励效果。

对于上述两种激励方式，也有不同的运用方法来帮助公司达成预期目标。

直接激励法：公司通过给予物质或精神奖励来肯定中间商在销售量和市场规范操作方面的成绩。常用的手段有返利、价格折扣、奖励旅游机会等。

间接激励法：公司通过帮助中间商进行销售管理，以提高销售的效率和效果来激发中间商的积极性，从而提高销售绩效。常见的手段有：帮助中间商建立进销存管理系统；帮助中间商进行零售终端管理；帮助中间商管理其客户网，加强中间商的销售管理工作；合理安排企业与批发商、企业与零售商之间的合作。

两种方法相比，间接激励法更强调合作，注重对渠道能力的长期提升，是公司先利己还是先利人的选择。两种激励方法各有价值，如何选择需要考虑激励方法与企业自身的资源、能力、目标等的匹配度和适应性。

(五)建立科学完善的管理制度

科学的管理制度是制造商和渠道之间签订的一项重要合同，它既是双方行动的指引，又是二者进行交流、沟通甚至谈判的基础。管理制度的好坏直接决定着渠道体系的好坏。科学完善的渠道管理制度有着一般化要求，但具体运营和贯彻执行必须结合公司的实际方为合适。它主要包括以下四个方面的内容。

1.渠道资质管理制度

渠道资质是渠道管理制度的基础，公司对不同资质的渠道有着不同的销售目标和管理要求，因此对渠道资质的管理制度必须科学缜密，照应制度全局。一般包括资质的初次评定标准、基本权利义务、二次资质评定以及升降级管理等重要制度。

2.销售目标与佣金管理制度

销售目标是公司和渠道行动的动力，是渠道管理的核心。公司每年都需要对销售市场进行调查，明确当年的销售目标，并以此为依据细分渠道的销售目标，从年度、季度直至月度，在阶段性促销中还可以制定短期促销目标。佣金标准与销售目标挂钩，并结合渠道资质综合确定。一般来说，级别越高的渠道，其销售目标和佣金标准也越高。销售目标与佣金标准应尽量实现标准化管理，但在必要时也可以修改制度以适应外部环境的变化和公司整体销售目标的调整。

3.渠道业务管理制度

一方面对渠道在日常销售和经营的业务授权进行全面细致定义，对盗版销售或以提供虚假信息完成销售等欺诈行为进行防范。另一方面公司要对渠道进行价格授权和经营区域授权，防止渠道倒挂价格销售或跨区窜货等行为，从而维护渠道体系和销售秩序的稳定。

4.渠道矛盾管理制度

与合作相伴而生的是矛盾，渠道管理也不例外。制造商和渠道商、渠道商和渠道商之间作为各自不同的利益团体，各自目标不同、利益不同难免会引起矛盾和摩擦，作为渠道制度的制定者和渠道体系的管理者必须充分正视矛盾，设定矛盾申述和仲裁的法定程序，为解决矛盾和争端提供方法与出口。

除了以上四项重要的管理之外，一套渠道管理制度还包括其他重要内容，如渠道VI管理、促销政策管理、产品购销存管理、渠道商信用管理、市场信息反馈与收集等，这些都是公司应该全面统筹和关注的。

九、产品服务机制

产品服务机制是指以实物产品为基础的行业为支持实物产品的销售而向消费者提供的附加服务。如果用产品整体概念来解释，产品服务就是指整体产品中的附加产品、延伸产品部分，也称产品支持服务。其目的是保证消费者所购产品充分发挥效用。

(一)产品服务内容

售前服务：是指产品销售之前向顾客提供的服务，如提供各种技术咨询，为顾客进行勘察、设计、产品介绍、导购服务、迅速报价、容易联系等，以激发顾客购买欲望，强化顾客购买动机。

售中服务：是指产品在销售过程中提供的服务，如热情接待、为顾客精心挑选产品、解答消费者提出的有关产品的各种疑虑、操作使用的示范表演等，以影响顾客心理感受，增强信赖感，促成交易。

售后服务：是指产品售出后向消费者提供的服务，如送货上门、安装、调试、维修保证、技术培训、提供信贷、定期保养、保证更换、实行“三包”、按合同提供军配件等，以保证顾客所购商品充分发挥价值，解除后顾之忧，提高满意程度，促进重复购买。

(二)产品服务策略

服务策略的制定主要体现在服务项目、服务水平、服务形式等三个方面。

1.服务项目

电子计算机等产品，消费者对维修服务的要求十分强烈，而对家具等体积较大的产品，消费者更关心的是否送货上门。企业应通过调查了解消费者对不同产品要求的服务项目，按重要性的大小加以排列，然后做出决定，至少应在本行业消费者认为最重要的服务项目上使消费者得到最大限度满足。

确定服务项目，不仅要根据其重要性，而且还要判断其关键性。例如，某企业研究了若干家主要同行业企业的服务工作，发现消费者对这些企业在免费运送、及时提供零配件等方面的服务都很满意，但在技术指导方面做得不够，这样技术指导对该企业来说就是关键性的服务项目，抓住了这个服务项目，就可胜出其他企业一筹。

2.服务水平

在一般情况下，较高的服务水平将使消费者获得较大的满足，因此，就有较大的可能使消费者重复购买，但这并不是绝对的，所以提高服务水平不能笼统地指全部服务项目，需要根据消费者的要求与各服务项目已经达到的水平加以分类，才能明确应着重提高服务水平的服务项目。

3.服务形式

产品服务有两种不同的形式，即固定服务和流动服务。固定服务就是根据产品销售的分布情况，按区域或在产品销售比较集中的地区设立固定的服务网点，开展服务工作。这可以采取不同的做法：

企业培训一批修理服务人员，派到分布在各地的修理服务站。

委托经销商提供维修服务工作。

委托专业修理店为特约修理点。

流动服务就是企业的销售服务部门根据销售档案的记载，定期或不定期地派人到各用户走访、检查、修理本厂产品，或根据消费者的要求，上门为顾客提供修理服务。

以上服务形式的选择，在很大程度上取决于消费者的需求和竞争者的策略，由企业灵活做出选择。

十、电商运营技巧

(一)用户体验才是王道

对一个网站来说，其存在的意义在于提供给用户真正需要的信息。可能有人会问，那么像世界工厂之类的电商平台网站呢？它们提供的可不只是信息啊？其实你把事情分析一下就能明白，用户首先是在这类网站上得到大量的商品及求购信息，然后才会确定要不要注册该网站账号，网站本身不能生产这些产品，只是提供了买家和卖家交流信息的一个平台而已。所以说，归根结底，网站依然是在给用户提供信息。

网站存在的根本意义已经说出来了，那么如果你提供给用户的信息能够比同类型的网站更新、更好、更完整,或者能够提供给他们更加全面的信息,那么你就做到了良好的用户体验。例如,百度一直在研究中文搜索,所以和别的搜索引擎比,百度能够更加符合中国人的搜索习惯。百度的宣传语:百度比你更懂中文。相比Google,百度的长处是什么?就是其分词做得更符合中文习惯。这么做的目的呢?自然是帮助用户更有效地搜索到信息。只有能够提供良好搜索体验的搜索引擎才能有机会做大、做强。当然,百度做到了。

用户体验能够给你带来什么?首先是带来流量。不管是什么样的网站,都希望能够有流量,有大大的流量。而如果你能够有良好的用户体验,那么可以有很好的用户黏性,如果你的用户黏性高了,流量自然也就上去了。说到这,不得不提到世界工厂网。

(二)员工的应急培训

这个应急培训主要是针对网站的客服或者BD市场人员而言的。有时,总会遇到一些突发状况,例如网站打开速度慢、网站打开格式不正常、网站发布信息延迟等问题,当遇到这些问题的时候,直接与用户对话的就是网站的客服人员。当用户问及网站为何打不开时,如果一个网站客服的回答是这样的:啊,这样的啊,怎么会打不开呢?我这边是完全正常的啊,可能是你的电脑网络出了状况吧,你可以过段时间再来访问试试看。另一个网站的客服回答是这样的:您好!我这边测试的网站可以正常打开,请问您那边提示什么情况呢?是缓冲慢还是无法访问呢?一步步分析用户可能情况的话语。

我们来对比一下这两种不同的应对方式,你会选择继续使用哪一个平台呢?答案不言而喻,不要认为网站不会出现这些情况,没有什么是不可能的,这是我们不能忽视的。在平时积累应对突发状况的一些策略来安稳用户的怀疑心理,让用户信任我们的网站。

(三)部门间的无碍沟通

信息创造价值。当一条信息在企业各部门之间流畅传播时,那么这条信息就可以发挥其应有的价值,而当企业的各部门之间持有不同的信息而不沟通,那么很多信息都会浪费掉。一个良好的沟通氛围对企业来说至关重要,尤其是对电子商务平台来说,信息的及时有效沟通非常重要。例如,产品部策划了改善用户体验的一个很好的功能,并交由技术部来实现,在功能上线之前找不同的人对功能进行了测试,测试没有问题之后就上线了。可是总有些情况是没有测试出来的,那么用户就找到了客服人员,询问这个功能哪一步操作出现错误了,可是客服人员一头雾水,自己可能都没有发现这里多了一项这样的功能,可想而知.用户的问题并不能得到及时解决,这就是信息断层的失误。

(四)与用户互动,对用户诚信

经常与用户进行互动才能留住用户的心,增加用户的黏性,互动能拉近商家与消费者的距离。对用户诚信,是商家的核心价值观。只有坦诚的人才能获得朋友.也只有诚信的平台才能获得忠实的客户。对用户诚信就要做到以下几点:首先,承诺给用户的信息就要做到,一个综合性的平台不能一开始说不收取会员费到后来又收取注册会员费。其次,及时回复用户的建议。建议可行,就要积极地投入建设,排上日程,若建议不可行,就要及时向用户回复,不要推脱。最后,网站本身存在的错误,由于添加某项功能后导致原有功能不正常,要真诚承担,并及时调整。

(五)好网站也要推广

现在再也不是“好酒不怕巷子深”的时代了,我们也不是唯一的平台,不能说我们开发什么就让用户用什么,更不可能搞垄断,再好的网站平台也离不开推广。很多人认为网站推广很容易,张口就说,邮件群发、BBS灌水机、QQ消息群发、名人博客留言等,所谓这些群发式手段早已经难以被运用了,有些即使能用,也基本没什么效果。作为网站的推广者,你真正要在大方向上站到用户的立场去思考,这话听起来简单,实则水很深。站在用户的角度,首先就得明白你的用户是谁,自己网站的定位是什么、什么类型,核心价值是什么。只有真正明确了自己的定位,准确选择推广方式和运营思路,才能尽快尽好搭建平台。从平台策划、平台制作到平台运营、推广都要围绕核心价值。找到自己所需要的用户,需要研究目标用户的习惯,他们喜欢看什么,上网行为是什么,有哪些细致需求.喜欢在哪里扎堆。喜欢和哪些人聊天,除了这些外,网站推广真的没有那么难。

运营电商业务,一定得搞清楚用户群体有哪些,才能更准确地做好运营和整体策划。做电子商务网站运营规划,一定要关注自身运作的整体思路、行业经验、成本控制、服务保持、执行细节优化等综合实力。更要关注一些具体业务的重要细节,关于核心用户定位、版面表现形式、系统运营数据监测、内容汇总收集、内容编审、服务体系建设、品牌推广与保护、竞争对手监测等,这一系列流程和操作方法汇总起来,形成相对完善的体系后,才能真正形成整体规划运营。一件事情的成功并不是想象的那么简单。但只要把握好切入点,并围绕切入点展开细致规划,成功还是指日可待的。记住,以用户为中心,真心的真诚才会塑造成功。

第二节　电商运营策略

一、数据导向的电商运营

消费者在电商平台上每一步的浏览、点击、购买行为都产生一系列动作。对电商运营人员来说，每一位客户的特性、消费习惯等都有分析价值。

对传统零售业来说，电子商务最大的特点就是一切都可以通过数据化来监控和改进。通过数据可以看到用户从哪里来，如何组织产品可以实现很好的转化率，投放广告效果如何等问题。基于数据分析进行改变，可以逐步提升你的赚钱能力，所以，电子商务网站的数据分析显得尤为重要。

目前电商平台大多都很注重数据分析，例如世界工厂网就设有针对排名榜的数据分析，通过分析用户在世界工厂网的搜索习惯及搜索记录，免费提供产品排行榜、求购排行榜和企业排行榜，从而更好地迎合用户体验。数据分析能更好地为我们指导改进的方向。下面来看看电子商务数据分析的一些要点。

(一)具有敏锐的商业敏感度

一个商业敏感的数据分析师懂得用什么样的数据来实现公司的目标。比如，乐酷天与淘宝竞争，它们看重的不是交易量，而是流量，即每天有多少新卖家进来，卖了多少产品，因为，此阶段竞争的核心就是人气，而非实质交易量。如果新来的卖家入驻后卖不出产品，只有老卖家的交易量在增长，即使最后每天的交易量都增长，那么整个平台也是有问题的。

再比如，一家刚踏入市场的B2B公司和已经占领大部分市场的B2B公司，它们的目标不一样。前者是看流量赚人气，后者对流量不怎么看重，而是看重交易转化率及回头率。

当下的数据分析师多是学统计学出身的，一堆数据放在那里，大家都擅长怎么算回归、怎么画函数。但是这批学统计学的人才缺乏商业意识，不知道这些数据对业务意味着什么，看不见数据中存在的价值，也就不知道该用什么样的逻辑分析，更无法充当老板的“眼睛”了。

(二)转化为第一要素，ROI是最终目标

电子商务B2B网站平台的宗旨就是为企业服务，让买家与卖家的市场销售成本降低，降低交易成本，提高订单利润。因此，电子商务的网站转化率是关键，这就提到一个重要指标—ROI。ROI是Return On Investment的简写,是指通过投资而应返回的价值,它涵盖了企业的获利目标。利润和投入的经营所必备的财产相关,因为管理人员必须通过投资和现有财产获得利润。ROI又称会计收益率、投资利润率。

投资回报率(ROI)的优点是计算简单,缺点是没有考虑资金时间价值因素,不能正确反映建设期长短及投资方式不同和回收额的有无等条件对项目的影响,分子、分母计算口径的可比性较差,无法直接利用净现金流量信息。只有投资利润率指标大于或等于无风险投资利润率的投资项目才具有财务可行性。投资回报率(ROI)往往具有时效性—回报通常基于某些特定年份。

(三)电子商务数据分析衡量指标的设定

指标可以让我们更好地从数据量化的层面来了解运营的状况,PV、UV、转化率基本是运营监督的指标,网站分析采用的指标可能有各种各样的,根据网站的目标和客户不同,可以有许多不同的指标来衡量。常用的网站分析指标有内容指标和商业指标,内容指标指的是衡量访问者活动的指标,商业指标是指衡量访问者活动转化为商业利润的指标。

电子商务的数据可分为两类:前端行为数据和后端商业数据。前端行为数据指访问量、浏览量、点击流及站内搜索等反映用户行为的数据,而后端商业数据更侧重商业数据,比如交易量、投资回报率,以及全生命周期管理等。

有些网站关心前端行为数据,也有些网站关心后端商业数据,但是没有几家网站把前端行为数据和后端商业数据连起来看。大家只单纯看某一端数据。但是看数据看得“出神入化”的人会明白,每个数据就像散布在黑夜里的星星,它们之间布满了关系网,只要点击其中一个数据,就会驱动另外一个数据变化。

(四)异常数据分析能力

网站某些指标的异常变化是外界市场一些变化的客观反映,网站的数据分析人员一定要积极注意。例如,如果PV减少(异常),那我们就要分析用户是搜索来源减少还是直接访问减少?搜索量减少就要观察用户的关键字、搜索引擎等设置是否有问题。

(五)利用数据分析用户行为习惯

通过数据可以分析揣测用户的心理和一些习惯。最真实的情况当然是让用户告诉你他需要什么,这些可以利用投票调查及问题提交等来实现。当然,利用数据整合分析也是必然的,然后通过AT来权衡利弊,以改进用户体验和开展一些基本的产品定位及活动。

网站数据分析应该包含两层含义:第一,针对产品来说,围绕产品如何运转,做封闭路径分析,得出产品的点击是否顺畅,功能展现是否完美。第二,研究客户的访问焦点,挖掘客户潜在需求,如果是以交易为导向的电子商务网站,就要研究如何提高交易额,怎样进行产品关联。

(六)客户的购买行为分析

电子商务网站数据库中包括客户的购买时间、购买商品、购买数量、支付金额等信息,我们可以基于网站的运营数据针对这些用户的交易行为进行分析,以估计每位用户的价值及针对每位用户的扩展营销的可能性。

客户的购买行为分析包括传统的RFM模型、会员聚类、会员的生命周期分析、活跃度分析,这些对精准运营都是非常重要的。

(七)电子商务数据分析需注重实战经验

电商的数据分析还需从日常工作当中总结出来,经验需要积累,敏锐度意识也需要积累,重要的是动手实践才能得出真理。

二、产品导向的电商运营

产品导向主要是指企业业务范围限定为经营某种定型产品,在不从事或很少从事产品更新的前提下设法寻找和扩大该产品的市场。实行产品导向的企业仅仅把生产同一品种或规格产品的企业视为竞争对手。

根据产品导向的含义电商企业的工作可以划分为4方面的内容:

要服务的顾客群。

要迎合的顾客需求。

满足这些需求的技术。

运用这些技术生产出的产品。

产品导向是指企业的产品和技术都由自己确定,而购买这种产品的顾客群体和所要迎合的顾客需求却是未定的,有待企业寻找和发掘。电商企业的业务范围扩大也就代表市场扩大,即顾客购买量增多了,而不是指产品种类或花色品种增多。

企业实力主要是指投资能力和技术能力。如果企业资金缺乏、技术薄弱、无力从事产品更新和开发,则只能维持原有产品生产。实行产品导向。当市场上该商品出现供过于求的趋势而企业又无力开发新产品时,营销活动只能从扩大市场需求和市场份额入手,主要营销策略是市场渗透和市场开发。

实行产品导向的企业把生产同一品种或规格产品的企业视为竞争对手,而不把不同品种或规格的同类产品生产企业视为竞争对手。产品导向的适用条件是市场商品供不应求和自身实力薄弱。

在商品供不应求的条件下，消费者持币抢购，各类商品只要生产就能卖得出去，企业可根据自身条件确定生产何种产品，无须分析消费需求。其他花色品种的同类产品只要不侵入自己的领地，就不会对本企业构成威胁，由于产品单一，易于形成规模效益，生产成本和促销成本低，省去了产品更新和开发所需的投资，利润相对较高。在供不应求条件下实行产品导向往往优于其他导向方式。

三、用户导向的电商运营

采用用户导向的电商企业以满足用户需求、增加用户价值为企业经营出发点，在经营过程中，特别注意用户的消费能力、消费偏好以及消费行为的调查分析，重视新产品开发和营销手段创新，能更好地适应用户的需求。用户导向的方式强调的是避免脱离用户实际需求的产品生产或对市场的主观判断。用户导向的积极作用有以下几点。

用户导向的企业可促使服务提供者对用户真正负责。

用户导向使企业员工在决策时能减少政治因素的不当干预。

用户导向的企业可激发出员工更多的创新行为。

用户导向的企业可对民众提供更广泛的选择。

用户导向的企业的产出较符合大众的需求，不易形成浪费。

用户导向的企业能培养用户的选择能力，了解本身应有的地位和权益。

用户导向的企业可创造出更多公平的机会。

企业研究用户主要从以下4方面出发：

首先要了解、研究、分析用户的需要，而不是先考虑企业生产什么产品。

首先要了解用户满足需要和愿意付出多少钱，而不是先给产品定价即向用户要多少钱。

首先考虑用户购物等交易过程如何给用户方便，而不是先考虑销售渠道的选择和策略。

以用户为中心，通过互动沟通等方式，不断整合企业内外营销，把顾客和企业双方的利益无形地整合在一起。

企业必须广泛认同“用户就是上帝”“一切以用户为中心”“要求最大用户满意度”等用户导向的观念，并将之应用于企业经营实践。企业通过实施用户导向战略，可以帮助企业给用户提供整体用户价值，并不断创新价值(包括产品价值、服务质量、人员素质和企业形象)，提升用户的满意度和品牌价值感。

以麦当劳为例，人们离不开遍布世界的麦当劳，因为他们喜爱麦当劳的汉堡包。虽然其他一些餐馆能制作出味道更好的汉堡包，但用户钟爱的并不是汉堡包本身，而是一种遍及世界的高标准，这被麦当劳称为QSCV系统（即质量、服务、整洁和价值系统）。麦当劳的所有经营者，包括供应商、特许经销代理商、职员和其他合作者都能有效地为顾客提供高品位的价值，这使麦当劳成为唯一一家达到如此高效率的快餐店。价值能诱导出一种崭新的生活方式。

在当今的买方市场中，用户可以在成千上万的商品和服务中进行选择，这样，卖方就必须为用户提供满意的产品质量，否则就会被竞争者占领市场，甚至今天被用户接受的质量和服务水平到明天就不再为其青睐。因此，想要赢得竞争优势的企业需要一种新的哲学。只有那些以用户为中心，为目标市场提供卓越价值的企业才能赢得市场，这些公司不仅制造产品，而且善于创造用户。它们不仅精于产品工程，而且深谙市场工程。这就是以用户为中心或导向的企业哲学和价值营销。

电商其实就是把线下的零售搬到线上，最终来买东西的还是人，所以研究好用户的行为特征非常重要。

四、市场导向的电商运营

做产品或做服务，必然面临市场的检验。进入一个市场之前必须对其进行市场调研等，寻找出新型的细节产品特征。很重要的一点是“选择比努力更重要”，选择一个具有潜力的市场很重要。

市场导向作为现代企业营销管理的一个基本理念被许多企业所认同，是因为其核心思想具有先进性，适应时代的发展要求，而具有时代性，能促进企业实现可持续发展。其主要思想理念包含三点。

(一)树立顾客至上理念

这是市场导向的首要因素，其基本思想是向顾客提供所需要的产品。也就是说，企业的整个市场营销活动必须从明确顾客的需求开始，以满足顾客需求而告终。因此，它要求企业的经营活动围绕着顾客满意这个中心展开。那么如何让顾客满意呢？就是自觉调整企业的经营理念，认真研究顾客的需求，并以适当的方法，在适合的时间和地点，提供需要的产品与服务。这是市场营销所应遵循的基本原则。

(二)创建竞争优势

市场导向的第二个核心理念是创建竞争优势，与以往只注重追求销售额的理念不同，它更加强调企业必须具备取得长期最大限度利润的竞争能力。企业不能采用急功近利的做法，而应该坚持长期发展战略。在利润的获取上，不拘泥于每次交易的利润大小，而是着眼于企业的长远发展，把争取顾客信任、扩大市场占有率作为最高目标，以期谋取稳定的利润来源。在生产导向和推销导向的影响下，衡量企业经济效益的唯一标准是利润。在市场导向指导下，衡量企业获得经济效益能力的标准主要是市场地位、市场占有率、投资收益率。以市场占有率为目标，虽然在短期内利润可能不高，但一旦在市场上占据优势地位，企业可获得更持久、更高的回报。

(三)实施整体营销策

整体营销包括两个方面的要求，一方面要求市场营销的多项活动密切配合。生产的发展、分配政策的选择、市场研究与预测、广告与销售等工作都必须相互配合，形成一个整体，并在统一领导下开展工作。另一方面整个市场营销活动必须与企业其他各部门的活动协调一致，与生产导向相比市场导向有一个重要变化，在生产导向下企业的典型做法是各个部门都从本位出发各行其是。在市场导向下，企业各部门是互相依赖、互相促进的。例如，营销部门根据市场需求变化，提出增加新产品的要求，生产部门就要考虑现有生产、技术力量及设备能力，财务部门要考虑财务能力，做到与市场需求相适应。

作为电商运营人员必须确定何时进入何种市场，消费潜力有多大，根据每个市场不同的特点逐步分析趋势，看懂市场最深沉的需求。

五、营销导向的电商运营

营销导向是以市场需求为依据，生产能让顾客信服的产品，以获取利润为目的。营销导向使得产品不断改进，以适应市场需求。确定目标市场的需要和欲望，理解和满足顾客流露的需求，在目标市场创造、传递、沟通顾客价值。

(一)营销导向的特点

营销导向是企业营销管理思想史上的一次巨大突破，与传统的经营观念相比，具有以下特点：

传统导向是以生产和销售为中心，现代市场营销导向则以顾客需求为中心。

传统导向通过强化销售职能、卖出产品实现利润，而营销导向则通过全面满足顾客需求来获取利润。

传统导向普遍采用短期刺激的推销手段，从大量销售中获取利润，利润带有短期特征。

(二)电商营销与传统营销的区别

凡是能够上网的人，无论是在南半球上网还是在北半球上网，都将被包容在一个市场中，有可能成为上网企业的客户。

电子商务能在世界各地瞬间完成传递与计算机自动处理，而且无须人员干预，加快了交易速度。

通过以互联网为代表的计算机互联网络进行的贸易，双方从开始洽谈、签约到订货、支付等，无须当面进行，均通过计算机互联网络完成，整个交易完全虚拟化。

由于通过网络进行商务活动，信息成本低，足不出户，可节省交通费，且减少中介费用，因此，整个活动成本大大降低。

电子商务中双方的洽谈、签约，以及货款支付、交货通知等整个交易过程都在电子屏幕上显示，因此显得比较透明。电子商务的操作要求按统一的标准进行。

国际互联网的网页可以实现24小时服务。任何人可以在任何时候在网上向企业查询信息，寻找问题的答案。企业的网址成为永久性的地址，为全球的用户提供不间断的信息源。

电子商务是因特网爆炸式发展的直接产物，是网络技术应用的全新发展方向。因特网本身所具有的开放性、全球性、低成本、高效率的特点，也成为电子商务的内在特征，并使得电子商务大大超越了作为一种新的贸易形式所具有的价值，它不仅会改变企业本身的生产、经营、管理活动，而且将影响整个社会的经济运行与结构。

组织营销活动已经是运营人员最常用的手段之一，可以根据节日、事件进行营销活动。简单来说，电商运营就是以营销角度来分析消费者的需求，再根据底层需求开展迎合的活动，真正解决消费者所需要的，能给消费者带来好处、有用的产品，实现双方共赢的效果。

六、综合导向的电商运营

电商运营其实跟经营是一个概念，就是将一件事情从头到尾做好。作为一名好的电商运营人员，企业的发展方向就是你工作的框架。如何将细节更好地优化，这是一种必备的能力。电商运营人员在古时候就是军师，军师制定军事战略，布局战术。

运营考虑的几大方向：

资金是电商运营中首要考虑的一环，没有充足的资金，就不能实现规划布局，所以要想尽一切办法将现有的资金以滚雪球的方式不断增多。同时寻找合适的投资者提供运营资金。

一个新产品上市，电商运营人员首先要考虑的是这个产品的前景和整个市场大致能产生多少销售量，然后考虑为消费者提供什么样的产品。

根据自己的定位来选择目标消费者，确定目标消费者后，为其提供最优质的服务和产品。产品的最终消费者又可以分为两种类型，一种为组织性购买，一种为个体消费。

产品包装、产品定价体系包含两部分:外形包装和内在包装。外形包装是指传统的实物外包装,属于产品VI体系范畴。内在包装是产品的优势卖点提炼、产品功能和价值描述、产品定位和广告语的包装。产品定价体系根据目标消费者、竞争对手、成本和市场定位进行设置。目标消费者不同,设置的价格体系不一样,这表现在渠道商和终端客户之间的价格差。竞争对手和市场定位的选择是价格竞争策略制定的参考标准。

新产品推广,也就是一个全新的产品刚上市还没有被消费者发现的时候,就要考虑用最小的手段,达到最大的推广效果,顺利把产品推销出去。例如,新产品刚上市销量是零,首先我们需要做它的基础销量,采用的手段如满立减、VIP折扣、新品上市包邮等。有销量后我们可以通过多种方式推广产品,有付费的,有免费的,这需要根据实际情况来定。

管理是一种电商运营的支撑体系,即以人和结构为单位组成的流程体系。作为电商运营者,你需要考虑如下几个方面来支撑电商运营的目标。

结构管理:即确立组织结构,一个企业开展工作,必须有组织架构,这些架构下的成员行使各自的职能,这些成员就像齿轮一样,环环相扣,相辅相成。在谈论组织结构时,建议先罗列出职责,然后根据职责划分岗位,只有这样才能做到有效利用人力资源,不至于机构臃肿和重复建设。

营销管理:包括产品、渠道、价格、促销、销售任务、竞争策略、客户数据、培训、绩效体系建立和管理。

关系管理:包括外部关系管理、内部关系管理。

售后服务:产品卖出去以后,不代表我们的事情就结束了,还要给顾客提供一定的售后服务,让顾客增强对我们的信任感。

作为一个综合性的电商运营管理者,笔者认为还要具备五个能力:

学习能力:只有具备极强的学习能力,才能让自己管理的团队处于不断进步当中。

执行力:执行力直接影响到网站的发展及团队的工作效率。

分析能力:工作中竞争对手、市场和电商运营数据等都需要具备极强的分析能力。

管理能力:再好的团队如果没有有效管理,也发挥不出其真正的价值。

决策能力:一个决策可以改变一个网站的命运。

第三节 电商运营流程建设

运营战略的实施人员必须提供明确指导方向。在制订计划的过程中要考虑运营流程中可能出现的问题,并制订一份全盘运营计划。

战略流程确定了企业希望前进的方向,而人员流程确定参与人数,运营流程则为这些人员指明方向,并将长期的计划分割成若干个短期目标,逐步完成这些目标。

一、建立流程的意义

运营流程用于对人员开展工作进行指导,领导者制定完战略后应指出一条能落地的战略路线。领导者的执行力要通过运营流程即具体的运营设计来实现,这也是最为困难和最讲艺术性的部分。举个例子,我们要到河对岸,过河的目的已经很清楚,关键在于过河的方式和过程,也就是解决好是造船过河还是搭桥过河的问题。对企业运营中出现的问题须提早制定解决方案,不能事到临头再踩刹车,拐急弯,只有拐大弯,才能平稳解决问题,遇到的阻力也会较小,对企业震荡与损失也能减小到最低限度。

运营计划包括企业预定在一年内完成的各项方案,以期盈余、销售、获利率与现金流量等指标均能达到预定水准。这些方案涵盖新产品上市、行销计划、把握市场优势的销售计划、标明产出水准的制造计划、改善效率的生产力计划等。运营计划所根据的假设是以现实状况为基础,同时经过财务人员与实际负责执行的业务主管讨论而得。运营计划具体说明企业的各个单位应如何协调步伐以达成目标,并探讨其中必要的取舍,同时留意突发状况,以避免无心的失误,同时留意意外的机会。

运营流程在于确认关键性目标:营收、营业利润、现金流、生产力、市场占有率等。而这里的重点是如何改善经营成果。这些项目的选定过程是由外而内、由上而下。所谓由外而内,是指这些数字必须反映经济环境与竞争情势,同时也能借此让投资人知道,本公司股票为何比其他同业更值得投资。由上而下则代表目标的设定由整体到局部,也就是由企业整体着眼,而以各组成部分为子集合。太多公司的做法刚好与此相反,它们利用预算程序汇总各事业部门不同层次的计划,然后集合为一个全体的计划。这种做法造成精力浪费,因为各部门员工在反复磋商之际,需要对相关数字一再修改。

确定运营的品类角色，让各品类分工明确，承担不同的责任，从而推动整个电商规划成功。

运营的核心是商品管理思维。因为零售商一切业务的开始都围绕商品展开，任何零售卖场都要随着商品的趋势而定位，围绕商品的定位而转化，伴随着商品的转化而调整。从广义上讲，商品管理包含与商品有关的一系列管理活动，涉及业务运营的每个环节。从狭义上讲，商品管理主要指品牌的管理及单品（型号）的管理。

运营期间要整合资源，带动整体完成计划，从确认策略的方向到立项、部署计划、召集各部门配合，涉及策划、设计、运营、编辑、采购、市场、技术、渠道、客服、物流等多个部门间的配合。最重要也是最难的就是各部门间的配合和避免各环节脱节。通过严密的数据确认最终的布局，以达到最佳效果。根据调研的商品数据，以及日常商品销售的情况，并以是否为热销品、是否为应急产品、价格是否为最有优势并通过多个纬度进行排查，对销售状态进行实时监控及确认。

二、如何建立运营流程

一个良好的运营流程能很好地服务日常工作顺利进行，特别是大型公司会根据自身的特性来制定良性的运营流程。运营流程包括如下几个要求。

高层达成一致。平台运营是一个循序渐进的过程，坚持客户导向，不能因短期利益而放弃，不应平衡利益而舍弃，没有高层支持是不行的。

运营定义。将以前杂乱无章的产品或服务进行归类，让它们按照消费者的分类找到自己的归属，确定每个产品或者服务“有家可归”。

运营角色。表示在品类经营中扮演的角色，这些品类角色的设定要充分考虑消费者的需求，反映消费者的购买行为。

运营评估。充分的品类评估将促使企业的经营战略和营销活动得到全方位改进。

品类评估表。反映品类角色和品类评估。检测指标是分销商和供应商共同针对某品类经营计划制定的具体目标。

运营策略。为实现品类经营角色和目标而制定。针对不同的品类角色和目标，就要使用不同的品类策略。

品类战术。实现品类策略而采取的行动，涉及品质组合、定价技巧、促销技巧、陈列展示及产品供应等多个领域。

运营计划实施。这是很重要的一步，所有步骤都做好了，没有了这一步也就无法挖掘出品类管理的潜在优势，它也是让品类管理得以突破的一步。

在这里还包含通过推广策略并对选品、页面布局、助销支持、指定合理促销、商品的定价，从而将运营计划的策略推向销售的高潮。

三、后续落实是重点

通过运营所指定的方针确定项目，首先收集往期项目资料，例如市场流量数据、转化率、往期商品销售数据、活动页面监控数据、客服信息反馈等，通过以上信息制定当前最佳项目方案并确立。确定后召集运营、策划、市场、公关、采购、设计、技术、客服、仓储、物流、行政、财务等相关部门进行任务分配及达成相关目标。项目负责人将根据各环节时间节点与各部门沟通确认，以保证在指定时间完成。

接下来以“双十一”网络节日为例作为项目参照。

近几年由于网络数字化的文字兴起，从而带动了520、“双十一”“双十二”等五花八门的网络节日，各商家借助各类的节日，吸引消费者，促进消费。面对消费向节假日集中的趋势，基于网络购物平台的节日营销模式成为一种重要的网络营销策略，电商应当树立一种全新的节日营销理念。“双十一”已经不仅仅是“光棍节”那么简单了，如今它已经演变为各网络商家一年一度的购物狂欢节，在大环境的驱使下各商家都在绞尽脑汁进行活动营销，刺激用户消费，但是如何能够真正打动用户呢？

在2016年的“双十一”活动中，天天网在此次促销中抛掉以往烦琐的环节，在主题上直接告知活动促销信息，即全场领券和折扣，让用户不再大费周折琢磨活动怎么玩，怎么购买更合理！

整个项目分为前期预热和活动爆发两个阶段。为了保证项目的销量在预热期就吸引住用户，所以预热期以互动为主，如签到有奖，邀请好友赢现金等吸引用户的手段。通过奖品的吸引力将用户留住，同时促销点是消费赢好礼等，在指定页面中消费任一款单品均可参加抽奖，当然，奖品必须是用户所喜欢的，否则设定的奖品也就毫无意义了。在引爆活动当天所采取的互动，需要牢牢抓住一部分群体。全场消费指定金额，可以在“双十一”当天24小时不停参加秒杀大奖。

这里的营销活动一共有两部分。

提前消费的用户才能参与，并且让参与的用户增加中奖机会。

刺激一部分用户先购买，避免造成活动前销售数据不理想，活动当天销售数据超高等，导致销售数据不均衡的不健康状态。

当然，活动预热期与活动当天都是全年当天销售的巅峰，由于活动当天的促销手段，基于用户提前购买秒杀大奖的诱惑，使前期销量稳定，但是如何在活动当天杀出重围，这也要看商家当天对消费者的诚意。天天网当天打出全场满额即享不同额度的折扣，让用户少了一个计算步骤，简单直接告知促销力度，同时配合其他互动环节，让整个活动有了自己的灵魂！

第四节　电商运营与外围资源

社交电子商务是伴随社交网络兴起的一种全新的电子商务衍生模式，将微博、空间、博客等社交媒体作为传播中介，通过社交互动、用户自己产生内容等手段实现商品的购买和销售行为。

一、外围资源的定义

从本质上看社交电商，是从事电子商务运营企业的产品营销平台，借助圈子及社交概念，通过圈子人与人之间建立的信任感，达成销售。这似乎也可以称为电商企业精准营销的一种外在手段。

无论是最初的Friendster或是Facebook，再到现在的微博、微信等社会化外围新兴资源媒体，都给我们的生活带来巨大的变革。我们通过网络组织形成一张巨大的关系网．可以联系朋友、维持关系、分享信息、召集活动、促销消费，几乎无所不能。其实，外围资源的主体市场无所谓是个人的还是以企业为主的，也无所谓是具体的电子商务模式以及盈利模式，但毫无疑问的是，如果社交网络需要具有更多的社交特性，那么除了娱乐休闲之外终究不可缺少消费的概念。因此，在商家、商品、消费者、营销、流通、支付等多个环节之间，谁能以最好、最便捷的应用手段将这一套环节进行完美整合，那么这个社交网络就是成功的。也唯有电子商务化，才是保证企业长期发展的原动力。

二、拓展外围资源

企业都希望众多的社会化媒体活动来支持自己的营销方案。社会化营销的成功与社交媒体本身关系不大，它更多的是关于企业在网络社区中的运作情况。

对任何类型的评估而言，评估必须深刻地关注和洞察社区的成员。社交媒体之所以取得成功是因为人们认识到他们更相信彼此，而不是试图兜售商品的企业。

应对这一新状况的关键是持续不断地聆听和评估人们是怎样感觉、怎样思考和怎样议论你的公司，并且对这些反应制定有效的方案。

现在在网络上可以找到大量的社会化工具，你可以启动对社交媒介营销活动直观评估，但是，如果你不能够监测到真正有用的数据，那也等于在浪费时间。

测量KPI的一些要素包括一系列的平均值（单次访问的平均访问量、单个访问者的平均访问次数、单次转换的平均成本等）、比率（重复访问者的比率、特定群体的访问者比率、通过搜索访问活动的访问者比率等)和数值(转换次数、重复访问次数及页面停留时间等)。

此外,具体的商业类型有不同的KPI,不同行业中不同类型的使用者也有具体的测量方法(例如,资深策略家和中层管理者等)。

每一个社交平台也会有具体的KPI来彰显平台的实力和优势。因此,我们需要知道哪些指标是最重要的。

这些检测手段很流行并且通常便于理解,但是仅仅依靠它们并不能制定有效的战略行动。例如,营销人员可能试图关注称为"3F"的数据(好友、粉丝、关注等)。

五种有效措施可以帮助你了解社交媒体的有效性。

互动量是对单个帖子的回复和评论的数量。这是揭示参与度的关键指标,也是构成社交的基本要素。通过追踪微博、帖子和上传资料的回复,你能够更好地了解哪一类主题会引起受众的共鸣,哪一种方法对引发他们的参与更有效。因此,你能调整你发布的信息来达到最大的互动。

浏览量是网站的规模,是直接访问网站的次数。这是你最基本的受众,由那些直接和你品牌互动或者参与活动的人组成。之前我提到过你不应该简单地关注纯粹的数据,网站规模就是其中之一。但是,当和其他数据结合,就使得这些纯粹的数据变得异常有用。例如,浏览量与互动量联系在一起就能为你发起一场病毒式的传播战役做好准备。越多人观看,就会出现越多的互动机会,从而形成滚雪球效应。

内容转发量是指分享单个内容的数量。这一方法具有一种优势,就是每条帖子的结点,这使得你转载和上传的内容能够第一时间进行分享。在twitter上这表现为retweets的形式。

品牌感觉情感是他人对你上传信息的感觉。如同现实中一样情感在社交媒体中也很难测量。但是通过使用诸如IsisToolbox之类的工具,接近和侦测人们对你品牌的感觉是可能的。

内容评价可能容易和情感混淆,但是它涉及的范畴更小。在Facebook上它是"喜欢"(like)键。在twitter上,最主要的内容是喜欢。而在Google+上人们可以点击"+1"键来表达他们的偏好。

社交网络营销对企业而言不是一项容易的任务,大多数企业并没有固定的员工来管理他们的在线营销事务。这就是为什么在IsisCMS上用整体的解决方案来帮助不同规模的企业,以获得在线领域优异的表现。

社交媒体的评估指标是一个综合各种数据的过程,但其本质是什么?其实更为重要的问题是社交媒体在整个宏观营销中处于何种地位。显然,要解决这些问题光看KPI指标是不够的,还要从宏观的ROI入手,从社交媒体的主要和次要职能人入手。

三、让资源可持续发展

现在社交的网络推广方法已经被重视,推广的方法种类也相对较多,但是能否运用好这些方法,让它们起到应该有的效果来帮助推广宣传。我们要如何才能做好社交媒体推广？下面通过五个步骤进行阐述。

(一)找到用户群体

社交媒体的最大特点就是聚集用户多,但是在这么多的用户中,并不是所有的都是我们的用户。在这些群体中,我们要想办法找到自己的受众群体,找到用户以后我们才能进行进一步的推广工作。而且找到这些群体以后要分析群体,把群体的相关基本资料、兴趣、爱好等都要进行了解与记录。

(二)确定自己的目标

确定自己的目标,这不光是社交媒体中要有的,任何一个推广方法中都要涉及自己的目标。第一步中分析好自己的目标群体,然后要分析自己的目标,自己能给用户提供什么东西,能给用户提供到什么程度的服务,这些都是基于用户的基本目标。社交媒体推广的效果也是需要时间来验证的,所以,企业在给自己定目标的时候,也不能定得太高,即应根据舆论的发展改变自己的目标。

(三)制订推广计划

无规矩不成方圆,推广也是一样的,在推广之前拟订方案是不可缺少的。方案中要包括的东西通过推广目的来制定,比如,如何寻找用户群体,如何确定自己的目标,推广的方法是否符合受众群体,自己能给用户提供的服务范围,推广过程中遇到什么问题时要如何解决,推广后期要如何发展新用户,留住老用户等。这些琐碎的事情都需要在计划中制订。有据可依的推广策略才能更好地让企业盈利。

(四)立即实施计划

在前面三步的策划基础上,基本上可以开始推广了。实施过程中可能会遇到一些方案中没有提到的问题,要学会随机应变。社交网络平台的群体太多,在开始推广的时候效果肯定不会很理想,这需要时间积累资源,所以要提前做好准备,不要短时间内没看到效果,就准备放弃,否则是不能让推广计划得到改善的。

(五)实时分析推广效果

现在社交媒体发展的速度的确惊人,但是成功运营的案例不多,大家都处在探索的阶段。社交媒体推广的想法很好,确实能带来流量和盈利,但就是这样的推广方法，要取得实时分析推广的效果，我们的推广方法也要跟得上平台的发展。在分析推广的过程，那些效果好的方法要继续延续使用，效果不好的方法要另辟蹊径。对推广效果要进行综合分析，以便看到推广的效果，只有这样才能做好社交媒体推广活动。

第五节　建立电商运营体系

在行业里有一个共识，那就是可以用7个字来形容电商的本质，分别是：产品、流量和转化率。对于这三个指标，如果你有过几年互联网从业经验，印象会非常深刻。这7个字也非常形象地说明了电商运营的三件最重要的事情：注重产品体验，注重优质流量，注重转化率分析和优化。

本节围绕这三个指标阐述如何建立一套有效的电商运营体系，这将会为我们的电商运营提供极大的理论和方法支持。

一、电商运营体系

从事电子商务，一般有三种思路：互联网、零售和供应链。互联网出身的产品经理通常更注重网站的用户体验，视用户体验等同于转化率。零售商更倾向于将电商网站看作渠道的一种，通常会加入当当、淘宝这类平台，或进行更多的促销活动等。供应链做得最好的当属亚马逊，对见惯了京东、当当这种打折促销种类繁多的电商网的用户，如果再进入亚马逊购物，难免觉得网站稍欠点热闹气息，但对亚马逊的老用户来说，随处可见的到货时间、商品库存信息则非常到位。

不管以哪种思路做电商，最重要的永远是投资回报率，不管企业当前正处于哪个阶段哪个位置，效益才是电商最重视的。

那么作为电商网站运营管理人员，在网站运营中，哪些是比较重要的指标呢？笔者在这里将电商的运营体系分为6大类，并对这些分类的体系建立做一个说明。

（一）转化率体系

转化率体系主要包括到达率、注册转化率、订单转化率、支付转化率。网站转化率永远是第一位的，只有流量没有转化率的网站，只能说明网站人员对市场不够熟悉，或者引入了大量垃圾流量。

这个时候我们要重提转化率和用户体验的关系。若问题没有出在垃圾流量上，转化率通常就和网站流程相关，通顺简单的流程、贴心的提示（降低用户购物风险）、商品组合后的价格以及支付方式等都会影响用户的最后支付。优化梳理网站结构和流程后，转化率数据会更漂亮。（电商订单平均转化率水准为千分之一。）

建立转化率运营体系：需要我们监测、统计和分析最重要的转化率指标，定期对这些数据进行后期加工处理，可以按周也可以按月进行汇总讨论，从而直接优化指导运营。

(二)购买体系

对购买体系来说,最重要的不外乎三项内容:客单价、重复购买率和人均订单。

当然,对不同类型的网站来说,要求也不同,比如奢侈品电商这块,通常都是线下实体店和线上网站结合,客单价自然也远高于一般电商。

建立购买运营体系:重点监测、统计和分析涉及购买的重要指标,定期拿出针对购买相关的数据和结论,以便直接指导运营。

(三)会员体系

会员体系相关的指标有会员访问深度、会员访问频次、新会员占比、会员引入费用、沉睡会员再营销。

很多公司在电商运营的时候常会处于两个极端,有些节省站外推广费用,而针对站内老用户花费更多的营销费用;有些则在引入新用户上花费大量营销费用,而在维护用户上却花费甚少。通常第一种情况涉及的都是拥有一定用户基数的相对较老的网站,第二种情况则通常是新建立的网站。这两种情况都有一定的问题,营销费用是一定的,有时拉来一个新用户并不难,但要留住用户,将转化为忠诚用户却不容易,而只重视老用户、忠诚用户,亦达不到扩大市场的目的。

建议基于一定的营销费用,在不同的时期建立不同的用户政策,这是比较明智的做法,一定要均衡,小心走向极端情况。

建立会员运营体系:首先定义电商网站的新老用户,这两种不同类型的用户的运营特点也不一样,要定期进行针对新用户的活动和针对老用户的活动。同时要每天监测、统计和分析会员数据,以便开展更多有利于用户的活动。

(四)商品体系

商品是电商的灵魂,没有了商品,电商网站就名不副实。

商品体系的指标一般包括:热销品类、毛利率、销售额、商品购买频次、购买时间、购买单价。

很多具有特点的产品都有一定的时效性,如情节人的鲜花、巧克力以及新年期间的保健品,销售要提前将库存和营销调整到当时热销的品类上。

建立商品运营体系:监测、统计和分析商品的相关数据,便于丰富和调整用户更喜欢的商品库。

(五)用户行为体系

用户行为体系相关指标包括浏览路径、热力图、浏览习惯、站内搜索、停留时间、投资回报率。

用户行为体系对于网站流程和转化率方面都有参考意义，从用户浏览习惯入手，寻找网站流失率高的原因，及时更改，以免营销费用付之东流。

建立用户行为运营体系：监测、统计和分析用户的相关行为数据，便于对用户提供更好的服务，发现用户在使用电商产品的过程中存在的问题，从而指导运营进行最好的优化。

(六)营销推广体系

营销体系相关指标包括垃圾流量鉴别方法、渠道购买力评估、渠道贡献度评估、投资回报率监控。

整个网站是建立在有效的营销手段基础上的，包括引入流量质量和渠道贡献度评估，只有好的流量和渠道才会有好的转化率，在好的用户体验上，进一步提升会员访问深度和购买频次，创造好的销售业绩。

建立营销推广运营体系：监测、统计和分析营销环节的相关数据，以用最小的代价获取最优质的用户。

从整体上来看，我们需要建立的电商运营体系主要就是对电商各个重要环节的重要指标进行重点监测和分析，这些数据的背后就代表了我们运营的效果，可以非常高效地提升网站运营效率. 从而大幅提升电商的收入。

二、提升电商优质用户

电商运营的最终目的是实现大量的销售额，而且是能盈利的，因此在这个过程中，优质的用户是非常关键的，各种电商网站都在为获取和留住优质用户而绞尽脑汁。

对电商网站而言，优质用户可以通过以下几个特点进行综合判断。在电商运营过程中，我们需要不断地挖掘这些优质的用户，从而为电商带来更大的价值。这几个特点分别是回头率高、善于传播分享和具有较强的消费能力。下面我们分别详细说明这三个特点。

(一)回头率高的优质用户

回头率指的是在电商运营过程中，通过大量有利于用户体验的措施来提升用户对品牌的依赖和信任，从而不断进行消费。每家电商企业都希望有大量的回头用户。做过电商的朋友可能都知道，发展一个新客户的成本是挽留一个老客户的3-10倍，而且老客户的忠诚度下降5%，企业利润率下降25%。这说明了一个非常严重的事实。那就是维护好老用户是很重要的。

所以，当我们在评估一家电商网站运营得好与坏的时候，看它的每日订单中老用户的占比就可以知道大概情况，但这并非唯一的判断方法，因为在电商发展的不同阶段，其新老用户的构成是不尽相同的。一般在电商网站发展的前两年时间里，新用户居多，这是因为它在不停地占领市场，拓展市场，越到后面，电商网站的用户规模就越趋于稳定和成熟，那么老用户的比例也应该慢慢增大，一直增加到一个合理的比例。

（二）善于传播分享的用户

这类用户是我们最希望看到的，即便他们不购买，我们也非常希望这类用户访问我们的网站，这是因为他们来了之后非常有可能带来一群新的用户，这些都不需要我们花费任何成本。

一般来说，针对女性市场的电商网站商品，其分享率会高于其他类型的电商，这是因为女性天生就有一种善于分享的习惯，因此我们可以看到，像蘑菇街这类的电商分享导购平台，非常受中国女性尤其是年轻女孩的追捧，用户黏性非常高。

除了特定的人群之外，在电商运营的过程中，我们也可以增加大量的激励和引导措施，以提升用户的分享力度。一般的方法有：加入分享有奖激励措施、加入邀请链接、设置方便的复制商品链接的模块、在用户最显眼的地方设置分享提示、在用户的浏览及购买环节都加入别人分享及系统推荐的素材，以达到整体上提升分享率的效果。

如果从这个维度来判断，我们基本上可以判断这个电商的内容是否是用户所关注和喜欢的，一般情况下，用户特别喜欢，社交平台的分享率就会非常高。

（三）较强消费能力的用户

这里的消费能力主要包含消费频率和单次消费水平，可以看出，这两个指标对电商网站是多么重要，特别是综合性电商网站。消费频率越高，说明这家电商网站的体验越好；单次消费水平越高，说明电商的客户消费水平也不低。

因此，在电商运营的过程中，提升消费频率和单次消费水平也会成为重点目标。一般情况下，针对消费频率的策略主要有：促销活动、优惠券发放、用户召回、发放礼品等。

综上所述，我们可以尽量多地从这三个维度思考电商运营策略，以提升电商网站优质用户的比例，从而提升运营综合效果，最大化提升电商品牌的价值。

三、常见电商模式与运营特点

电商的模式有很多，不同的模式所对应的运营特点也不一样。这里将对当今比较常见的电商模式进行说明，各位读者可结合自己所负责的电商项目进行了解。

（一）综合商城型

商城，谓之城，自然城中会有许多店。综合商城就如我们进入天河城、正佳等现实生活中的大商城一样。商城一楼可能销售一级品牌，二楼销售女士服饰，三楼销售男士服饰，四楼销售运动/装饰，五楼销售手机数码，六楼销售特价产品……将N个品牌专卖店装进去，这就是商城。天猫商城采用的也是这个形式，它有庞大的购物群体，有稳定的网站平台，有完备的支付体系及诚信安全体系，这些都可以促进卖家进驻卖东西，买家进去买东西。如同传统商城一样，天猫自己是不卖东西的，只提供完备的销售配套设施。而线上的商城，在人气足够、产品丰富、物流便捷的情况下，其极具成本、无时间限制、无区域限制、更丰富的产品等优势，昭示着网上综合商城将成为一个个交易市场。

运营特点：需要建立完善的信用体系、物流配套体系和支付体系，不断完善商家合作机制与商家推广机制，不断拓展各种目标用户并提升购买效率。

（二）百货商店型

商店，谓之店，说明卖家只有一个；而百货，即满足日常消费需求的丰富产品线。这种商店一般自有仓库，以便提供更快的物流配送和客户服务。这方面的例子如线下的沃尔玛、屈臣氏、百佳百货等。互联网的百货商店类型的电商有很多，像京东商城（也提供第三方入驻商店）就是这一类型的典型案例。

运营特点：完善仓储系统，不断提升仓储管理效率，不断优化库存周期，不断拓展大量优质综合用户，举行大量的促销活动。

（三）垂直商店型

垂直商店服务于某些特定的人群或满足某种特定的需求，提供有关这个领域需求的全面及更专业的服务。这类电商比较多，如中酒网、天天网、名鞋库、优购物、凡客网等都属于这一类型，是专门定位于某一领域的电商。

运营特点：做强垂直的供应链系统，在垂直领域相关渠道获取优质用户。

（四）复合品牌店型

佐丹奴是一个传统的服装品牌，自己有N家直属、加盟店。正佳商城开业，佐丹奴进驻，而网上的天猫商城开业，线上的佐丹奴也进驻了。而哪怕是所有的商城都倒闭，佐丹奴也有自己的独立形象店，这就是传统的品牌。当佐丹奴发现线上的消费者和线下的消费者不同时，他们大胆地运用价格歧视，而其完善的仓储调配管理能力，通过网络销售降低了商品店面陈列成本，分摊了库存成本，优化了现金流通及货品流通的运作。

类似这种店，随着电子商务的成熟，将有越来越多的传统品牌商加入电商战场，以抢占新市场，拓充新渠道，优化产品与渠道资源为目标，一波大肆进军的势头蠢蠢欲动。

运营特点:不断完善线下线上物流系统及库存信息系统。

(五)服务型网店型

易美是一家网上冲印公司,比如,小王结婚了,跟老婆去了欧洲度蜜月,拍了好多相片,可是,还没回到家,亲戚朋友们都拿到了小王通过易美网上冲印好的相片,相片有的是嵌在骨瓷杯上,有的按自己的意愿装订了漂亮的相框,正放在爸爸妈妈的房间里。

服务型的网店越来越多,一般是为了满足人们不同的个性需求,甚至是帮忙排队买电影票。很期待见到更多的服务形式的网店。

运营特点:不断完善服务机制和服务效率,不断在垂直服务领域进行服务创新。

(六)导购分享型

目前这类电商的典型代表是美丽说和蘑菇街,这两个电商网站的用户量庞大,用户也非常活跃,其中分享了大量的优质天猫商品,也有大量的其他电商网站的商品。它们是中国非常受女性用户追捧的导购电商平台。

另外以导航模式收录正规诚信的导购商城的网站也可以算作这一类。网站收录的正规诚信商城解决了用户需要记忆繁多的网购商城的烦恼,而且可以避免用户因进入钓鱼网站而造成经济上的损失。团购导航就是这一类型的电商平台。

除了常见的美丽说这种分享型网站之外,还有一种比较有趣的模式,将小清新网站的内容植入有趣的商品,其创始人是来自四川的敖艺嘉,这是一种非常聪明的模式,不仅丰富了内容,也增加了一个有效的盈利机制,事实证明,网友对这种推荐非常乐于接受,这种模式适合很多内容型网站。

运营特点:不断收录优质电商网站,不断引导用户分享优质商品。

(七)社交电商型

社交电子商务是电子商务的一种新的衍生模式。它借助社交媒介、网络媒介的传播途径,通过社交互动、用户自生内容等手段来辅助商品的购买和销售行为。在Web2.0时代,越来越多的内容和行为是由终端用户产生和主导的,比如博客、微信、微博等。这类代表主要是现在流行的微电商,用户可以在微信或者微博里面通过朋友关系售卖商品。

运营特点:不断获取大量粉丝,维系好与粉丝之间的关系。

(八)团购模式型

团购就是团体线上购物,指认识或不认识的消费者联合起来,加大与商家的谈判筹码,最终取得最优价格的一种购物方式。根据薄利多销的原则,商家可以给出低于零售价格的团购折扣和单独购买不到的优质服务。团购作为一种新兴的电子商务模式，通过消费者自行组团、专业团购网、商家组织团购等形式，提升用户与商家的议价能力，并极大地获得商品让利，引起消费者及业内厂商甚至是资本市场关注。团购的商品价格更为优惠，尽管团购还不是主流消费模式，但它所具有的爆发力已逐渐显露出来。现在团购的主要方式是网络团购，典型的代表有美团网、糯米网等。

运营特点：不断挖掘优质团购商家，拓展大量优质用户。

(九)O2O电商型

线上订购、线下消费是O2O的主要模式，是指消费者在线上订购商品，再到线下实体店进行消费的购物模式。这种商务模式能够吸引更多热衷于实体店购物的消费者，传统网购的以次充好、图片与实物不符等虚假信息的缺点在这里都将彻底消失。消费者可以在网上众多商家提供的商品里面挑选最合适的商品，亲自体验购物过程，不仅放心有保障，而且也是一种快乐的享受过程。这一类代表主要有科通芯城、大众点评等。

运营特点：不断挖掘优质渠道资源。

第六节 微商模式运营

微电商(下称微商)是区别于传统电子商务的崭新的电商模式。它不像传统电商过度依赖于平台(如淘宝/天猫/京东),而是依赖于你的客户,以及你与客户保持联系的渠道。微商需要你更重视对客户的管理和长期培育,以及品牌的建设。微商在市场运营策略上,不再以平台为中心(通过简单粗暴的流量采购、广告推广来获得销量),而是通过微博、微信这样的沟通渠道,直接联系自己的客户,从而带来销量。此外微商还需要商家更加重视买家之间的口碑相传,在买家的社交圈子上(微信朋友圈、微博等)形成广泛的二次传播,吸引更多的客户。

相对传统电商的以商品为中心,微商则是以人为中心。移动互联网时代是社交的时代,人与人的关系才是最核心的东西,通过关系获得信任,通过信任卖出商品是关键所在。但社交购物的微商时代,追求的是关系深度,不一定要有太多的客户,只要维护好粉丝,就能形成多次转化。

脱离大平台,长期维护客户关系,具有更高的复购率及品牌忠诚度,这就是微商运营模式。

一、微商简介

电商时代追求流量和入口,无论是PC时代还是App时代,都要追求流量导入,追求不断拉新客户,追求成为入口。但在社交购物的微商时代,游戏规则变了,追求的是关系深度,你不一定要有许多客户,只要将粉丝、用户的关系做深,维系老客户,提升购买频率,就能够形成持续购买活动。这时候做人的关系是核心,维护老客户是核心,提升复购率是核心。

微商以人为中心,其特点包括投入小、门槛低、传播范围广、足不出户便可推广与销售、只需个体行为等,它满足了大多数有意愿自己做点生意,却不敢轻易尝试实体性创业,亦没有太多资本投入,也不熟悉企业运营的个体。

它弥补了传统市场与电商市场的渠道费等高成本、短促人员高管理要求、投入成本回收慢等问题,不仅可以快速铺开销售渠道,还可以用低成本迅速铺开广告。

腾讯利用微信在电商上的布局已初见雏形,无论是为京东提供的一级购物入口、大众点评、滴滴打车,还是重启的拍拍网。目前微信电商主要有三种形式:O2O、C2C、B2C,笔者认为微商的未来还是B2C。

从整个电商生态来说，020是玩资本和平台的，虽然大家都在吃喝，但市场还不是很成熟，整合资源、培养市场需要耗费巨大时间和财物成本，从目前第三方发展来看，大家都只是在试水，还未形成规模效应；C2C看起来不错，但是C2C存在很多缺陷，因为C2C上都是小卖家. 存在的弊端包括产品的品质无法保证，维权艰难。没有统一的入口以及货源不稳定。从这些弊端可以看出个人小卖家不会成为一个很成熟的电商模式。

另一方面从淘宝的生态发展也可以看出微信最终的生态是从C2C过渡到B2C，最终要取得用户口碑，满足用户的体验，一定要走B2C的模式。

2015年，移动电商势不可挡，800万淘宝卖家的迁移必将给移动市场注入新的活力，数以千万的微商们也将迎来“井喷式”发展。

(一)微信开店

微信公众平台增加微信小店功能即可快速开店。微信公众平台最新版本增加了微信小店功能，微信小店基于微信支付，包括添加商品、商品管理、订单管理、货架管理、维权等功能，开发者可使用接口批量添加商品，快速开店。已微信认证、接入微信支付的服务号才可在服务中心中申请开通微信小店功能。

(二)微商发展趋势

下面简单介绍下为什么会看好微商。不知从何时起，微商似乎成了人人喊打的过街老鼠。一看到“微商”二字，心头就会情不自禁地涌现出刷屏、广告以及各种骚扰，所有的微商都被扣上了朋友圈恶意营销的帽子。甚至还有人把朋友圈卖货等同于微信电商，以此得出结论：基于社交的微信电商必亡。笔者认为以这样的逻辑来解释微商，不仅轻率而且狭隘，如果想做好微商，必先全面认识微商。

那么什么是微商呢？很多朋友误认为微商就是在朋友圈卖货的，其实不然，微商的定义从广义的角度应该是移动社交电商。人们在购物决策中好友的评价和推荐越来越重要，微商到最后绝对不是这批朋友圈卖货的，这批人只是借助早期朋友圈的红利期在过度开发后才一炮走红，C2C发展到最后还是会面临洗牌。产品的质量、品类的选择，物流、维权都至关重要，所以最终的模式是C2B2C，实质就是B2C。

众所周知，最早的一批微商就是从朋友圈发家的。他们借助朋友圈人口的第一波红利迅速致富，由于这种代理分销的裂变效应和低门槛、零成本式的病毒营销，微商在朋友圈内如雨后春笋般大量涌现，因此朋友圈形成了最早的微商雏形。随着微信官方对朋友圈恶意营销的严厉打击和用户对微商广告的深恶痛绝，新的移动电商平台的崛起使朋友圈卖货必将走向消亡。之所以朋友圈卖货不是微商的未来,笔者认为有以下几个原因。

首先,暴力刷屏,破坏用户体验。朋友圈营销有两个显著特点:第一,疯狂加入。不管是陌生人还是熟人,先把微信号加满5000人(即微信好友的上限人数);第二,暴力刷屏。不管你爱不爱看,愿不愿看,屏蔽与否,只管拼命去刷屏。哪怕有千分之一的转化率,一天下来有四五笔的成交额也算收获不错。殊不知这种方式两头都不讨好,既得不到官方的认可又遭到朋友的吐槽。随着用户对微信的使用趋向理性化,这种朋友圈卖货刷屏的时代终将结束。

其次,质量低劣,以假乱真。任何商品在消费者的心里第一属性永远是安全,没有生产日期、没有质量保证、没有生产厂家的商品是消费者在购买时最担忧的。同时这也是检验商品是否合格的前提。在朋友圈里因为没有完善的交易系统,只能通过图片的形式向用户展示商品信息,而每次发送的图片数量是有限制的(一次只能发9张),这就造成了微商们不知道该向消费者展示什么,消费者也无法判断质量的优劣及产品的真假。这样一来这种形式严重污染了整个市场环境。

再次,缺失信任,无维权机制。淘宝之所以如此成功主要是因为解决了交易中的信任问题,而在朋友圈中这几乎是不可能的,熟人之间的交易可能会好一点,但是多少人会想着去赚熟人的钱呢?熟人之间基本上都是拿人品和信任做筹码交易的。朋友圈的陌生人更多是做一锤子买卖。各种代购泛滥,今天推销这个,明天推销那个,随意更改ID,来无影去无踪。一旦用户买到了假产品,有苦也说不出,不知道该找谁。

最后,同质化严重,用户没有选择权。为什么朋友圈卖面膜的如此泛滥,除了市场需求旺之外,最重要的原因就是可以利用朋友圈"一对一"的传播进行薄利多销。以总代招一代,一代招二代等层层递进的模式海量招募代理。卖家本身不需要任何投入,只需要在朋友圈刷刷广告,打打电话就可以交易。零成本、高收益,谁都愿意干。而用户在购买时又没有选择对比的权利,只能冲动消费。

以上列举的四点只是朋友圈卖货最常见的几大问题,除此之外物流、订单跟踪、利润单薄、会员管理等都是困扰商家们的重要问题。所以笔者认为朋友圈卖货最后是本末倒置,自我毁灭。

为什么说微商的发展最后会是B2C?如果把朋友圈电商定义为微商1.0,那么像口袋购物、微盟旺铺等就是微商2.0。甚至从某种意义上来讲朋友圈卖货并不属于微商,它只是微信电商C2C向B2C的一种过渡。微商不仅仅指微信电商,它更是一种基于移动社交的去中心化入口和流量的汇聚。

微信C2C电商问世已有一段时间,细心的用户会发现玩转C2C的还是那些格调较高的自媒体大号、深耕行业和领域的专业人士，如大家所熟知的逻辑思维、吴晓波等。只有这样有魅力的资深人士才有可能做好C2C电商(虽然他们也只是在尝试)，但是这样的人在微信上又有多少呢？想必也是屈指可数吧。

淘宝最开始走的也是C2C的道路，依托支付宝，淘宝解决了买家与卖家之间的信任问题，再加之一系列完善的交易体系、评价体系、服务体系、物流体系、维权体系，这才得以迎来全面的繁荣发展，但是即便如此，它依旧没有彻底解决以次充好、以假乱真、鱼龙混杂的假冒伪劣现象。也许正是因为发现了C2C的某些无法避免的漏洞，所以才有了后来B2C的天猫。

微商同样要经历这样一个过程，我认为微商的发展必然会沿着个人——团体(机构)、公司这样的规模效应发展。B2C才是王道，占据前端的B一定是有实力的厂商、品牌商或供货商。移动电商也会由个人店铺向企业店铺这样的模式前进。目前赚钱的微商主要靠发展代理赚钱，而不是真正服务于终端消费者挣钱，朋友圈这种微商肯定是有问题的。

最后来看下微商该怎么做才好？微商怎么做才能得到良好发展，怎样才能挣到钱，这是每一位从事微商的人最关心的问题，从一个开发者的角度，笔者认为做好微商有三个条件是必不可少的。

第一，完善的交易平台。这个完善的交易平台主要是针对上文提到的朋友圈卖货而言的，从购买、物流、评价、维权等像淘宝一样有一套完善的机制，这样用户才能放心购买，解决最起码的信任问题。

第二，统一的客户管理体系。客户管理体系的建立在移动电商上变得越来越重要，CRM系统可以实现全网会员数据库对接，建立大数据运营机制，提升精准营销的效率，通过会员管理及大数据运营，及时洞察、反应和满足消费者的需求。打通线上与线下、现有会员与潜在会员、商品与服务的连接，高效地经营粉丝。

第三，多元化的营销流量入口。针对“社交+电商”的形式，有人看好，有人不看好。微信在电商方面也一直在尝试，从腾讯微生活、微信小店、拍拍微店不难看出，微信本身也是在摸石头过河。作为第一大流量入口的微信这样尝试大家都可以理解，但微商的存在不会那么狭隘，未来的微商会将所有的社交工具、分散的流量汇聚到一个入口，营销的方式也不仅是朋友圈，它会分享到用户常常逗留的一些地方，以前是用户找商家，以后可能就是商家主动找到用户。

不论外界如何看待这个市场，随着一切产业都将互联网化，微商将会逐步占领移动电商份额。

二、微信营销

微信公众平台具有丰富的功能,操作也很便捷,企业想要运营的内容需要符合认证平台的需求,例如,医疗咨询业务中很多信息涉及个人隐私,这时便需要一对一回复,还可以结合微博私信进行回复。微信平台需要设有专门的客服管理,具备一定的专业医学知识,这一点也很重要。

利用微信本身的特点进行营销,基于微信的定位功能,可以很好地获取你附近的人群信息,定位之后跟用户打招呼,也会起到一定的广告作用。

选择质量高的推送内容,让用户替你建立口碑,不定期分享实用的医学知识,这些有用的信息都会引起用户分享,这无形中宣传了企业。事后对分享内容的反响进行整理分析,不断改进,不断创新。

建立微信客户档案,在特殊节日向用户推送祝福信息,建立良好的沟通关系,使企业在用户中的美誉度不断提升。

以上操作难度并不大,成功的关键在于事先策划及执行活动,只要用心去做,肯定会让商家收到意想不到的效果。

而基于微信平台的微信营销也形成了一股风潮,众多商家无不把眼睛瞄准这个快速发展的新应用。势不可挡的微信营销到底有哪些模式呢?

(一)草根广告式——查看附近的人

产品描述:微信中基于LBS的功能插件“查看附近的人”可以使更多陌生人看到这种强制性广告。

功能模式:用户点击“查看附近的人”后,可以根据自己的地理位置查找周围的微信用户。在这些附近的微信用户中,除了显示用户姓名等基本信息外,还会显示用户签名档的内容。所以用户可以利用这个免费的广告位为自己的产品打广告。

营销方式:营销人员在人流最旺盛的地方后台24小时运行微信,如果“查看附近的人”使用者足够多,这个广告效果也会不错。随着微信用户数量的上升,这个简单的签名栏也许会变成移动的“黄金广告位”。

(二)品牌活动式——漂流瓶

产品描述:移植到微信上后,漂流瓶的功能基本保留了原始简单易上手的风格。

功能模式:漂流瓶有两个简单功能:(1)“扔一个”,用户可以选择发布语音或者文字然后投入大海中,如果有其他用户“捞”到则可以展开对话;(2)“捡一个”,“捞”大海中无数个用户投放的漂流瓶,“捞”到后也可以和对方展开对话,但每个用户每天只有20次机会。

营销方式:微信官方可以对漂流瓶的参数进行更改,使得合作商家推广的活动在某一时间段内抛出的“漂流瓶”数量大增,普通用户“捞”到的频率也会增加。加上“漂流瓶”模式本身可以发送不同的文字内容甚至语音小游戏等,如果营销得当,也能产生不错的营销效果。而这种语音的模式也让用户觉得更加真实。如果只是纯粹的广告语,则会引起用户反感。

(三)O2O折扣式——扫一扫

产品描述:二维码发展至今其商业用途越来越多,所以微信也就可以顺应潮流结合O2O展开商业活动。

功能模式:将二维码图案置于取景框内,微信会帮你找到企业的二维码,然后你就可以获得会员折扣、商家优惠或一些新闻资讯。

营销方式:移动应用中加入二维码扫描,然后给用户提供商家折扣和优惠,这种O2O方式早已普及。而类似的APP在应用超市中也多到让你不知如何选择,坐拥上亿用户且活跃度足够高的微信,价值不言而喻。

(四)互动营销式——4A信公众平台

产品描述:对大众化媒体、明星以及企业而言,基于微信开放平台与朋友圈的社交分享功能的开放,已经使微信成为移动互联网上不可忽视的营销渠道之一,那么微信公众平台的上线,则使这种营销渠道更加细化和直接。

组织或个人通过建立一对多的公众账号,就相当于拥有了一个能够直接传播信息给消费者且不受外界干扰、成本较为低廉的媒体平台。通过这种方式,组织或个人与消费者之间的沟通将更加便捷,不存在任何障碍,对于客户关系维护和及时获知客户反馈信息的作用不言而喻。当今营销活动中卖产品就是卖服务,微信能够与消费者之间建立信任基础,促发重复性消费和对品牌的忠诚度。在移动互联网时代微信将构建一条潜力无限的电子商务销售渠道。

三、广告联盟

(一)流量主功能概述

微信公众平台推广功能是微信公众平台官方唯一的广告系统,推广功能展示服务(以下简称流量主功能)为微信公众账号量身定制。公众账号运营者自愿将公众账号内指定位置分享给广告主做广告展示,按月获得收入。公测期间关注用户数超过5万的微信公众账号均可提供广告展示服务,成为流量主。

(二)流量主功能优势

收入:向广告主提供广告展示服务,从而获得收入。

开通方便:公测期间关注用户数超过5万,签署电子协议即可开通。数据清晰：前一天的曝光量、点击量、收入金额等关键数据一目了然。月结模式，收入稳定：每月的收入，定期存入银行账号，轻松获取收益。

(三)流量主功能介绍

1.报表统计。

特点：实时精准，真实透明。

功能：按时间筛选查询数据，提供关键指标趋势图，掌握数据变化拐点。

2.流量管理。

特点：自由支配，设置权限。

功能：创建、修改广告，设置精准定向及出价。

3.财务数据。

特点：核算准确，数据详细，服务优质。

功能：查看每天广告收益明细，定期自动提现到银行账户，轻松获取收益。

四、O2O结合模式

O2O营销模式又称离线商务模式是指线上营销线下购买带动线下经营和线下消费。O2O通过打折、提供信自、服务预订等方式，把线下商店的消费、推送给互联网用户，从而将他们转换为商家的线下客户，这种模式特别适合必须到店消费的商品和服务，比如餐饮、健身、看电影和演出、美容美发等。

(一)微信会员卡功能

目前最流行的O2O产品模式有两种。一种是search模式，典型产品如大众点评，使用场景是：当你不知道要吃什么的时候，可以通过大众点评搜索一个你不熟悉的店铺，然后消费。

另一种是coupon模式，典型产品如麦当劳优惠券、维络城、团购、Q卡等，为你提供打折券、抵用券，吸引你消费。目前微信也提供会员卡服务。虽然微信会员卡叫会员卡，但它提供的只是打折优惠，因此也属于这个范畴，只是换了一种形式。

这两种模式，其实都可以归为一类，就是“多多益善”。作为商户，他们在使用search或者coupon服务的时候，其营销诉求一定是“让更多人知道我，让更多人来尝试我，然后成为我的忠实客户”。这些诉求的背后泄露出的本质诉求是：我要更多的客户。

与“多多益善”模式并列的另一种O2O模式是“朝朝暮暮”，典型应用是会员卡、积分卡、集点卡等，逻辑是商家在客户数量一定的情况下，刺激老客户反复消费，从而增加商家的总销售额。O2O产品大致逃不出这两种模式。虽然“多多益善”不是微信的专属领地，但有人说微信可以做LBS，即采用类似大众点评那种O2O模式，理由是微信提供的功能可以搜索附近的人，那么肯定也可以搜索附近的商家。但如果我是其他的O2O服务商，可以把微信作为一种联系方式提供给商家使用。笔者认为用现在的做法做微信会员卡，效果可能不太理想，虽然它的名字叫会员卡，可是本质上还是coupon券，属于"多多益善"模式，这种模式是大多数媒体的领地，而不是微信这样一个通信工具的领地。目前微信会员卡只能算是半成品，它还远远没有发掘出微信的潜能。

微信的领地是"朝朝暮暮"。微信的典型使用场景是：当你想叫外卖的时候，可以通过微信对着餐馆喊一声"给我来份宫保鸡丁饭"。你无须搜索（因为那个饭店是你的好友），微信也没有做什么"导流"的动作（它不是媒体，所以不能导流），你只不过就像是打电话一样去使用它。微信的作用就在于维系商家和老顾客之间的紧密关系。事实上，"朝朝暮暮"的市场规模可能比"多多益善"更大。我们可以用常识进行判断：对一个普通的上班族来说，周一到周五上班，早上他一般会在家附近或者单位附近吃早饭，午饭一般在单位附近的饭店吃，晚上可能和女友或者朋友聚会，选择一些不在单位附近的饭店。由此可见，他作为一个老顾客进行重复消费的次数（10次）比作为新顾客（5次）要多得多。

其实，并非人们不重视老顾客营销，实不能也。做老顾客营销，有两个关键点：一是你要能够找到老顾客，二是你要能够记录老顾客的消费记录。目前我们找老顾客的工具主要是E-mail、短信、电话，记录老顾客消费记录的工具主要是会员卡。这些工具本质上是前互联网时代的，每一家企业都要建立起自己的一套数据库，这就好比在没有电网的时代，每家企业要自己发电一样。对用户来说，携带数量众多的会员卡是非常麻烦的一件事，所以大家宁可不享受折扣也不会带那么多的会员卡，商家也就无从记录消费者的消费数据。

而微信一来这两个问题都迎刃而解了。微信用户的ID可以被当作会员卡，微信本身又是一个通信工具，维护老顾客的两个关键点集成在同一个产品上面。商家无须自己建立数据库、发会员卡，它只要扫一下微信二维码就可以识别出这个顾客，在系统里看到他此前的消费记录（这个功能目前还没有，但相信未来一定会有），还可以直接向老顾客进行营销。

个人消费数据是金矿，微信未来最大的价值就在于，它会沉淀下一个个人消费行为数据库，这是一座巨大的金矿。

现在在线下消费领域，个人不知道自己什么时间、在哪里花了多少钱，商家在大多数情况下也不知道是谁在自己的店铺购买东西。而未来微信则可以把信息流沉淀下来，沉淀的过程很简单，当你去消费的时候，商家只要扫一下你的二维码就能识别出你的身份，然后把你的身份和消费记录一一对应即可。甚至再进一步，微信可以提供支付功能。

有个人消费数据以后，商家能做的事情就太多了，笔者简单列了几件：

提供优待—对于你的老顾客提供特别的待遇，比如免费升大杯、免费送一杯豆浆等。

提供服务—假设我经常购买单位附近一家咖啡店的咖啡，但是我不喜欢那里漫长的等候时间，现在我可以通过微信通知服务员我需要哪种咖啡，通过线上直接付款，然后5分钟后去店里直接提走，那将会多么方便App！再比如，假设我是一个话剧迷，那么话剧院给我发的剧目信息将会是一种服务而不是广告，我也愿意直接通过微信购买电子票。

提供乐趣—还是以咖啡店为例，假设它发起了一个"逢10免单"活动，即每天的第10、第20、第30等整数位顾客，可以享受免单（当然，是指微信会员用户），许多人会想去碰碰运气吧？如果商家再搞一个幸运之星排行榜，年终最幸运的人还可以获得一辆汽车，那就更有吸引力了。只有做到了这些，才能算是真正的微信会员卡。

微信的对手在老顾客营销这块，虽然微信目前看起来很有希望，但是它面临两个非常厉害的竞争对手，究竟鹿死谁手还很难说。

（二）卡券功能

卡券功能是微信公众平台向有投放卡券需求的公众账号提供的推广、经营分析的整套解决方案，是"微信卡包"的重要组成部分，是连接商户与消费者的新渠道。

通过资质审核的商户，拥有卡券制作、管理、投放和数据分析的整套能力。目前支持的卡券类型有代金券、折扣券、礼品券、团购券、优惠券。

1.功能特性

（1）卡券收纳。

微信卡包可帮助用户收纳各类卡券，提升卡券使用效率，为用户提供丰富多样的生活服务。

（2）消息通知。

消息中心为企业提供一种个性化的营销方式。

（3）一键转赠。

一键转赠给微信朋友，让品牌在客户群中快速扩散，获得更多的品牌曝光机会。

2. 卡券的制作与流通

(1)开通权限

商户登录微信公众平台后，可在“添加功能插件”中申请开通卡券功能权限。有开发能力的商户还可以开通特殊开发权限，申请使用更多接口所提供的能力。

(2)制作卡券。

商户可以根据自己的运营策略选择相应的卡券类型，通过可视化的制作形式制作卡券。

(3)卡券的投放与流通。

商户可将审核通过的卡券投放给消费者。卡券商户后台提供群发、导出二维码两种投放能力。商户可以允许用户分享领取链接和转赠卡券，使卡券在微信用户之间流通，获得更好的推广效果。

(4)卡券核销。

微信提供手机核销和网页核销两种核销方式。商户为核销员赋予核销权限后核销员就可以通过服务号“卡券核销助手”提供的功能，在手机端扫描条码/二维码或者输入序列号，完成卡券核销。

微信的卡券商户后台将努力为商户提供更多便捷、丰富的功能，以便帮助商户更好地为消费者服务，同时取得更显著的营销成果。

五、微商与HTML5技术

苹果普及了HTML5技术，Facebook押注HTML5上，却受到不小的打击，导致在后来一段时间里，唱衰HTML5的言论成为媒体的一种幸灾乐祸的态度，人人避而不谈。微信通过公众账号的形式，以游戏、营销重新焕发出HTML5的青春。

微信推送广告的事件引起了一阵热议，宝马、VIVO、可口可乐三大品牌给用户推送的广告也是美妙至极，在朋友圈中再次展示了HTML5的魅力，轻并且跨平台，它在未来将极有可能替代传统的Flash，而非App。

即使你不是技术控，你也应该感受到过去一年时间身边发生的HTMLS事件，2013年由微信朋友圈引爆的《围住神经猫》以及之后一系列的小游戏，都证明了HTMLS的营销价值。

HTML5是一个基于浏览器的协作标准，可以让各种不同的素材在浏览器中流畅运行，它最大的优点在于跨平台性、易开发以及开发成本低。早在2010年，乔布斯在封杀Flash的言论中，就预言HTML5将会成为取代Flash的下一波技术浪潮。

从那时候开始，HTML5与Flash之间的争论就一直成为程序员之间茶余饭后的谈资。之后Youtube宣布让HTML5默认成为视频播放器，这一举动在2010年之前看来，似乎是不可想象的。要知道在那时候，Adobe还吹嘘全球有75%的网站在视频中采用Flash技术。但截至2014年，HTML5已被人们广为接受，有85%的网站都在使用HTML5技术。

很多事件之所以能成为热点都是基于厚积薄发，HTML5也是如此。此前iOs和Android系统已经放弃了Flash，这让HTML5有了一个天然的成长基础。而现在手机硬件的提升和HTML5本身的完善，使得基于HTML5的应用表现更好。现在iPhone对HTML5的支持很完善，而Google也完成了移动端Chrome浏览器向Chromium内核的切换，大幅提升了对HTML5的支持。

在过去几年，很多基于HTMLS的应用都在试图替代原生App，但受限于技术的完善程度，这些应用的体验都远远不如原生App。过去一年HTML5能够重新热起来的重要因素就是提供了比原生App更好的体验，但这种体验的基础并不是单纯的替代原生APP，而是做了一些最适合HTML5的细分应用，比如小游戏、媒体和营销类的产品。

这些细分的方向能够最大程度发挥HTML5跨平台、开发成本低、开发速度快等诸多优点，在整体产品体验上远远超出原生App。

针对原生App从需求的角度来看，HTML5和原生App并不是对立的，反而是原生App需要HTMLS解决一些核心问题，比如原生App之间的信息互通。目前原生App都是各自孤立的，既缺少相互的信息传输，也让App的流量费用变得越来越高。而HTML5应用则能够以很低成本解决这些原生App自身无法解决的问题，让整个移动应用市场更有效率。

在国内市场，BAT(百度、阿里和腾讯)都在努力推动HTML5技术，比如2013年百度推出了直达号，阿里巴巴的YunOS更是围绕着HTML5应用为核心进行打造，但最终令HTML5展现在普通用户面前的最大推手还是微信。利用朋友圈的私密社交性，以及HTML5本身的跨平台、低成本开发、速度快等特性，不少公司利用HTML5技术在朋友圈做了一次又一次的营销传播。

实际上在HTML5技术上微信并没有什么创造性的推进，而是在HTML5的应用场景上做出了不同尝试，即并没有基于浏览器和网址去推广HTML5，而是通过微信特殊的账号和收藏的方式，形成了附着于微信这样一个超级App的HTML5应用场景。

当然，更重要的是微信提供了一些用户最容易接受的细分HTML5应用，这使得用户获得了更好的应用体验和更便捷地获取应用的渠道。

HTML5在加载大图片时性能会有所下降，大量用户同时访问同一个HTMLS应用时，性能也会下降，HTML5在性能上的差距以及用户体验与原生App相比相差甚远。

如果打开同一个HTML5应用与原生App,可以很明显地感觉到,HTML5应用的联网速度要不及原生App。

微信通过公众账号的形式,以游戏、营销重新焕发出HTML5的青春,HTML5应用将来是否真的能够完全替代原生App,打破iOS与Android垄断的局面,或许这样一个在未来很长一段时间具有争议的话题,也只能交给时间来决定了。

这个市场在逐渐火爆的同时,也越来越混乱,越来越不规范。无论是第三方开发公司,还是广告主,在面对HTML5营销时都会遇到这样或那样的问题。

现在市场上开发HTML5应用的公司主要有以下几种:

公关公司——这类公司离客户最近,他们承接客户的活动比较多,一般是受客户要求或主动向客户推荐HTML5的方式来做,但是公关公司基本没有技术人才,所以大部分选择外包。

广告公司——HTML5是移动端一种比较好的广告展示方式,有的广告公司在一些项目上也会外包HTML5。这种模式一般是广告公司提供创意,然后技术和设计的部分外包给第三方开发。

互联网公司——有些互联网公司也会自己开发HTML5,做一些传播性的产品或者把自己的产品HTML5化。

微信开发外包公司——以前的建站公司或者微信菜单开发工作室看到HTML5比较火爆,也开始做这块的业务,但是还没有形成规模。

个人开发者——承接公关广告公司外包项目的HTML5开发者,据了解,一些个人开发者的月收入已经达到10万元左右,这主要得益于客户旺盛的需求和公关广告公司这方面人才的匮乏。

HTML5模板网站——这是专注做HTML5的公司,它们在2014年还比较火,收益也不错,但是到2015年受定制化业务冲击,许多公司已经开始逐渐实施免费服务了。

HTML5生成工具——这跟模板类公司差不多,但是活得不如模板公司,而且盈利情况也不理想,不过最大的好处就是这种类型的公司可以走融资路线,这也是一种挣钱的模式。

游戏开发公司——目前许多HTML5游戏开发公司并不挣钱,只能在游戏还没火之前,接一些HTML5的外包业务。但这毕竟不是长久之计,人才流动比较大。

HTML5平台公司——这种类型公司走的路线跟模板类公司差不多,就是平台化概念,实际上大部分都在亏损,不过幸亏融资情况都很不错,所以这种类型的公司在融资之前也会做些外包的业务。

精品定制化——未来应用一开始的定位就是这个方向，该公司希望能成为这个行业的定价方向标，大家以后定价都能参照该公司，比该公司做得好的定价更高，比该公司做得差的定价低。未来应用甚至考虑做一个价格公示，让这个行业形成一个透明公正的价格体系。

第七节　移动电商运营

移动电子商务(M-Commerce)由电子商务(E-Commerce)的概念衍生而来。电子商务以PC机为主要界面,是“有线的电子商务”;而移动电子商务则通过手机、PDA(个人数字助理)这些可以装在口袋里的终端与我们谋面,无论何时、何地都可以开展业务。有人预言,移动电子商务将决定21世纪新企业的风貌,也将改变生活与旧商业的面貌。

移动电子商务是指利用手机、PDA及掌上电脑等无线终端进行的B2B、B2C、C2C或O2O的电子商务。它将因特网、移动通信技术、短距离通信技术及其他信息处理技术完美结合,使人们可以在任何时间、任何地点进行各种商贸活动,实现随时随地线上线下的购物与交易、在线电子支付以及各种交易活动、商务活动、金融活动和相关的综合服务活动等。

随着移动互联网的兴起,越来越多的互联网企业、电商平台将应用作为销售的主战场之一。据泽思网络的数据表明,应用给手机电商带来的流量远远超过传统互联网(PC端)的流量,通过应用进行盈利也是各大电商平台的发展方向。事实表明,各大电商平台向移动应用的倾斜也是十分明显的,原因不仅仅是每天增加的流量,更重要的是由于手机移动终端的便捷,为企业积累了更多的用户,更有一些用户体验不错的应用使得用户的忠诚度、活跃度都得到很大程度提升,从而为企业的创收和未来的发展起到了关键性的作用。移动设备用户基本长年在线,这对移动电子商务的应用程序具有重要影响。电商网站多渠道营销引领单笔交易的日子已离我们而去。移动电商应用采用的方法是具有变革性的,而非无态的被动反应和交易。

市场推广一般是通过单独的渠道进行,如邮件或离线机制,现今的移动应用程序需时刻保持在线。它们不依懒于用户的直接行动来提供优惠和价值服务,更多的是根据用户间接活动,如登录或访问一个网站。

网页和移动解决方案的一个里程碑是两者具有无缝链接的能力。服务型的构架允许不同的应用程序以前所未有的方式进行交流。现代移动电商应用的关键是整合各种资源为客户提供价值。

社会网络那样整合前端,或者在后端提供优惠、促销等的方法都不尽如人意,但它们对移动电商应用程序的成功起到关键作用。

社会化一直被认为是手机硬件的杀手级App。移动设备中的现代电子商务应用程序应整合具有营销和促销活动特性的社会化媒体。允许用户以成立小组或评论等方式进行分享与协作。这是一个开放性的领域，通过创造性的方式使消费者和他们的网络系统参与进来，包括那些基于位置、人口统计和行为的自组织网络。

虽然游戏化是在简单的徽章游戏和分数比试进化中开始萌芽，但它能发挥电子商务产品的巨大潜力。游戏化与电商是高度相关的，因为它甚至可以被传统电商网站广泛使用。它与提高手机用户忠诚度有着密切关系，用户会因为那些极具吸引的目标而冲动消费。如果“玩”得好，游戏化可以在暴富者和业务之间创造出赢家，这是一个重要的区别。

也许手机比起个人电脑和桌面浏览器最持久的优势是它具有在用户操作过程中提供语境的能力。不管是通过用户登录跟踪他们的位置，还是根据用户的喜好传递动态和自定义菜单，或简单地将用户行为与相对流行的产品相混合，在用户使用移动电子商务应用程序时，对消费者语境的理解和采取的行动是其成功的一个关键因素。

移动设备得到快速繁衍发展，即各式各样的设备运行在不同平台上。它们以最直观的方式呈现产品和电商交易，这是成功的移动电商应用程序的一个重要差异化特性。

移动影响电商应用程序成功的因素包括：应用程序界面的定义必须与本地使用和网页技术相关；根据用户设备大小，专注优先产品；拥有正确的后端信息构架，使不同设备呈现最佳产品信息。这些因素不仅对移动设备具有独特意义，同时对移动电子商务应用程序也非常重要。

移动设备的变革是由终端的网页服务、云计算和服务型构架所支撑的。移动电子商务应用程序需将它们与移动设备固有功能相结合，从而提供完全不同的用户体验。

一、移动电商运营内容

移动电商运营包括宣传推广、营销管理、完善变化、后期更新维护、企业化操作等，其中最重要的就是维护和推广，涉及的重要内容包括：内容策划及发布（内容选题、符合内容规范和优化思想的设计、内容周期性发布）；各种推广方法的实施及效果跟踪；流量统计分析以及在各种数据分析基础上提出的分析及改进建议等。

简单来说，从产品上线开始，运营工作也随之开始。运营的核心目的即让一个产品活得更好，活得更久。让产品活得更好是通过各种推广、渠道让产品的装机量、活跃用户数、市场占有率等数据获得提升。让产品活得更久则是通过数据分析和用户信息反馈收集产品相关优化信息，以供PM（产品经理）完善产品功能，从而获得更长的产品生命周期。具体来说有以下几个方面：

第一，渠道管理：这点对移动互联网来说尤为重要，因为移动互联网渠道有限，应将注意力集中在应用市场、论坛或其他下载网页、移动终端的内置三个方面。因此，渠道管理又分为两方面具体工作：

渠道的扩大，即拓展商务合作伙伴。

渠道的监控，即及时了解推广渠道的用户数据与用户质量，以便及时调整渠道策略。

第二，市场监控：监控产品行业的发展动态，分析竞争产品的相关数据，如装机量与活跃用户数等，并提供相应的策略。

第三，活动营销：策划相应产品线上或线下的推广活动方案，以达到提升装机量、活跃用户数等相关数据的目的。

第四，产品分析：协助PM进行产品调研，并提供用户反馈，针对用户行为进行细致分析，提供合理的产品改进建议。

需要说明的是，一切产品运营具体工作的基础都是数据，只有准确地跟踪数据，并进行有针对性的分析，才能进行其他运营工作。

运营的核心：效率，所谓运营的效率，指的是能够快速进行产品更新、处理突发事件、顺应用户需求的变化等。

运营的内容：运营策划、BD、媒介、活动营销、数据分析和市场监控。通过不断策划确定产品的前进方向和更新，然后通过BD与渠道方建立良好沟通，通过各种媒介向用户宣传产品。活动营销的目的自然是用来提升活跃用户数，数据分析和市场监控是为下一次策划打基础。值得一提的是市场监控中针对对手产品的监控。

数据：数据分析是运营工作中最重要的一环，但是要明确的一点是，数据不是万能的，千万不能盲目迷信数据。拿到数据时先不要着急分析，而应先确保数据的准确性。越复杂的产品数据越不准确。而数据分析应避免泛泛而谈，应当找到关键的一个或几个数据指标，围绕这个指标做产品规划。任何产品都很难同时兼顾提升所有的数据，我们要做到抓住重点。

移动电商运营的四大意识：

成本和产出：并不是数据得到提升便说明产品的更新取得成功，关键还要对比成本。每次完成产品的上线后，做一次成本和产出的对比，以此衡量迭代的效果，作为下次更新的参考。

聚焦和细分：不断成长的产品将面临用户群的扩大，而用户的需求则变得越来越多样性，往往为了照顾不同用户的需求而对产品进行细分，其结果很可能就是运营力量不足和成本增加。所以，在没有足够运营力量的情况下，做好产品聚焦的重要性要大于产品细分。

效率和量级：腾讯的盈利和QQ在线人数成正比例关系。在平均用户消费这样的关键指标上，腾讯10年没有进步。说明伴随着量级不断攀升，产品的运营并没有相应提升。此时产品运营的效率已经跟不上快速发展的节奏。效率是衡量产品经理的真正价值的有效手段。

前奏和高潮：产品的运营切忌好高骛远，希望一击命中用户的真实需求，一个优秀的产品运营面临着的是不断失败和尝试，最终迎来高潮。

在建立运营数据的基础上，再考虑运营策略；虽然有数据，但数据是不会说话的，只有你设定了业务目标和要提升的指标，数据才变得有价值，否则，数据还是数据。应设立合理的目标，例如提高活跃度、丰富度或用户间互动……只有合理分析用户的消费需求，才知道如何运用数据来建立下一步的行动计划（当然，这些运营计划的目标不宜过大，时间过长，一般按周设置即可。时间跨度太长，如按季度或年设置，那不是运营计划而是市场计划或战略），类似包括如何微调布局，如何推荐每天的内容。运营时不能假设可以修改产品，即不能以改变产品来推动运营，应增加对用户社会化要素和时间轴的考虑，这取决于运营人员如何定义用户消费模式，首先，不能干扰用户的消费逻辑，如不能强制订阅等；其次，确定消费行为中的潜在需求是否与时间轴有关联；再者，消费者是否希望置身于一个社会中。时间元素不仅是一个简单时间轴，还有季节互动等，由于手机上的碎片内容消费行为本身是一个时节性相对弱的要素，所以，不同于电商类场景，但那些内容中本身的时节因素会浮出来，这要求运营人员有良好准备，如情人节。

在实现这层运营后，接下来对不同用户的忠诚度进行管理，这里涉及创建内容数、订阅数、被关注量、回访频率、创建内容的订阅数等，这层运营是移动互联网服务的核心。

二、移动电商运营指标

针对移动电商运营指标，每天必需观察的包括新增用户、活跃用户、留存用户以及使用时长等。究竟这些指标代表什么含义？容易产生哪些误解？接下来对“启动类”指标和“时长类”指标进行简单解读。

(一)启动类指标

启动类指标包括新增用户、活跃用户、周/月活跃用户、留存用户及升级用户。

1.新增用户

指首次联网打开应用的用户。如果一个用户首次打开某App,那这个用户定义为该App的新增用户。注意,卸载再安装不会被算作新增;老用户更新应用程序版本会被算成新版本的用户,但不算做新增用户;下载未安装或者安装未启动的用户都不会计算在内。

再补充个开发者经常遇到的问题,新版本发布了,老版本还有新增用户数据,为什么呢?产生这个现象通常有两个原因:第一,曾经下载了老版本的用户刚刚联网启动应用,记为新增用户;第二,老版本的安装包被某些渠道抓去使用,用户仍可以下载到。

2.活跃用户

打开应用的用户即活跃用户。对活跃用户进行排重,即同一个用户一天内多次打开应用被记为一个活跃用户。(活跃用户包括新用户和老用户两部分)。

3.周/月活跃用户

指某个自然周(月)内启动过应用的用户,该周(月)内的多次启动只记一个活跃用户。

4.留存用户

顾名思义,留存指的就是"有多少用户留下来"。留存用户是指某段时间的新增用户在下个时间段再次启动应用的用户。

5.升级用户

应用版本号发生变化的用户视为升级用户,通常是指由老版本升级到新版本的用户(也包括新版本变更为老版本的情况)。

(二)时长类指标

时长类指标包括单次使用时长和日使用时长。

1.单次使用时长

一次启动内使用应用的时间长短被称作单次使用时长,使用时长统计的是应用一次启动内在前台的时长。注意,应用在后台的运行时长均不会被算到使用时长里。平均单次使用时长=某日总使用时长/某日总启动次数。

2.日使用时长

一天内使用应用的总时长被称作日使用时长。开发者可以查看用户在任意1天内使用时长的分布情况,同时可以对日使用时长的数据进行版本、渠道、分群的交叉筛选。平均日使用时长=某日总使用时长/某日总活跃用户。

三、App推广资源

对App的开发者来说，或许推广一款App要比开发难很多，而且App推广的方法和渠道众多，希望以下内容可以作为帮助解决App推广的一把钥匙，从此开启希望之门。

App推广渠道主要分为付费和BD合作两种方式。

(一)App付费推广

先介绍付费推广。

1.刷榜公司

找有刷榜技术的公司，将排名刷到TOP榜单里，排名越靠前就可以让越多人看到你的产品，带来更多的自然用户。刷榜排名越高价格越高。

不建议使用这种方法，刷榜存在以下风险：

若被App Store鉴定为刷榜，运营团队会收到警告信，超过3次，产品可能会被下架。

刷榜技术单一且不十分稳定。

因为刷榜ROI很高，也容易让营销团队对其产生依赖，降低对其他营销渠道的兴趣和优化。

2.网盟与平台类

积分墙：多盟、力美、有米、点入……结算方式为CPA(激活/注册)，渠道本身的用户价值很低。用于appstroe冲榜效果较明显，需求量大的话需要同时接进几个公司的API。

平台：admob(Google)、inmobi等为App内展示类banner、插屏广告，结算方式为CPC竞价，用于活动推广和产品宣传较合适。缺点是global公司不提供用户ID，无法准确评估用户成本。如果想要监测数据，产品里就得嵌入对方SDK，这样就会造成App数据公开给对方的问题。如果不嵌入SDK就完全属于盲投，优化效果也不理想。目前看来投放平台的公司以游戏类的居多。另外这些平台的海外资源也相当不错。

网盟与代理：adsage、亿玛等，结算方式有CPA和CPC，网盟的用户量很大，缺点是用户质量不可控，可能偶尔出现数据掺水分的情况。

移动DSP：目前力美和mediav在做移动DSP。

3.应用推荐类

App Store：金山、限免大全、搞趣、App 123等，结算方式多为CPT，由于iOS推广渠道资源有限，价格一直在涨，2014年金山的好多合作都需要按照年度框架操作，即按照CPA进行合作。这类渠道的用户质量不错，渠道基本不会掺水分，数据比较靠谱。只是长期投放之后用户就会产生“审美疲劳”，推广效果会慢慢降下来。另外，如今日头条和百思不得姐这些应用，如果可以内容植入，也可以考虑协商CPS。

越狱类：pp助手、同步推、快用、91等，结算方式多为CPT，也可以沟通CPA合作。这几家的量还是不错的。

4.Android网盟与平台

积分墙：正常情况下不建议做Android的积分墙，原因是Android不像iOS只有一个应用商店App Store，它可展示的资源相对较多，无须通过积分墙来冲榜。如果你的KPI是激活用户数量，且只要是真实用户就可以了，那当然可以选择积分墙，物美价廉。

网盟与平台：亿玛、安沃、adsage、微创等。如果按CPA购买，跟对方商定CPA的价格（当然价格越高获取的用户数也会越多），最好还能确定KPI，例如次日留存不低于多少，或24小时购物率不低于多少等，有了这样的约定，用户质量就有了保障。和iOS一样，平台类网盟也是inmobi、adwords一类的公司。

代理公司：微创、adsage、AdTouch这些代理公司的产品很丰富，可合作的方式有CPC、图片展示类CPA（一般多会是应用推荐位置）。

5.应用市场

主流应用市场包括360、豌豆荚、百度、安卓91、小米还有安智。还有一些如Google Play，N多、机锋之类的市场流量相对少些。应用市场资源的售卖方式有CPT，CPD（下载）和CPA等。实践发现直接购买CPT的话，ROI肯定比较低。以安卓市场为例，经测算，激活一个用户的成本需要10元左右，这对电商来说成本就偏高了。或许你会说，对电商来说价格高，对游戏类的App来说很便宜。这是接下来笔者想说的，应用市场不会与游戏聊CPT，面对游戏，应用市场的基本要求是联运或者CPS分成，如果你是做游戏的，我想你肯定懂的。再来说下CPA的合作，这样的合作一般没有所谓的刊例价格，需要跟市场去商定一个价格，比如5元一个激活用户，这样的量一般是市场的剩余流量，所以每天的流量多少会有起伏。而且像91这样的市场会要求你的产品下载到激活的转化不能低于35%，还可能要求结算自然量，虽然有这么多的条条框框，但CPA还是比CPT合算的，处于可接受的范围内。

按竞价CPD合作的应用市场：豌豆荚、百度和小米，这三个市场都有CPD投放的操作后台，根据提示一步步操作就行。通常一个下载的起拍价是0.5元，CPA（激活)的成本大概8元,当然不同的App获取用户的成本肯定是有差异的。CPD的合作相较于CPT和CPA更灵活可控,平时控制下成本可以保证ROI,遇到节日庆典,可以调高价格,获取较多流量。这里还想补充的是豌豆荚和小米的流量都是市场本身的流量,百度的流量则来自百度的手机助手和百度网盟。

6.预装机

一般可以找品牌厂商、运营商、手机销售渠道和ROM制作方,将自己的App内置到操作系统中,根据文件包大小、产品知名度和激活数支付不同CPA费用。如果做预装机的话,建议:找偏下游的服务商,因为上游(如厂方)装的机,零售商可能重新刷一次,那你的钱就白花了。另外,如果找品牌厂商直接合作存在两个问题:第一合作谈判很艰难,第二从装机到消费者手中的周期很长。要考虑清楚自己的App用户使用的机型是什么,比如追求格调的App刷到500元一部的手机里显然不对路,而面向民工的小游戏也不要考虑刷入三星类手机中,不划算。

以上介绍的渠道需要付费,接着要说的就是通过BD合作的方式来获取一些性价比较高或免费的流量了。

(二)BD合作

1.换量与联合运营

换量:App可以相互导流量,比如大众点评的App里面推荐安居客,一般情况下,App中会有个“猜你喜欢”或是“热门应用推荐”这样的标签,可以将这里的位置用来跟其他App置换流量(如果你的App够热门,那么将这些位置当广告位出售更好,就像墨迹天气、美图秀秀采用的模式)。

联合运营活动:比如聚美跟美人相机,就可以做个“晒素颜照”即可登录聚美App领取价值多少元的一盒面膜的活动。再比如美人相机提供广告位宣传,聚美提供奖品赞助等,(这个活动纯粹是为了举例子,如有雷同纯属巧合)。首先要明确双方目标,各自能提供的资源,在尽量保持双赢的前提下,这样的联合活动具有多样性。

2.针对手机应用市场的BD合作

每个应用市场都有首发和特权活动合作。如果你的App更新版本刚开始的几天只在某个应用市场发布,那么该市场通常会免费提供1-3天的首发专区位置,也可以配合应用市场做一些活动。比如,给来自小米商场的用户双倍积分。或者参与应用市场的运营活动,比如国庆节长假出游,应用市场一般会做一些跟旅行相关App的专题,如果你跟应用市场运营人员熟悉,就可以提前得到通知,此时比较容易免费进入这些专题。

跟应用市场换量。和所有的App一样，应用市场也需要增加流量，在控制成本的情况下，换量就成了各应用市场获取流量的普遍途径。跟市场换量分两种情况，首先是像豌豆荚这样的，他们只接受来自App本身的流量，就是说如果跟豌豆荚换量你只能从自己的App里面给他们导流量。其次跟小米合作就比较容易，他们愿意接受非App本身的流量。应用市场会根据你给他们带去的用户数量(通常激活数量)回复你同等价值的广告位。

四、App市场的入口

(一)先选择大型的应用商店

要进入应用商店就要先选择大型的，这就和销售产品一样，先选择大型超市渠道。首先选择国内每个分类的前五大应用商店，一般来说，手机系统、手机运营商、手机厂商的应用商店就那么几个，肯定是先上，其次是第三方商店，比如360、安智、安卓、百度应用商店等，大型的应用商店比较知名，所以流程、后台都非常方便，上传的方式都是网页端上传，一般同时开十几个页面，几分钟内可上传十几个包。接下来是标题、简介和描述等信息，建议在写标题的时候，遵循SEO的规则。另外在简介和描述中，对标题、简写、功能做详细介绍，这样做的目的是方便搜索蜘蛛快速抓取。一般来说针对大型的渠道，搜索引擎对其更新快，权重高，所以在铺设大型渠道时，SEO是一定要注意的，现在很多App在推广的时候，名称、简介写得比较乱，对搜索引擎来说，这样的情况太不友好，所以抓取的效果也不好。如果能在简写、全称、描述上写得好，通过搜索引擎也能带来很多的流量。

另外大型的渠道要最先上传，原因很简单，流量大，同时建议在周四或周五更新，周六、周日是App下载高峰期，所以新更新的App最容易引来大的流量。

(二)中型应用渠道要做好关系，要求推荐位

大型的渠道铺完了，接下来开始铺设中型渠道，中型渠道流量不大，但是很稳定，如果能有100个中型渠道，每天100个激活，一天也有一万的激活量，所以说中型的渠道也比较重要的。对待中型渠道的策略是要争取好的资源，一方面中型渠道没有那么强势，比较好合作。还有就是中型渠道一般人会少一些，有的可能是个人站，胃口没有一线渠道那么大，比较好办事。

另外一个问题就是中型渠道的关系怎么做？大家应该注意下，之前我们的方式是每到过节都会给对方寄一些礼品，毕竟很多中型渠道帮我们推广了，现在很多推广人员说这个没量那个没量，就是没有搞好关系，人要怀着感恩的心，要理解，多站在对-方的角度思考问题。

五、移动Wap网站与App

随着手机3G、4G时代的到来，手机的功能越来越强大，手机App的市场越来越火爆。时代在更迭，随之而来的事物也在更新，不能更上时代的步伐就是落后的表现，所以不仅仅是手机App在完善，移动Wap网站也在不断改进中，可是App和移动Wap网站有什么不同呢？

接下来从5大方面分析App和移动Wap网站的不同。

（一）从平台来看

移动Wap网站：由移动设备的浏览器支持，只要移动设备支持上网浏览网站，基本上可以随时随地打开网站查找自己需要的信息。

移动App客户端：由智能移动设备的操作系统支持，例如主流的Android和iOS操作系统，以及基于Android的各种二次开发系统。

两种不同的性质决定了两种形式在交互、性能、特性等方面的不同，举例来说，iOS的消息推送机制有利于及时唤醒用户，Wap网站的及时性和快捷性是App无法比拟的。

（二）从推广的渠道来看

移动Wap网站：渠道较多，方便追踪用户来源，流量入口形式多样。

移动App客户端：渠道较少，来源不便追踪，只能从单一的App应用市场进行推广。

Wap可以通过URL携带标识的方式进行来源记录和统计，可以精确统计用户的行为，而App推广带来的流量却很难准确追踪。但是对用户的精准控制性更胜一筹。

（三）使用门槛高低来看

移动Wap网站：用户无须安装，输入URL即可访问，使用门槛较低。

移动App客户端：需要一定的下载等待及安装时间，用户使用成本相对较高。

（四）从对用户的曝光率来看

移动Wap网站：曝光率通过用户浏览器的浏览历史、常用站点等体现，从桌面到浏览器的过程中用户的注意力很可能已经转移，相对App来说曝光率较低。

移动App客户端：直接显示在用户的移动设备桌面上，曝光率相对较高。

当然可以采用技术手段通过鼓励用户创建移动Wap网站在移动设备上的快捷方式来提高移动Wap网站的曝光率。

（五）从电商的角度考虑促销活动的可行性

移动Wap网站：从技术上讲，实现一些促销活动的成本相对较低，调整促销活动时对整个移动Wap网站的影响相对较小。很容易通过一些线上渠道实现促销活动的推广。

移动App客户端:应用页面间的跳转和指定商品品类和目录实现较为复杂,开发成本相对较高。通过线上渠道推广促销基本不可能。

第五章　移动互联建设促进电商运营策略多元化

第一节　电商运营产品管理策略

产品管理策略是指从分析顾客的需求入手，对产品组合、定价方法、促销活动，以及资金使用、库存商品和其他经营性指标做出全面分析和计划，通过高效的运营系统，保证在最佳的时间将最合适的数量按正确的价格向顾客提供产品，同时达到既定的经济效益指标。

一、产品组合策略

(一)产品组合的四个要素

所谓产品组合是指一个企业生产或经营的全部产品线、产品项目的组合方式，它包括四个要素：宽度、长度、深度和一致性。

四个要素和促进销售、增加利润都有密切的关系。一般来说，拓宽、增加产品线有利于发挥企业的潜力，开拓新的市场；延长或加深产品线可以适合更多的特殊需要；加强产品线之间的一致性，可以增强企业的市场地位，发挥和提高企业在有关专业上的能力。

如果企业的大多数产品项目或产品线处于符合四个要素的位置上，就可以认为产品组合已达到最佳状态。因为任何一个产品项目或产品线的利润率、成长率和占有率都有一个由低到高又转为低的变化过程，不能要求所有的产品项目同时达到最好的状态，即使同时达到也是不能持久的。因此，企业所能要求的最佳产品组合必然包括：

虽不能获利但有良好发展前途，预期成为未来主要产品的新产品；

已达到高利润率、高成长率和高占有率的主要产品；

虽仍有较高利润率而销售成长率已趋降低的维持性产品；

已决定淘汰、逐步收缩其投资以减少企业损失的衰退产品。

根据以上产品线分析，针对市场的变化，调整现有产品结构，从而寻求和保持产品结构最优化，这就是产品组合策略，其中包括如下策略：

产品线扩散策略：包括向下策略、向上策略、双向策略和产品线填补策略；

产品线削减策略：做出新产品和剔除衰退产品的决策，以调整其产品组合；

产品线现代化策略：在迅速变化的高技术时代，产品现代化是必不可少的。

(二)产品组合实施策略

企业在调整产品组合时，可以针对具体情况选用以下产品组合策略。

1.扩大产品组合策略

扩大产品组合策略是指开拓产品组合的广度和加强产品组合的深度。开拓产品组合广度是指增添一条或几条产品线，扩展产品经营范围；加强产品组合深度是指在原有的产品线内增加新的产品项目。

具体方式有：

在维持原产品品质和价格的前提下，增加同一产品的规格、型号和款式；

增加不同品质和不同价格的同一种产品，增加与原产品相类似的产品；

增加与原产品毫不相关的产品。

扩大产品组合策略的优点包括：

满足不同偏好消费者多方面的需求，提高产品的市场占有率；

充分利用企业信誉和商标知名度，完善产品系列，扩大经营规模；

充分利用企业资源和剩余生产能力，提高经济效益；

减小市场需求变动性的影响，分散市场风险，降低损失程度。

2.缩减产品组合策略

缩减产品组合策略是指削减产品线或产品项目，特别是要取消那些获利小的产品，以便集中力量经营获利大的产品线和产品项目。

缩减产品组合的方式有：

减少产品线数量，实现专业化生产经营；

保留原产品线，削减产品项目，停止生产某类产品，外购同类产品继续销售。

缩减产品组合策略的优点有：

集中资源和技术力量改进保留产品的品质，提高产品商标的知名度；

生产经营专业化，提高生产效率，降低生产成本；

有利于企业向市场的纵深发展，寻求合适的目标市场；

减少资金占用，加速资金周转。

3.高档产品策略

高档产品策略是指在原有的产品线内增加高档次、高价格的产品项目。实行高档产品策略主要有如下益处：

高档产品的生产经营容易为企业带来丰厚的利润；

可以提高企业现有产品声望，提高企业产品的市场地位；

有利于带动企业生产技术水平和管理水平的提高；

采用这一策略的企业也要承担一定风险。因为企业惯以生产廉价产品的形象在消费者心目中不可能立即转变，使得高档产品不容易很快打开销路，从而影响迅速收回新产品项目的研制费用。

4.低档产品策略

低档产品策略是指在原有产品线中增加低档次、低价格的产品项目。实行低档产品策略的好处是：

借高档名牌产品的声誉吸引消费水平较低的顾客慕名购买该产品线中的低档廉价产品；

充分利用企业现有生产能力，补充产品项目空白，形成产品系列；

增加销售总额，扩大市场占有率。

与高档产品策略一样，低档产品策略的实行能够迅速为企业寻求新的市场机会，同时也会带来一定的风险。如果处理不当，可能会影响企业原有产品的市场声誉和名牌产品的市场形象。

(三)产品组合的动态平衡

由于市场需求和竞争形势的变化，产品组合中的每个项目必然会在变化的市场环境下发生分化，一部分产品获得较快成长，一部分产品继续取得较高利润，另有一部分产品则趋于衰落。如果企业不重视新产品的开发和衰退产品的剔除，则必将逐渐出现不健全的、不平衡的产品组合。

为此，企业需要经常分析产品组合中各个产品项目或产品线的销售成长率、利润率和市场占有率，判断各产品项目或产品线销售成长上的潜力或发展趋势，以确定企业资金的运用方向，做出开发新产品和剔除衰退产品的决策，以调整其产品组合。

所以，所谓产品组合的动态平衡是指企业根据市场环境和资源条件变动的前景，适时增加应开发的新产品和淘汰应退出的衰退产品，从而随着时间的推移，企业仍能维持最大利润的产品组合。可见，及时调整产品组合是保持产品组合动态平衡的条件。动态平衡的产品组合亦称最佳产品组合。

产品组合的动态平衡问题，实际上是产品组合动态优化的问题，只能通过不断开发新产品和淘汰衰退产品来实现。产品组合动态平衡的形成需要综合研究企业资源和市场环境可能发生的变化，各产品项目或产品线的成长率、利润率、市场占有率将会发生的变化，以及这些变化对企业总利润率所起的影响。对一个产品项目或产品线众多的企业来说这是一个非常复杂的问题，系统分析方法和电子计算机的应用,已为解决产品组合最佳化问题提供了良好的前景。从市场角度而言,品牌成功的市场定位、通路策略、产品策略、品牌战略、广告策略等都不无关系,而其中产品策略中的产品市场定位和产品组合的作用更是居功至伟。

产品的外延从其核心产品(基本功能)向形式产品(产品的基本形式)、期望产品(期望的产品属性和条件)、延伸产品(附加利益和服务)和潜在产品(产品的未来发展)拓展。

核心产品,它最直接反映该产品的用途和功效,反映客户的核心需求。例如,露得清就包含几个核心产品:紧致精华霜和面膜。

形式产品,是指核心产品借以实现的形式,由品质、式样、特征、商标、包装五个特征构成。

期望产品,是指购买者购买该产品时期望得到的与产品密切相关的一整套属性和条件。

延伸产品,是指顾客购买形式产品和期望产品时,附带获得的各种利益的总和,主要指售后服务和保障。

潜在产品,是指现有产品具有某种潜在产品状态或其他用途,以后可以发展成为最终产品。

二、空间管理策略

空间管理是指将商品陈列出来直接或间接地让顾客一目了然,其目的是为了销售,作为促进销售的辅助手段。

目的是使自己店里的商品表现出更好的效果,刺激顾客购买,提高形象。空间管理的原则如下所示:

显而易见的原则。让卖场内所有的商品都让顾客看清楚的同时,还必须让顾客对所看到的商品做出是否购买的判断。要让顾客感到需要购买某些预定购买计划之外的商品,即激发其冲动性购买的心理。贴有价格标签的商品要直接展示给顾客。展示清晰明了,颜色相近的商品陈列时应注意色带、色差区分。

商品要丰满丰富的陈列原则。丰满的陈列可以给顾客商品丰富的好印象,吸引顾客注意力,又可以减少内仓库存,加速商品周转。如陈列不够丰富,对顾客来说是商品自己的表现力降低了,同时降低了商品的库存周转。

商品陈列的关联性原则。关联性商品可以在详情页营销时,进行充分展示陈列,而不应陈列在同一组陈列商品的附近,这样其他商品就缺少展示的机会。

同类商品纵向(垂直)陈列的原则,同类商品纵向陈列,会使同类商品平均享受到陈列上各个不同段位的销售益处。

商品陈列的配置要求如下：

商品陈列第一考虑要素——整齐、丰满。

商品分类要明确。

欲增加销售的商品，应陈列于主推空间。

相关联商品连贯性陈列及展示介绍。

新商品的陈列必须让顾客容易看到。

保存期限较短的商品陈列并进行相应促销。

季节性商品考虑配合季节改变其陈列展示。

商品陈列的顺序：

计算展示深度，将各类商品分别配置。

规定商品陈列的时间。

决定商品陈列的方法。

决定POP广告的展示。

统计决定重点销售的商品。

三、产品数据策略

数据运营是指数据的所有者通过对数据的分析挖掘，把隐藏在海量数据中的信息作为商品，以合理化的形式发布出去，供数据化的消费者使用。

数据充斥在运营的各个环节，所以成功的运营一定是基于数据的。在运营的各个环节都需要以数据为基础。当我们养成以数据为导向的习惯之后，做运营就有了依据，不再是凭经验盲目运作，而是有的放矢。

当有了足够的数据之后，我们可以不再依赖主观判断，而让数据成为公司里的裁判。理想情况下，如果我们能够追踪一切数据，那么所有的决策都可以理所当然地基于数据。

在企业中，我们从整体战略到目标设定，再到驱动商务运营的方法，最后采用一定的度量来衡量数据运营的效果。

数据在企业中的作用是巨大的。不同层面的人需要对数据进行不同的操作。不同层面的人根据看到的数据需要做出不同的决策内容，如下所示：

决策层：商业智能=战略，电子商务的运营策略。

管理层：商业智能=战术，商务运营的计划。

运营层：商业智能=操作，电子商务运营具体实施。

网站流量、alexa排名对电子商务网站都是虚无的东西，但还是有很多人去看一个电子商务网站的流量、排名。

转化率应是电子商务网站的运营核心，一个销售转化率千分之几，数字看似简单，其实一个电子商务网站的所有部门其实都是为了提高转化率数字而奋斗。提高转化率比例是网站综合运营实力的结果，但是部门与功能改善不一定能提高这个数字，而且这个转化率数据到一定情况时会处于一个瓶颈，每提高一点儿都非常难。

如果供应链没有保证、商品价格没有优势、对用户没有吸引力，转化率就会很低。商品与供应链对转化率影响最大，基本决定是万分之几还是千分之几的转化率区间。如果没有有效解决供应链，其他用户体验做得再好、市场推广做得再出色，从长远来说转化率都是很难有所提升的。

产品与技术在转化率上的作用主要体现在用户体验改善，用户体验改善可以提高用户访问商品页面的比例、进入购物车的比例，从而提高整个网站的转化率。

从购物车到实际成交比例转化率行业水平一般是10%。如果你的这个数据没有达到这个标准，证明你的网站的购物流程一定存在重大缺陷。

其次是市场推广效果，推广越精准，吸引的购物人群越多，转化率越高。有些网站每天带来10万人访问，可能一个订单也没有。搜索引擎可能带来1000个人访问，就有1人产生购买，如当当5年SEM经验，从100元带来一个订单，再到55元带来一个订单，最好的数据是15元平均成本带来一个订单。

实现运营数据化，以数据为指导思想，发现问题，解决问题，逐步使运营工作稳健地踏上一个又一个台阶。

电商运营中涉及的相关数据如下：

日常性数据（基础）流量相关数据：IP、PV、在线时间、跳出率、新用户比例；

订单相关数据：总订单、有效订单、订单有效率、总销售额、客单价、毛利润、毛利率；

转化率相关数据：下单转化率、付款转化率。

当前电商运营基本已经实现基础数据分析模板系统，所以常规性的销售额、利润、利润率都可以通过系统实现。因为直接与后台对接，库存管理完善，分析数据时候可以根据各自的需求灵活变化。由于会出现用户今日下单，明日付款，所以订单有效率、销售额、转化率、客单价会动态变化。

争取开展每周数据分析，因为用户下单和付款不一定会在同一天完成，但一周的数据相对是精准的，所以我们把每周数据作为比对的参考对象，主要的用途是，比对上周与上上周数据间的差别，运营做了某方面的工作，产品做出了某种调整，相对应的数据也会有一定的变化，如果没有提高，说明方法有问题或者系统本身存在问题。

下面说明一下重要的数据指标，以便读者理解：

网站使用率：涉及IP、PV、平均浏览页数、在线时间、跳出率、回访者比率、访问深度比率、访问时间比率等，这些是最基本的数，提高每一项数据都不容易，这意味着要不断改进发现的每一个问题，不断完善购物体验。

跳出率：跳出率高绝不是好事，但跳出的问题在哪里才是关键。在一些推广活动或投放大媒体广告时，跳出率都会很高，跳出率高可能意味着人群不精准，或者广告诉求与访问内容有巨大的差别，或者本身的访问页面有问题。针对常规性的跳出率，登录、注册、订单流程，用户中心等基础页面，如果跳出率高于20%，就说明系统不少的问题，也可以根据跳出率来改进购物流程和用户体验。

回访者比率为一周内两次回访者与总来访者之比，它意味着网站吸引力以及会员忠诚度。如果在流量稳定的情况下，此数据相对高一些，如果太高则说明新用户开发得太少，太低则说明用户的忠诚度太差，复购率不高。

访问深度比率为访问超过3个页面的用户与总的访问数之比，访问时间比率为访问时间在10分钟以上的用户数与总用户数之比，这两项指标代表网站内容的吸引力，数据比率越高越好。

运营数据：涉及总订单、有效订单、订单有效率、总销售额、客单价、毛利润、毛利率、下单转化率、付款转化率、退货率等。

每日数据汇总：每周的数据一定是稳定的，主要比对上周的数据，用于重点指导运营内部的工作，如产品引导、定价策略、促销策略、包邮策略等。

用户分析：涉及会员分析、新会员注册、新会员购物比率、会员总数、所有会员购物比率，用于概括性分析会员购物状态，重点在于本周新增了多少会员，新增会员购物比率是否高于总体水平。如果你的注册会员购物比率很高，引导新会员注册不失为提高销售额的好方法。

会员复购率：涉及1次购物比例、2次购物比例、3次购物比例、4次购物比例、5次购物比例、6次购物比例等。

转化率体现的是B2C的购物流程、用户体验是否好．可以称为外功；复购率则体现B2C整体的竞争力，绝对是内功，这包括知名度、口碑、客户服务、包装、发货等每个细节，好的B2C复购率能做到90%，没有复购率的B2C绝对没有任何前途，所以这也能够理解为什么很多B2C愿意花大钱去投门户广告，为了就是获取用户的第一次购买，从而获得长期的重复购买。

因此，运营的核心工作一方面是做外功，提高转化率，获取消费者第一次购买行为，另一方面就是做内功，提高复购率。B2C的根本在于重复购买。B2C是个综合学科，做好每门功课都不容易，不过只有依靠每个细节，才能奠定B2C发展的基石。

统计的数据流量来源分析具有重要的意义，分析如下：

监控各渠道转化率，这是运营的核心工作，针对不同的渠道做有效营销，IP代表着力度，转化率代表着效果。

发掘有效媒体，转化率的数据让我们清晰地了解什么样的渠道转化效果好，那么以此类推，同样的营销方式用在同类的渠道上效果差不到哪去，BD或广告部门就可以去开发同类的合作渠道，复制成功经验。

流量分析是为运营和推广部门指导方向的，除了关注转化率，还包括浏览页数、在线时间，这些都是评估渠道价值的指标。

内容分析主要涉及两项指标：退出率和热点内容。退出率是个好医生，很适合用于检查网站的问题，若哪里的退出率高，则基本说明这里有些问题。运营人员应重点关注登录、注册、购物车、用户中心，这些是最基础的数据，但也是最关键的数据。热点内容用来指导运营工作，涉及消费者最关注什么，什么产品、分类、品牌点击最高，这些数据在新的运营工作中应作为重点引导，推荐消费者最关注的品牌，促销最关注的商品等。

商品销售分析数据是内部数据，可以根据每周、每月的销售详情，了解经营状况，做出未来销售趋势的判断。

四、产品渠道策略

营销渠道策略是整个营销系统的重要组成部分，它对降低企业成本和提高企业竞争力具有重要意义，是规划中的重中之重。

企业营销渠道的选择将直接影响到其他的营销决策，如产品的定价。它同产品策略、价格策略、促销策略一样，也是企业能否成功开拓市场、实现销售及经营目标的重要手段。

与传统营销渠道一样，以互联网作为支撑的网络营销渠道也应具备传统营销渠道的功能。营销渠道是指与提供产品或服务以供使用或消费这一过程有关的一整套相互依存的机构，它涉及信息沟通、资金转移和事物转移等。

根据知名品牌营销策划传播机构品牌联播对网络营销渠道策略的划分，一个完善的网上销售渠道应有三大功能：订货功能、结算功能和配送功能，涉及如下三大系统：

订货系统。它为消费者提供产品信息，同时方便厂家获取消费者的需求信息，以求达到供求平衡。一个完善的订货系统可以最大限度地降低库存,减少销售费用。

结算系统。消费者在购买产品后,可以通过多种方式方便地付款,因此厂家(商家)应有多种结算方式。当前国外流行的几种方式有信用卡、电子货币、网上划款等。而国内付款结算方式主要有邮局汇款、货到付款、信用卡等。

配送系统。一般来说,产品分为有形产品和无形产品,对于无形产品如服务、软件、音乐等产品可以直接通过网上进行配送,对于有形产品的配送,要涉及运输和仓储问题。国外已经形成了专业的配送公司,如著名的美国联邦快递公司,它的业务覆盖全球,实现全球快速的专递服务,以至于从事网上直销的Dell公司将美国货物的配送业务都交给它完成。因此,专业配送公司的存在是国外网上商店发展较为迅速的一个原因所在,在美国就有良好的专业配送服务体系作为网络营销的支撑。

20世纪60年代,麦卡锡提出了影响深远的4P组合策略,即产品策略、价格策略、渠道策略和促销策略。这一组合策略使人们从较为繁杂的营销变数中找到最为重要的因素,其中第一次提出"渠道策略"的概念。

麦卡锡在尼尔•鲍顿研究的基础上进行归纳,将营销实践的12个因素概括为4种策略。

渠道策略的内容包括:为使目标顾客能接近和得到其产品而进行各种活动的策略。必须有效地利用各种中间商和营销服务设施,以便有效地将产品和服务提供给目标市场。厂家必须了解各种类型的零售商、批发商和从事实体分销的公司以及他们是如何进行决策的。

由于市场营销的发展,原来的4P组合逐渐由4C组合取代,即顾客、成本、便利和沟通4个要素的新营销组合策略。在渠道策略方面更多地强调便利(Convenience),即为消费对象提供尽可能方便的消费通道,降低其消费的非货币成本。例如,连锁超市就为居民提供了方便快捷的服务,体现了其便利性。

美国学者舒尔茨(Done•Schultz)提出了新的"4R营销组合"理论,即市场营销应包含以下4个要素:关联、反应、关系和回报。该理论在渠道策略方面强调关系营销,要求厂商应当与顾客建立长期、稳定且密切的关系,降低顾客流失率,建立顾客数据库,开展数据库营销,从而降低营销费用。

在如今的市场经济中,商业合作伙伴之间强调合作、双赢;而在厂商与顾客之间,也是如此。留住一个老顾客的成本只是开发一个新客户的五分之一;而且一个满意的老顾客往往会带来更多的新顾客,口碑广告是最有效的广告之一;而且由于现代信息管理技术的进步，使得为厂商与顾客建立长期、稳定且密切的关系创造了技术条件，使厂商能够更快、更准确地找到老客户。渠道的目的就是为了厂商与客户建立联系，从而实现商品流通。从这个意义上说，强调关系营销的渠道战略开始回归营销渠道的核心和本义。

如今渠道策略新趋势表现为三个方面：

渠道结构以终端市场建设为中心。之前企业多的是注重在销售通路的顶端和中端，通过市场炒作和大客户政策来展开销售工作；当市场转为相对饱和的状态时，对企业的要求由"经营渠道"变为"经营终端"。

渠道成员发展伙伴式关系。传统的渠道关系是"我"和"你"的关系，即每一个渠道成员都是一个独立的经营实体，以追求个体利益最大化为目标，甚至不惜牺牲渠道和厂商的整体利益。在伙伴式销售渠道中，厂家与经销商由"你"和"我"的关系变为"我们"关系。厂家与经销商一体化经营，实现厂家渠道的集团控制，使分散的经销商形成一个有机体系，渠道成员为实现自己或大家的目标共同努力。

渠道体制由金字塔型向扁平化方向发展。销售渠道改为扁平化的结构，即销售渠道越来越短，销售网点则越来越多。销售渠道变短，可以增加企业对渠道的控制力；销售网点增多，则有效地促进了产品的销售量。如一些企业由多层次的批发环节变为一层批发，即形成厂家、经销商、零售商这样的模式，企业直接面向经销商、零售商提供服务。

第二节　电商运营活动策略

纵观国内各大优秀电商平台可以发现，每家电商网站都在做各种各样的活动。我们都知道，线下商场特别是像家乐福这样的大型购物商场，促销、优惠等活动是吸引用户不停购买的有效手段。电商平台也是一样，通过大量的线上活动运营可有效提升用户回访的比例，激发用户的购买欲望，从而提升电商客户的网站黏性。

电商运营的活动对于提升用户的黏性和口碑有着非常巨大的作用，这种作用在产品同质化非常严重的电商网站上体现得越来越明显。

因此，做好电商运营的活动，对成功运营一家电商品牌是至关重要的一个环节。这个环节甚至可能会成为影响该品牌在该领域存活下去的重要因素。

电商运营活动也需要讲究一些策略，这些策略可以从节日、事件、促销等维度进行策划。比如，每年有法定假期7个，元旦、春节、清明节、劳动节等，这些节日为电商网站的活动营造了一个很好的活动背景。

所以我们可以总结下，常见的电商活动策略主要有：常规运营活动、节日活动（包括自建电商节日）、事件活动等。这些电商活动策略无疑为提高电商网站的客户黏性、产品购买率提供了巨大的贡献。

一、常规运营活动策略

常规运营活动策略主要是指电商在运营过程中的一些日常策略，即固定提升用户购买及用户体验的运营活动，这些运营活动主要包括常规召回（比如电子购物周刊）、每日商品精选、有礼活动（注册有礼、邀请有礼、分享有礼）等。下面我们重点来看看召回和有礼活动。

（一）常规运营之召回策略

由于电商网站的商品重复率过高，用户流失率很大，只有不停地加强电商网站的购物体验和服务机制，才能不断地加强自己的竞争壁垒，减少用户的流失。当然，建设良好的购物体验和服务机制需要很长的时间，通过运营手段的召回，可以有效弥补电商购物体验和服务机制的一些不足。常见的召回策略有邮件、短信、微信等。

1.电子邮件召回策略

电子邮件召回应该说是成本最低的一种召回方式，现在电子邮件召回已经成为电商运营的一个标配。邮件的本质也是为了提高用户的黏性，通过这种召回方式，用户很清楚地了解到自己的购买情况以及在京东商城的会员等级成长情况，提升用户对该电商平台的认可度和黏性，这样邮件召回目的就达到了。

电子邮件的召回形式有很多种，比如电子购物周刊、优惠券定期发送、针对不登录用户发送温馨的提示邮件等，建议读者根据自己所负责的网站的实际情况选择相应的召回活动，同时加强对数据的监测，不断收集用户反馈，提升召回的效果及效率。

2.短信召回策略

短信因为其成本较高的原因，电商网站对其使用的频率通常较低。但因为短信的到达和查看率都要高出电子邮件很多，因此也是比较常用的召回方式，通常电商网站会通过短信发布促销活动、服务提醒等。

短信召回还有一个比较大的弊端，就是对用户的干扰，因此增加一个退订的功能，可以有效提高短信召回的综合效果，减少用户的投诉率。例如唯品会的“回复TD退订”功能便给不喜欢这种通知方式的用户提供了较大的便利，但大部分用户特别是忠实用户，其实是非常愿意见到自己所喜欢的网站的促销或者活动信息的。

总的来说，短信召回机制是每家电商网站都应该认真研究并落实的运营策略之一，它能有效提升对电商品牌的认可度，提升电商品牌的口碑。中小电商也可以借助第三方短信通道接口，实现相关的短信召回效果。

3.微信召回策略

目前针对企业，微信提供了两种方式，一种是开通企业的服务号，另一种是企业订阅号。两种账号的最大不同就是服务号每月只能发送一次信息且拥有较多的交互功能接口，服务号每天允许发布一次信息。微信召回的直接成本为0，而且到达率几乎是100%，一般好的电商网站订阅号的打开率也能做到15%以上，服务号的打开率能做到80%以上。

(二)常规运营之有礼活动

曾记得2010年团购兴起的时候，网络中充斥着无处不在的用户邀请链接，邀请者成功邀请一个用户注册，一般邀请者和被邀请者都会获得相应的奖励，折算下来的用户获取成本是相当低的，前期甚至不到5块钱。

随着行业的竞争加大，电商网站获取一个用户的成本越来越大，留住用户的成本也越来越大，因此，针对用户流失和获取的运营策略就显得尤为重要。有礼活动是电商网站非常常见的获取用户的一种手段，比如注册送礼、邀请有礼、分享有礼等，这种机制在很大程度上能减少一个电商网站的用户获取成本。

二、节日活动策略

节日促销是每个电商网站都不会错过的运营活动方式，通过节日的活动策划，与电商覆盖的潜在客户达成心理上的共鸣，对于提升产品转化和网站口碑有非常明显的正面效果。因此，我们可以看到京东、天猫、淘宝这些大型电商网站举办的各种层出不穷的与节日有关的电商运营活动。

下面以京东自创的“京东618购物狂欢节”促销活动为例，来简单说明一下节日促销给企业所带来的品牌影响和营收影响。

关于“京东618购物狂欢节”，可以简单了解下百度百科的解释：

京东公司；每年6月是京东的店庆月，每年6月18日是京东店庆日。在店庆月京东都会推出一系列的大型促销活动，以“火红六月”为宣传点，其中6月18日是京东促销力度最大的一天。一度将京东618促成与“双十一”遥相呼应的又一大全民网购狂欢节。1998年6月18日，刘强东在中关村创业，成立京东公司。

2017年618的总体销售成绩还算不错。据奥维云网公布数据显示，京东商城累计下单金额为1199亿元(6月1日-6月18日)；据星图数据统计，2017年618促销全网交易额达到了1537.2亿元，直逼2016年“双十一”的1770.4亿元。家用电器全天共卖出约10万台，京东、长虹、飞利浦等销售火爆；空调销售超过10万台；通讯品类的手机和配件均销售火爆，平均每秒售出9件；电脑全品类售出超过13万台。

“京东618购物狂欢节”的规模和力度每年都在增加，各种优惠措施直触网民购物痛点，从2010年开始到2017年的日销售额几十亿，这里面所展示的不仅仅是中国网购市场的规模，更是一个电商节日类运营活动的成功创新案例，也引领了电商行业自建节日的热潮，比如淘宝在2011年开始的“双十一”活动，以及聚美的周年庆活动等。

对于自建的节日活动，其前期推广难度必然会较大，而且风险也较高，一般持续坚持几年，其规模效应才会凸显。为了推广自建活动，提高自建活动的影响力，最好的措施就是提前一个月造势，通过电视媒体、各种网络渠道、线下媒体引发全民关注。

另外，2017年的“京东618购物狂欢节”活动的宣传采用了大量的视频广告策略，有趣而形象。

以上玩法不仅仅是大型电商才可以玩，中小电商网站同样也可以玩得很好，但一定要把握一个度，这些度包括企业的承受能力、宣传能力和物流能力。

三、事件活动策略

事件活动是指策划一些能与大众产生共鸣的具有广泛新闻传播价值的事件，

通过网络媒体、互动社区、QQ等渠道进行大范围传播，从而形成巨大的品牌曝光，达到良好的广告效果。

电商网站在事件活动的策划上，相比其他行业的经典案例要少很多，但最近几年，电商网站在事件活动的尝试上也开始慢慢多起来。以乐蜂网为例，在淘宝“双十一”到来之前，为了让乐蜂有更大的品牌关注，乐蜂高管们策划了一个“乐蜂网盛女节”的事件营销活动，通过自己的“脱光”与自己代言，结合假货脱光，引发了全民讨论与关注。

对电商网站而言，事件活动能给电商带来诸多好处，比如吸引更多的优质用户、让品牌在短时间内得到大量传播，但如何制定事件活动策略是一个问题，这里列举六种方法供参考：

借事造势。企业及时抓住广受关注的社会新闻、事件以及人物的明星效应等，结合自身或产品在传播上欲达到之目的而展开的一系列相关的活动策略。

明星造事。明星是社会发展的需要与大众主观愿望相交合而产生的客观存在。当购买者不再把价格、质量当作购买顾虑时，利用明星的知名度加重产品的附加值，可以借此培养消费者对该产品的感情、联想，以赢得消费者对产品的追捧。

新闻造事。企业利用社会上有价值、影响面广的新闻，不失时宜地将其与自己的品牌联系在一起，来达到借力发力的传播效果。

造势造事。企业通过策划、组织和制造具有新闻价值的事件，吸引媒体和消费者的兴趣与关注。

舆论造事。企业通过与相关媒体合作，发表大量介绍和宣传企业的产品或服务的软性文章，以理性的手段传播自己。这种方法在电商网站里应用得比较多。

活动造事。企业为推广自己的产品而组织策划的一系列宣传活动，吸引消费者和媒体的眼球以达到传播自己的目的。比如乐蜂网的“乐蜂网盛女节”活动就吸引了媒体和消费者的大量关注。

制造概念。企业为自己产品或服务所创造的一种“新理念”“新潮流”。比如，淘宝“双十一”活动既是一种节日运营活动，也是一种概念造事。

当然，对于事件活动的策划，还需要注意一些风险，特别是容易触及政治敏感性话题的内容，尽量不要去碰。

四、其他活动主题

另外，电商网站经常做的一些其他的活动主题，下面列举出来供参考。

(一)行走主题

人需要旅行去解脱闭塞的生活，所以每到春季踏青、夏季避暑、秋季出游，都会产生出去旅行的冲动。电商网站非常愿意给用户提个醒，例如告知用户购买一些户外装备品、烧烤用具、渔具、泳装、汽车用品等。仅仅给出一个故事还是不够的，如果可以加入数据内容（比如驴友使用某电商网站提供的系列产品行走了多少公里，途径了多少城市，见证了多少有趣的事情），行走就会变得更为具体，营销也会更有说服力。

（二）生与死

拥有是一种重生，放弃也等于自杀，结合这种主题，我们在产品故事上就可以多做能够传播正能量的一些励志内容，来激发用户对生活的思考和热爱。

当我们策划这种主题活动的时候，尽量避免传播消极的不正确的思想。一般来说，旅行类的产品适合做这类的主题，配上非常鲜明的图片，讲述非常动人并富有感染力的旅行故事，人活一世。就要出去走走。

（三）借电影之名

2014年8月很火的电影《后会无期》由韩寒执导拍摄，票房累计超过6亿，完爆大量老牌导演的票房记录，这部电影的诸多经典台词也成为广大网友争相传播的对象。

下面摘录部分经典台词，我们可以一起感受下如何通过这些经典的台词来做一个电影类的主题。

我们听过无数的道理，却仍旧过不好这一生。

有些人，一辈子缩在一个角落里。连窗外都懒得看，更别说踏出门。

喜欢就会放肆，但爱就是克制。

当一艘船沉入海底，当一个人成了谜，你不知道，他们为何离去，那声再见竟是他最后一句。当一辆车消失天际，当一个人成了谜，你不知道，他们为何离去，就像你不知道这竟是结局。

有时候，你想证明给一万个人看，到后来，你发现只得到了一个明白的人，那就够了。

小孩子才分对错，成年人只看利弊。

每一次告别，最好用力一点。多说一句，可能是最后一句。多看一眼，可能是最后一眼。

多做一些事情，不枉此生来过。

别人的眼光不重要，你把事情做成什么样子才重要。有时候，适合比坚持更重要。

人，只有在站起来之后，这个世界才能属于他。

在每个繁星抛弃银河的夜里，我会告别，告别我自己，因为你不知道，你也不会知道，逝去的就已经失去。经历了一万多公里的长路，我们不会辜负每一份信任和付出。我所理解的生活，就是和喜欢的一切在一起。

在这个世界上，所有真性情的人，想法总是与众不同。

我们可以看到，很多的观点都很新颖，也令人深思，因此可以结合这部电影所想要表达的一些思想，做一个获得电影内涵共鸣的活动，这个活动可以直接命名为"后会无期，热爱生活，从我做起"，然后在这个活动专题上放置与该电影主题最经典的台词含义相关的产品。

(四)品牌体

所谓品牌体，意思就是通过通俗易通容易被大众改编的品牌广告文案，来吸引广大网友参与这种文案的创意改编，在互联网电商网站的这种品牌体营销中，最有名的是"凡客体"，可以领悟下。

韩寒版

爱网络，爱自由；

爱晚起，爱夜间大排档，爱赛车；

也爱59元的帆布鞋，我不是什么旗手；

不是谁的代言，我是韩寒；

我只代表我自己。

我和你一样，我是凡客。

王珞丹版

我爱表演，不爱扮演；

我爱奋斗，也爱享受生活；

我爱漂亮衣服，更爱打折标签；

不是米莱，不是钱小样，不是大明星，我是王珞丹；

我没什么特别，我很特别；

我和别人不一样，我和你一样，我是凡客。

由于该广告文案非常简单易懂，充满了正能量，所以吸引了大量的网民进行改编，数十万网友参与凡客体的再创造，覆盖网民数千万人。

(五)致用户或员工的一封信

不论网站品牌怎么样，如果最大的老板能亲自站出来与用户进行交流，对于提升用户对品牌的认知和信任度都会起到很大的作用。借着CEO的个人品牌，通过CEO的身份来写一封针对员工或用户的一封信，来表达出做好产品和服务好用户的决心，这种做法在周鸿祎、马化腾、马云等身上得到了极致的发挥。可以在网络上查找一下2013年周鸿祎对360全公司的一封信，这封信出来后，有三个作用，第一个是员工的文化认同；二是宣传理念吸引人才加入；三是告知用户从而提升用户对该公司的信任程度。

第三节　电商运营促销策略

电商网站在运营的过程中，促销是一个非常常见的运营策略，促销的重要环节有制定促销主题、目标用户分析、促销价格策略、促销方法、仓库及物流策略、促销的推广等。所以我们需要明白电商促销的整个流程和注意事项。

其实，促销活动的特点就是玩的是心跳，促销的产品有卖点和爆点，能够打动用户。给予用户“紧迫感”就能打动用户，制造一种如果用户不下手就来不及的紧张氛围。

在做促销活动的时候，往往容易忽略很多细节，甚至一些关键环节。

本节主要通过对制定促销主题、目标用户分析、促销价格策略、促销方法来向读者介绍电商运营的促销策略是怎样实施的。

一、制定促销主题

这一步很关键，什么样的主题面对什么样的人群，自然对应的价格策略也不一样。促销主题很多，比如国庆节、店铺周年庆等。

但需要强调的是，在制定促销活动主题的时候，要注意尽量避免有政策风险的活动主题，比如拿边境领土争端事件来搞相关活动，这就会产生极大的政治风险。

中酒网针对2016年国庆节做的促销活动，主题是“醉爽十一”，活动专题里有大量高折扣的正品美酒。这个活动在网站用户中掀起了不错的反响。

二、分析目标用户

基于国庆节的促销主题，分析促销活动能覆盖什么样的用户是很重要的。分析目标用户将有助于我们更好地制定促销价格策略，同时进行更为精准的活动营销。

在分析目标用户的过程中，流程是很重要的，这个流程可归纳总结为确定产品特点、确定产品覆盖用户、对用户进行细分和阐释。下面以去哪儿为例进行阐述。

去哪儿网的目标用户定位于爱旅行、对旅行信息敏感且经济宽裕的网民，主要为广大热爱旅游的网民提供国内外机票、酒店、度假、旅游团购及旅行信息的深度搜索，帮助旅行者找到性价比最高的产品和最优质的信息。主要有以下三类人群：

经常出差的商务人士，对于这类人群，酒店宾馆、机票或火车票是必不可少的，去哪儿网为其提供了良好的平台。

爱旅游的工作人群和大学生，去哪儿网提供了各种省钱游，包括酒店也可以双向对比，确定最优惠的旅游方案。

爱好旅游且经济宽裕的人士，去哪儿网提供了团购游，价格优惠，路线多样，对于特别喜欢自助游的人群更有度假路线搜索，可以找到各种各样的玩法，满足各种旅游爱好。

确定目标用户其实不难，但需要谨慎，判断后要对它进行多次验证，这样才能在后续的营销过程中不致出现错误的方法。前面提到，目标用户细分也是一个非常重要的工作，目标用户细分后，才能做针对性的活动和营销。我们可以以儿童节礼物为例进行说明。

例如，制定的促销主题是关于儿童节的礼物，那么可以根据此类产品的特点和历史购买用户数据，得出结论：此活动主题的目标用户主要是25-40岁的家长，可以根据这个年龄群体分析他们的日常购物特点、喜好特点以及互联网习惯等。当然，还可以对这类群体进行更加细分地划分，比如年轻家长和中年家长对互联网的使用习惯就会完全不一样，需要针对这个特点进行更加细分的策划。

三、制定促销价格

制定促销价格是整个促销活动最为关键的一个环节，在制定促销价格的时候要明白它的目的是什么。

一般促销价格都会比平时的价格低，这个时候制定的价格就会导致三种结果，分别是亏损、保本和盈利。

如果电商网站想要根据这个活动拉来更多的用户，也就是电商还处于抢占市场份额阶段，那给出的促销价格力度就可以很大，甚至拿出让用户尖叫的价格策略。

毫无疑问，中酒网的“0元购”活动很明显是亏损的，但对喜欢酒的用户来说，这无疑是一场盛大的“互联网品酒节”，因为可以不用花一分钱就能享受到大量免费的优质正品酒。

如果电商网站需要根据促销活动来提高人气或者提高盈利，在制定促销价格的时候，要对产品的成本和相关环节的成本进行核算，从而计算出多少折扣是不会亏损的。

促销价格的策略有很多，比如满赠（满多少送多少）、满减（满多少减多少）、1元商品（或者9.9元商品）、阶梯促销、优惠券抽奖等促销活动就会火热上演。

四、制定促销方法

促销价格与促销方法是相辅相成的，在制定好促销价格之后，制定促销方法就是将这些价格策略有机的整合在一起。

促销方法有很多,下面对一些常见的促销方法做个说明,并对每种方法给出简单的示例和分析。

1.产品折价让利

方法:直接价格折扣。

示例:打折销售,减价销售。

分析:损失利润,可能会导致恶性竞价。

2.赠品销售

方法:提供附加赠品,搭配销售,保证质量,档次符合,对象符合。

示例:买手机送拉杆箱。

分析:城门失火,殃及池鱼。

3.现金返还

方法:购买成交,返还现金。

示例:购物200元,返还50元。分析:收支两条线,税费规避,经手风险。

4.凭证优惠

方法:凭券、凭票、凭证享受优惠。

示例:凭优惠券或其他信物,优惠一定幅度。

分析:只要发放环节进行一定控制,设置有效期限和优惠程度,则能控制它的实际价值。

5.集点购买

方法:达到积分或者数量,兑换或者优惠。

示例:集12个瓶盖,兑换一瓶啤酒。

分析。适合快速消费品或者有纪念意义的电商网站,比如儿童电商。

6.联合促销

方法:与线下企业合作进行直接折扣。

示例:母婴类电商与婚纱影楼合作推出亲子摄影套餐。

分析:互相优惠,目标对象统。

7.免费试用

方法:提供试用产品。

示例:化妆品试用装,食品、保健品试用装。

分析:尝试接收,消费体验,直观感受。

8.抽奖销售

方法;购物参与抽奖,现场或者集中开奖。

示例:中兴助你看奥运。

分析,普及面、中奖率问题,可信度、公证度问题。

9.有奖参与

方法:设置活动,参与有奖。

示例:填写有奖问答卡,参与抽奖。

分析:针对购机或未购机顾客都可。

10.游戏参与

方法:参与组织的游戏,有机会赢得礼品。

示例:如小品、绕口令、成语接力、妙语连珠等。

分析:调动消费者参与热情。

11.竞技活动

方法:参与竞技活动,赢得相应奖品。

示例:如投飞镖、掷骰子、摇轮盘大赛等。

分析:调动消费者参与热情。

12.公关赞助

方法:赞助社会公益事业和重大赛事。

示例:特困助学,希望小学,体育赛事。

分析:扩大企业品牌知名度和社会亲和力。

13.现场展示方法:在重要场所展示新奇特产品。

示例:模特展位、行业博览会、订货会、专柜。

分析:体现产品特征,成本费用较高。

14.顾客会员俱乐部

方法:为已有顾客提供群体归属和更多服务及优惠。

示例:顾客俱乐部,VIP顾客俱乐部。

分析:提升归属感、品牌荣誉感、显示地位或获得更好的服务和实惠。

15.人员推介

方法:卖场设置专门促销推介人员。

示例:促销员,临促等。

分析:扩大产品信息,提高顾客认知,动态实体沟通。

16.经销商政策激励

方法:给经销商更多的政策激励或者包装政策。

示例:返点,返利,实物奖励。

分析:提高经销商积极性,活用政策手段。

17.捆绑销售

方法:产品与其他产品或服务相互捆绑销售。

示例:手机和号码捆绑销售。

分析:利用捆绑的价格和渠道优势,提升销售,但是相对的是较大的价格折扣。

18.限量特供

方法:特定时段和卖场的特价或者无偿销售。

示例:1元手机限时限量特供,每店每天限5台。

分析:主要是吸引注意力,提高知名度和新闻爆炸效果。

19.服务举措

方法:提供更多的服务和更高的服务承诺。

示例:终生包修,异地联保,手机清洗。

分析:通过服务来提升品牌形象,对顾客负责。

20.老顾客回访

方法:对老顾客进行定期回访,跟踪服务。

示例:24小时回访,免费清洗,免费更换彩壳。

分析:做好老顾客的挽留和服务,提高回头客和顾客推介,拉动新顾客。

21.社会热点炒作

方法:针对社会热点事件对产品进行炒作。

示例:中兴助你看奥运。

分析:利用热点事件,扩大影响力,带动产品销售,但是要注意,炒作过头和不合时宜则好事变坏事。

22.产品概念炒作

方法:炒作产品的功能概念或者其他特定消费者非常感兴趣的概念。

示例:绿色手机,名表手机,钻石手机,彩壳手机。

分析:针对特定概念扩大差异化优势,但是过于集中某一特征,受众减少,而且需要密集推广。

23.独特卖点炒作

方法:集中炒作某一产品卖点,体现差异化。

示例:手机防火墙,带MP3、收音机手机,大屏手机。

分析:集中优势,获取差别化顾客青睐,针对特定用户。

24.顾客消费引导

方法:提供消费指导,培养消费习惯和使用习惯。

示例:彩铃手机,彩信手机。

分析:适用于新品客户培养,新业务顾客培养。

25.免费咨询指导

方法:提供顾客消费信息咨询。

示例:24小时咨询服务热线。

分析:提供顾客消费需求信息,提供顾客消费帮助。

26.其他创新促销策略

方法:全新或者改进的有效促销方式。

示例:文化促销,情感促销等。

分析:新奇特促销手段,更好的促销效果。

第四节　电商运营品牌策略

借用大卫•奥格威对品牌说明的一句话:品牌是产品名称、符号、历史、文化、声誉、属性等的综合体,以及使用者的消费体验及在传播途径上的认知和传播方式留下的心理感受。

目前电商行业中大部分所谓的品牌并无清晰的品牌自我定位,反之都在一味地扩充品类外的产品线,而一些小型电商似乎认为电商品牌或B2C网店经营的实质就是需要更多的产品,通过扩大产品经营范围来提高销售规模和利润,这样就达到了最终的品牌塑造。殊不知,这根本没有成为品牌或者说根本不是在做品牌。事实上无论是电商还是传统企业,都应回归一个实质问题,那就是一切经营的目的是为了品牌!

一、电商品牌的策略

对电商来说,品牌是决定其成败的最重要的因素。品牌对消费者来说,基本上等同于信任。没有品牌的产品和商品,在互联网上将会举步维艰,不论在销售数量上还是在销售价格上,均没有任何优势。

所以,要做电商就要先做好品牌。没有品牌就没有竞争力,更没有生命力。因此,电商品牌的策划和建立,对电商的发展、壮大来说具有举足轻重的作用。

要评价一个电商品牌优劣有很多方法,也有很多维度,但最简单直接的就是查看口碑网站中用户对这些网站的使用感受,这些点评都是来自用户最真实的声音,这就是品牌。

我们知道品牌的建立需要一个长久的过程,需要做大量的基础性工作,而而且每一项要尽量做得很好,才能满足用户日益提升的产品要求,这些就需要前期的品牌策划,后期的品牌建立则是一个长期基础工程。

品牌的策划和建立是电商品牌的基础工作,是电商运营的重要组成部分。它的基本策略有以下几个方面:

塑造品牌的价值。品牌的价值具有多样性,比如,品牌的使用价值、文化价值、历史价值等。在塑造电商品牌的时候,必须从品牌的使用价值、文化价值、历史价值的角度去挖掘。

打造品牌的卖点。这里有两个概念,一是同质化,二是差异化。在打造品牌卖点上，要尽可能避免和减少与其他同类品牌商品同质化，而要在差异化上下功夫。也就是做到“人无我有，人有我优”。这样才能在激烈的市场竞争中脱颖而出。

强化品牌的符号。品牌符合就是客户识别系统。要使你的品牌与其他品牌具有鲜明的特征，给客户和消费者留下尽可能深的印象为终极目标。

品牌的传播。这里说的品牌的传播，不仅仅是品牌的宣传，而是品牌文化的沉淀。这种品牌文化的沉淀，是品牌内涵与外延的综合体，是品牌生命力深层的东西，也是影响消费者根深蒂的“魂”。

以上四点基本构成了电商品牌策划和建立的基本策略。它的核心是让消费者对你的产品或商品产生信任，甚至“忠贞不渝”。在这个层面，非常典型的例子就是iPhone手机，事实上国内的很多电商都已经在开始学习iPhone手机的精致产品模式，凡客就是一个代表。凡客网站的首页不再像以前一样做大卖场，而是自主研发了非常精致的超高性价比服饰，至于新版的凡客能否再一次取得成功，还需要市场来验证。

二、让品牌独特

当一个行业完成初始发展阶段和达到一定规模效应后，同时也为了避免与同行业产品恶性循环竞争以致惨烈的价格大战，分化细分是其必然选择。然而，电子商务巨大网购规模的呈现，说明消费者也需要更加专业的商家来满足他们日益增长的需求，这也印证了市场细分的必然趋势。电商只有顺应需求，走专业化细分之路，才能为自己开拓可持续发展之路。

电子商务通过一根网线连接全国的消费者，事实上，它比线下传统渠道更容易进行细分品类的定位，一旦完成品牌定位，其销售爆发力远远超出线下实体企业，毕竟不受线下渠道拓展的限制。所谓分化，是指电子商务通过十几年的发展，其庞大的市场份额，势必会走向更加细化品类的定位，提供给电商更多的品牌机会。我们要相信每个企业的能力和资源都很有限，与其做更多品类的拓展，不如聚焦做好一个细分品类，使之成为能够代表品类的品牌。让顾客留下，让顾客有更好的品牌体验，让顾客选择产品的时候想到你。分化的电子商务一个品类的精耕细作，足以让你获得更多的市场份额。

首先，认识到细分市场中的品牌关键是品牌特征的创新，不是大众化的，而是某特定群体的需求。根据这个目标群体的动机、兴趣、偏好、收入、教育、品位等，倡导一种理念和风格，引领一种个性化的生活方式。在目标群体中形成良好的品牌声誉，以及给出品牌承诺，从而增加重复购买的可能性。其次，每个品牌的培育都经过漫长的过程，但在这个过程中，只要不断坚持和强化品牌特征，稳扎稳打，形成鲜明的不同于竞争对手的品牌形象及差异化优势，避免与众多大品牌正面冲突。

因此，我们当前面临电商转型的时代：第一，只有通过定位细分品类市场，让顾客在网购选择产品时从过去的被迫选择或者以便宜为导向的选择，转为有目的性的选择，形成顾客选择品类产品或选择购物平台的时候有品牌联想。正如一些成功的电商品牌，例如京东电器、麦包包等，它们无一不是基于品类的细分定位而成功的。只有这样，才能获得品牌溢价能力，才能存活并持续发展。第二，电子商务是以互联网为平台的面向全球的消费市场，细分市场一旦成功塑造品牌，凭借互联网排他性的特质，能够迅速占据更大的市场份额。这有别于线下企业受到区域性或渠道布局的限制，而更加凸显了电子商务的优势。

但值得注意的是，当品牌塑造已成型，需要进行品类扩充的时候，而你却扩充了与原先品牌定位不相符的产品，那么时而久之，人们就会忘记你的最初形象。某一天当消费者开始模糊的时候，品牌核心优势也便一起失去，在价格不低廉的情况下，消费者开始逐渐远离你。

三、构造品牌价值

电子商务企业必须专注自身或在分化中专注自身的优势品类，快速完善供应链层面的各个环节，包括产品制造、品控、客户服务等构成品牌的相关要素，把自己从差价商和批发商的定位中拉出来，为顾客切身解决各项需求，更好地满足顾客，以便在消费理性逐步提高的环境中快走一步。

产品是品牌最核心的资源，只有产品被消费者接受才会在消费者心目中积累起品牌的价值，否则品牌将无法生存。网络品牌的技术资源更加需要被优化，网页设计、细节展示、虚拟购物环境的设计、客户关系处理等对品牌的发展和培育有着直接的促进作用，是品牌的重要资源，不可小觑。同时，品牌通过对某些符号或形式来增加和传递价值，这些符号和想象使其蕴含了独特的内涵，赋予品牌特殊的附加值，让该品牌区分于市场上的不同品牌，然而如何提炼文化元素，是品牌设计者必须考虑的问题。

笔者认为，除了品牌产品本身的附加值，网上独特的购物氛围同样也是附加值资源要素之一，应该给予充分的重视和开发。选择在线推广和零售，网络品牌不仅要靠品牌自身的优势来体现，也要靠服务来体现和传播，具体表现在产品描述、客服人员的态度、服务质量、网站舒适度、配送快捷、售后等方面。在基础层次上，满足给顾客品质上乘、价格合理的期望；在利益层次上，让顾客感受和体验到友好的服务，以及轻松自由的购物过程。

四、电商品牌包装

品牌建设的过程应该像将一块原本平凡无奇的石头慢慢雕琢成令众人追捧的艺术品一样。而这样树立起来的品牌，也会"历久弥香"。这其中要对品牌及目标群进行精准分析，创造鲜明的品牌形象，塑造独特的品牌个性．这样才能让消费者在这个信息爆炸的时代，仍然对企业的品牌信息保持着深度的记忆。

除此之外，还得进行适当包装，高调行走在电商圈中。一些珠宝、黄金等企业在商城中开展电子商务活动时与银行共同捆绑，这就是一种包装即品牌借势，这不仅建立了品牌的权威性及公信力，而且大大提高了销量。当然，还可以运用各种网络营销方式进行包装，快速吸引网购用户眼球，帮助企业高调出现，吸引市场焦点，形成营销热点，刺激网民消费，否则企业只会在沉默中死亡。因为网购用户很少会一页一页地浏览网页以寻找藏在最深处的店铺，他们没有为你分配充足的时间及关注度，如果你不主动出击，就意味着默默退出电商行业。

但是，电商们还得明白不是为了开展电子商务而进行品牌包装，而是要明确现在是品牌时代，无品牌，便无成功可言。

五、品牌理念认可

具体来说，在市场竞争中，品牌一般会有三个方面的功效，一是通过瞬间的联想和品牌的扩散效应，提高消费者对产品的能见度；二是基于对附加价值的认可，降低消费者对价格的敏感度，促使竞争从低端的"价格战"走向高端的"价值战"；三是能增加消费者的忠诚度，使其愿意重复购买并长久相伴。事实上，品牌增强了客户和产品之间的快速"适配性"，减少了相互之间的沟通信任成本，尤其是能减少客户面对多种选择时的抉择成本和困惑。

品牌战略的实施首先得保证具备相关人才，一个品牌设计者及其团队应该有能力塑造和推广好这个品牌，这是成功的前提。而经营的艺术是换位思考，作为品牌设计者，应该观察和了解消费者并使消费者能够认同。然后建立一种企业或品牌的运作模式，在服务于别人的同时，传达自己的梦想和热情。每一部电影都是由制片人、导演、作曲、编剧、摄影师、演员和剪辑人员共同协作的结局。网络自创品牌也一样，需要每个人努力付出，且具备热爱生活、思维敏捷的特质，以及具有合作意识、认同品牌的强烈理念，只有这样才会在整个品牌塑造过程中不轻易改变品牌特征。

六、品牌危机处理

近年来，品牌价值在企业中受到普遍重视。企业将大量的资源投入到品牌经营管理活动中。然而随着社会变化的不断加剧，同时给企业也带来了很大的不确定性。有些企业不能适应市场环境变化，导致品牌危机事件频频发生。而当这些危机真的发生时，又缺乏危机防范意识，应对处理措施不当，以致给企业造成难以估量的严重后果。成功的品牌危机管理不仅可以送走"危机"，使企业品牌渡过难关，甚至还可以迎来"商机"，提高品牌的知名度与美誉度。相反，失败的危机管理则可能会使一个正在走俏的品牌，或是有百年历史的品牌，面临死亡的可能。下面就企业在危机处理中应具备的几个原则进行阐述。

(一)以实相告，坦诚面对

如果是产品质量存在问题，应公布原因，并做出改进承诺和具体行动，一是立即召回问题产品，相关产品的生产线停产整顿。二是委托国家及地方相关检测机构对所有产品进行全面检测并将检测结果对社会公开。最重要的是应积极配合国家质检总局等相关部门的检查整改，对相关信息不隐瞒、不欺骗。

如果是企业商业信誉问题，商业信誉本身就是企业一个日积月累的过程，而一旦企业出现这样的问题，表明问题已经不是一天两天了，而是持续了很长时间，只是此时的一个突发事件造成了企业不良的商业信誉的全面爆发。当不良的商业信誉呈现在广大消费者的面前，这代表企业将面临的是难以预料的危机，而此时商业企业想一下摆脱现在的不良商业信誉可以说几乎是不可能的。企业想挽回这样的局面，没有什么特效药，因为企业不良的商业信誉已经存在于消费者的脑海中，只能依靠企业长期坚持、不断努力，才可能最终根除人们的这种不信任，摆脱这样的局面，再次赢得人们的信任。

(二)培养企业危机意识，加强危机训练

伊索寓言里有这样一则故事：森林里的一只野猪不停地对着树干磨它的獠牙，一只狐狸见了不解地问："现在没有看到猎人，你为什么不躺下来休息享乐呢?"野猪回答说："等到猎人出现时再来磨牙就来不及了!"野猪抗拒被捕猎的武器，不是它那锋利的獠牙而是它那超前的"危机意识"。同样，在市场环境、竞争态势瞬息万变的今天，没有危机意识的企业，将随时面临不可预见的困难。危机是不可避免的，这时需要企业在危机管理中始终具有危机防范意识，积极进行危机防范准备，力求将危机发生的概率降低，危机发生后的损失降到最低。对危机的积极预防是控制潜在危机中花费最少、最简便的一种。正确对待危机的态度就应像奥斯本所说的那样："使用少量钱预防，而不是花大量钱治疗。"

另外，企业在向员工灌输危机意识的同时，加强对企业员工的危机培训，增强企业员工的应变能力和心理承受能力，使员工掌握应对危机的基本策略也是非常重要的。如果员工不具备应变品牌危机的能力和应急处理的知识、技巧，那么即使他们有着很强的危机意识，企业有着完善的品牌危机处理措施，在危机发生时，实施的效果也会大打折扣。

（三）反应迅速、及时

危机具有强烈的破坏性，一旦来临就会给企业品牌形象造成严重的伤害。因此，越早发现危机并迅速处理、控制事态的发展，越有利于危机的妥善解决和降低各方面的利益损失。可以说谁能第一时间做出反应，谁就掌握了主动。当危机爆发时，企业应及时做出反应，争取在最短时间内遏制危机发展的势头，防止事态进一步恶化。在企业危机中，一般是企业最受关注的时候，如果企业不能及时解决现阶段面临的品牌危机，很可能会导致企业生存危险。由于处理危机的紧迫性，企业应抓住重点，反应管理及时得当，只有品牌危机得到及时、有效控制，企业才有可能化险为夷。

（四）勇于承认，敢于承担

很多企业在面临危机时，第一反应就是还自己一个清白。然而，急于撇清干系，往往会给消费者留下不负责任的印象。企业需要牢记品牌跟证明孰是孰非没有任何联系。品牌危机时期，如何表明自己是一个有高度责任感的品牌，才是身处危机时企业必须认真思考的问题。面对危机，企业要坚决摒弃以下两种做法：

不回应政策。危机发生之后，不少企业习惯性地采取不予应对策略，希望时间可以将此次品牌危机事件淡化，让此次危机事件在沉默中灭亡。殊不知，危机却已在沉默中全面爆发，并一发不可收拾。

不低头政策。在危机发生后，很多企业采取的主要手段就是对此次品牌危机事件的反对意见进行全面打压，更有甚者将持不同意见的人树立为自己的敌对面，这是绝对的愚蠢行为。尤其是在企业与民众之间势力相差如此悬殊的对阵局面下，这样做往往会将民意推向弱势的后者。

以上这两种做法，可以说都是企业非常不负责任的做法的体现，而导致的直接结果就是，企业变得更被动，甚至企业失去了对整个事件的控制权。

（五）查清原因，全面总结

当企业品牌危机得到有效控制时，品牌危机管理的重点则转变为危机恢复工作。虽然表面看来一切似乎都已经风平浪静，危机处理工作似乎也已经宣告结束，其实不然．危机的应急处理措施只是解了燃眉之急，而危机处理工作并没有结束，企业危机只是暂时得到了缓解。企业要想完全化解品牌危机，就必须查明原因，而且必须快，原因不明给人的感觉就是在隐瞒什么，会使消费者产生怀疑。

要想使企业品牌尽早从危机事件中恢复，重新在社会公众心中树立良好的企业品牌形象，这就需要企业对危机进行全面总结，找出存在的管理漏洞，以避免同类危机再次发生。企业可以通过回顾危机发生的原因、经过、处理方式、处理的效果及经验教训，把这些内容全部记录下来，编成文档保存，为企业将来处理危机事件时提供参考。

危机不仅只是给企业带来麻烦，如果企业能够处理得当，危机同时也蕴藏着无限商机。危机一旦爆发，不论企业能否安全度过，我们不可否认，因为此次品牌危机事件，公众都将会对企业有更深入的了解，这无疑给企业带来了很大的发展机会。品牌的危机管理是一个复杂多变的系统、整体的工程，只有企业高度重视它，不断地去探究品牌经营管理过程中危机处理的各种办法和手段，企业对品牌危机处理的能力才有可能逐步增强。

第五节　电商运营媒体策略

电商品牌的发展离不开大量媒体的支持，与媒体保持良好的关系，借助媒体对品牌进行正向传播，可以大大提升品牌的用户信任度。当前，几乎所有的新兴企业都已认识到媒体的价值，在企业发展过程中，尤其是基于互联网平台的电商企业，媒体策略都会是重中之重。

通常电商企业中处理媒体关系和发展媒体渠道的部门称为公关部，比如阿里巴巴的公共部门在阿里巴巴集团的地位非常重要，它几乎汇聚了国内一线的资深媒体人。另外，如果媒体事务还没有成为公司的重要战略组成部分，则可能会被放在市场部或者运营等部门，比如一般的中小电商公司。

事实上，拓展和维系媒体渠道的成本是非常高的。所以在电商企业的初期，可以尝试用一些技巧来实现媒体传播的效果。

一、认识媒体的价值

通常情况下，这里所讲到的媒体分为下面几种：纸质媒体、广播媒体、电视媒体和互联网媒体，对于这4类媒体，我们要清楚地认识到，媒体的本质是传播公信力和影响力，从而获得相关的盈利。

影响力和公信力一直是所有媒体追逐的对象，在内容产生、受众接受、有效传播等方面，谁掌握了影响力和公信力，谁将在未来的媒体竞争中处于主导和主动地位。

内容是媒体制造影响力和公信力的基础和源泉，只有全面、可靠、公正的内容才能在用户中积聚并逐渐扩大影响力。而公信力的来源相对需要更长时间的积累，在媒体进化与演进的历程中，传统的三大媒体正在逐渐形成公信力。而媒体的影响力主要通过用户规模来衡量，因此，媒体发展初期以受众的规模为衡量指标，媒体受众规模大，则媒体的影响力就大；媒体受众规模小，则媒体的影响力小。

比如，央视在内容方面有绝对的影响力和公信力，因此在国内的电视媒体中占有绝对的主导地位，而用户也非常相信在央视上所看到的广告，这就是公信力下的权威。在省级卫视中，湖南卫视和安徽卫视也具有非常大的影响力。笔者不得不佩服马云的勇气，很显然这是希望通过央视的公信力和影响力，进一步提升天猫在中国人群中的品牌黏性，即使央视的大量受众很可能还没有网购习惯，但这些习惯都有可能慢慢被改变。

媒体的生存很大程度上建立在“影响力”之上。内容、用户与传播是环环相扣的一个整体。媒体的公信力最终会转化为品牌的影响力,媒体需要先把自己塑造成一个强大的品牌。稀缺的内容影响力是经营的核心,一方面,内容能够对人群产生巨大的影响,另一方面,被它提及能够产生好的传播效果。内容也是形成品牌影响力最重要的部分。因为媒体有品牌影响力和内容影响力,广告主希望借它来传播自己。媒体的产出不是那几张纸,而是影响力。媒体围绕影响力产生商业价值。商业化都是这样运转的。实际上,除了极个别的情况,大众媒体早就是知道这个生存法则,它需要挣钱来养活自己。

二、整合线下线上媒体

知道了媒体的价值,在利用媒体的时候,也要学会整合线上线下的媒体,这种立体的传播会大大地提升品牌传播的效果和影响力。

以中酒网为例,在制定媒体传播策略时,会将优质的线上线下媒体进行整合,同时对其进行多方位立体整合,达到最大化提升品牌的效果。

在整合线上线下媒体资源时,我们也需要注意成本控制和投入比例,对电商网站来说,一般情况下是线上的媒体投入力度要高于线下的相关媒体投入力度,这跟电商媒体的用户特点具有很大关系。电商网站所针对的用户一般具有一定的互联网使用习惯,由于电商目标用户的特殊性,因此在营销上往往直接通过互联网相关的媒体就能达到很好的转化效果,从性价比角度来看,互联网的媒体会比传统的媒体好很多。

虽然如此,我们也要重视线下相关的媒体,尤其是电视媒体,它具有互联网媒体无法媲美的影响力和传播力,而且线下的媒体内容大多数情况下会比互联网媒体的内容制作得更加精良,自然可以较好地传播与提升品牌。

在整合线上线下媒体的时候,提前完成以下这几项工作,就能够很好地进行前期评估和测试了。

建立一套基于互联网的媒体效果监测机制,这里有几个指标可以作为参考,分别是媒体覆盖量、媒体浏览量、到站流量以及百度指数。媒体覆盖量是指我们的品牌通过媒体能覆盖哪些人和覆盖多少人,这些人是不是我们的潜在用户群体;媒体浏览量是指该媒体所发布的内容或品牌广告有多少人浏览了,这个数据可以直接折算出品牌直接影响的人数;到站流量可以通过数据监测系统得出,我们在媒体平台投放的广告内容,如果是发布的新闻内容,则比较难以通过这种方式评估,一般主要看前面两种(还可以加上文章内容转载率);最后是百度指数,可以通过对比同期百度指数的趋势来评估该段时间里媒体的贡献程度。

知道如何评估线下媒体的效果，线下媒体因为不能像线上这样直接进行检测，但也可以根据一些相关的数据进行评估，供参考的指标分别是媒体用户量（电视媒体一般是指收视率，纸质媒体一般是发行量）、媒体版面位置及时间（如果是电视媒体，主要看时间是否为黄金时段）、百度指数。

基于数据的后期媒体策略，这个策略主要是指可以尽量挖掘和筛选各种对自己有利的媒体，并不断地加强与优质媒体的合作力度。

三、如何与媒体打交道

中国的电商创业者都很辛苦，媒体朋友有时候也希望能够通过报道来帮助他们。但是有时候创业者缺乏与媒体沟通的技巧，这又使得媒体朋友爱莫能助。这里列举一些常见的与媒体沟通或者说打交道的技巧，主要适用于中小型互联网公司。

（一）了解媒体的价值

电商创业者首先要认识媒体真正的价值。媒体的价值不在于发布软广告，而在于能够传递大众需要的资讯或信息。因此，媒体首要关注的是大众的喜好，而非企业的。所以电商创业者应从媒体的关注点出发，首先要提供大众感兴趣的信息，其次才是争取到对企业或产品的报道。成功的媒体报道应该是企业、媒体、大众等三方共赢的内容。

所以要赢得媒体报道，首先是从媒体的角度出发，寻找企业自身的闪光点，看能否引起大众的关注。很多电商创业者最常犯的错误就是过于关注自己的产品，而缺少对媒体的认识。从企业自身的报道需求出发，即使获得报道，也得不到多大的回响。

（二）对媒体进行细分

若想通过媒体报道获得最佳宣传效果，还应对媒体进行精细化的分类管理。一般来说，即使行业内的同类网站，各家网站的定位和报道方向也不尽相同。这时就需要企业市场或公关人员对行业内的媒体进行大致分类，并对重点媒体的定位和报道方向进行深入分析和理解。

以互联网科技媒体为例，虎嗅网和36氪都侧重互联网创业企业和商业模式的讨论，雷锋网则重点关注硬件科技产品的发展，快鲤鱼则比较喜欢创新创业和公司管理相关的内容或观点等。

对媒体进行分类和了解后，就可针对媒体的不同，为其量身打造有新闻价值的企业新闻稿，从而获得报道的机会。

(三)与媒体良性互动

一般来说,媒体的报道形式有普通报道、记者专访、行业专题等,如果想获得媒体的足够关注,获得持续报道,与媒体的良性互动必不可少。无论是企业的高管还是企业的市场公关人员,都应与媒体人员建立良好的合作关系。如果企业内有文笔不错并且有想法的高管也可以多动动笔,为媒体写写专栏什么的,在其中恰当地提到自己的产品,也不失为一种宣传的方式。

市场人员也需要与媒体记者保持良好的关系,应将市场一线情报及时通报媒体记者,适当地发布爆料信息,可与媒体形成长期稳定、互惠共赢的局面。

(四)摒弃新闻通稿

作为移动互联网创业者,首先要摒弃使用新闻通稿来宣传企业。一是新闻通稿对于新创电商企业完全不适用,二是新闻通稿的价值和意义对媒体很小,不会引起其关注。事实上,新闻通稿是一般公关公司敷衍企业的做法。初创企业出于对媒体的陌生,往往找一些公关公司进行报道。公关公司对于初创企业这种小项目,通常都是写几篇新闻通稿,通发一些媒体,然后整理个新闻简报给企业交差。其实这样的做法一点意义也没有,首先因为同质化的内容是媒体所不欢迎的,所以一般新闻通稿都会发到很偏僻的位置,甚至没有相关的入口,连搜索引擎都可能检索不到,大众一般根本看不到,所以宣传效果几乎为零。

(五)让媒体主动报道

最后,寻找企业自身闪亮点,让媒体主动报道。无可否认,一般的媒体喜欢大公司的新闻,大公司具备品牌知名度,报道容易引起大众关注,而小公司毫无知名度,通常难以引起公众关注。所以初创企业想要获得免费无偿的报道尤其困难。不过也并非不可能,这就需要从自身出发寻找闪亮点。具体的闪亮点可以从以下几个方向去找:

创始人身份背景,如是行业知名人士,可以直接打创始人这张牌。比如“土豆网创始人王微再次创业,欲创建中国版皮克斯”,这就是一个很典型的再创业被大量媒体自发报道的案例,原因是创始人本身在行业里为知名人士,再创业后就可以直接打创始人这张牌。

企业的投资背景。如果企业获得投资,这也是一个不错的噱头。如XXX获得1000万天使投资等。

跟实时热点的结合。在寻求报道的过程中,刚好行业出现了某个热点事件,如果能够巧妙地融合,也会获得不错的曝光机会。

拉行业头牌做背书。在产品的所属行业中如果有大牌企业,可以拉其为自己做背书。小米在成长的过程中，其实就经常拿苹果进行对比，另外锤子手机在进行发布会宣传的时候，也拿苹果手机进行正向对比，自然而然地提升这个初创品牌子的格调。

其他产品方面，推出新产品或具有创新功能等，比如好未来集团推出“大海”这个产品，也被媒体大量报道，这是企业所乐见的。

四、新媒体运营策略

对电商网站来说，媒体是一个很好的渠道，它对企业的品牌提升具有非常巨大的贡献，尤其是互联网媒体。但如果要说互联网媒体中什么最火，最有可能带来爆发式的品牌传播，那一定是新媒体。

我们可以发现博客、微博、微信等新媒体把传统媒体从高高的庙堂拉到了人人皆可的自媒体里。但是很多电商企业在运营新媒体一段时间以后.就会发现做得风生水起的寥寥可数，做得高不成低不就的比比皆是。其实，新媒体也不是什么神奇的东西.只要大家抓住它们的特性，有针对的运营，效果可以得到很大改善。

首先，新媒体是聚众平台。新媒体能把一个个分散的独立的个体聚合成一个群体，这个群体可以是100人、1000人、10000人、10万人、100万人、1000万人，但他们有一个共同的特点，100万个人都是被一个人所吸引的，其实这就代表一个公众演讲一样，1对多人进行演讲，可实现一个人掌握100万人的发言的主动权，粉丝越多就代表影响力越大。其次，要认识到新媒体是一个平台的运作，光靠单打独斗是成不了大气的。

例如，一个电商企业运作自己的项目，都是靠自己的资源、资金来运营企业，然而当企业发展到一定程度，就需要借助外来的资源做大企业，招商、引人入风险投资、上市都是在平台运作。平台运作，就是指整合所有资源为企业所用，平台的商业模式是商业模式之王。同样我们运作新媒体，也要用平台思维来运作新媒体，作为新媒体最令人头痛的事情就是，好的内容何处来。

如果靠自己做内容，每天创作内容、写文章会让自己累死。每一天都需要问自己一个问题，今天发什么内容给粉丝。其实这个时候我们应转变思维，用平台的思维运作，微信、微博上包含大量的信息，其实我们只要做一个小小的整合就可以了，一切的内容都来自微博、微信，还用担心自己的微博、微信里没有内容吗?

不过，除内容之外，一定要有明确的定位，自己准备做哪个行业里的平台，是电商行业还是销售行业，是相亲行业还是健康行业，是文学行业还是教育行业，这些都需要有很明确的定位。比如，中酒网的微博定位就是酒类电商微博，内容始终围绕酒和中酒网进行展开.这就给内容运营带来很好的定位。

再次，主动分享资源。一部优秀的电视剧，导演要先成就电视剧里的每一位演员，做电视剧宣传要先推广演员，只有把电视剧里的每位演员捧红了，这部电视剧才会大卖，《还珠格格》不捧红赵薇，一定也不会大卖，如果这部电视剧全部由导演一个人来演，那还会大卖吗？所以，总是抱着“舍不得让出自己的资源，转发微博、分享微信里的文章都要去考虑一下对方能否同时帮助到自己，能否得到自己想要的利益”的态度，是不可能有所作为的。只有舍得让出自己的资源，成就更多的人，最后所有的人才会来成就你。

最后，集中火力猛攻关键点。每个人都不是超人，时间精力都有限，所以，只有专注才能取得成就，好比一个优质的运动员，如果他今年练习跑步，明年练习跳水，后年学习跳高，请问他能取得世界冠军吗？在互联网上做营销，有一条定律：如果做一件事，没有达到极限，不会起到任何的营销效果。所以，做新媒体营销时，如果没有集中资源找准关键点发力，而是一开始玩微信、微博营销就玩矩阵模式，就很可能浪费资源，达不到预期的效果。只有把资源集中到关键点上，才会达到核裂变的效果。所以先在一个方向上认真做好一个微博号、一个微信号，等到粉丝累积到一定量时，自然引起质变。

如果你用心认真地去做一件事情，并坚持不懈地朝一个方向前进，是不可能不成功的—送给所有的电商人。

流量是电商的生命线。而在当今新媒体蓬勃发展之际，微博以其巨大的传播效应及互动效应成为众企业的营销必争之地。多组数据表明，微博和电商有着天然结合的契机。

微博巨大的营销前景成为电商必争之地。2012年的京东易购815大战给整个电商市场上了一课。微博上，刘强东与易购官博及苏宁易购李斌微博翻来覆去的唇枪舌剑，双方牢牢抓住用户痛点“价格”，并互立“比对方价格低”誓言，赚足眼球。令人惊讶的是，第二天上线双方商品重合率极低，承诺的许多低价商品均显示无货，并且这时候京东被媒体爆出在大战前夜临时抬高价格，当天再予以打折。一时间舆论焦点转向对“电商大战”沦为口水战的批判。我们可以简单看下当时双方各自的策略，首先是京东一方：

刘强东表态“大家电三年零毛利，即日起京东所有大家电保证比国美、苏宁连锁店便宜10%以上”，并表示将招聘5000名线下的“美苏价格情报员”，人肉比价。

苏宁电器2012年上半年营收471.9亿元，其中线上业务仅占11.2%。拆开来看，易购处于亏损状态，苏宁通过线下的高利润向线上输血，以达到制衡京东的目的。

刘强东此番将比价对象挪到线下，就是为了强迫苏宁产品线上线下同价、大幅压缩线下连锁店利润。至于为什么打大家电企业，刘强东自己也在微博中给出解释：因为苏宁大家电毛利率高达25%，只有大家电才有足够的价格战空间。

价格战直指对方盈利的线下业务和毛利最高的大家电。

另外一方苏宁的策略：最简单直接的办法往往最有效，苏宁易购反击的两个关键词是“全品类低价”和“价差双倍赔付”。

苏宁的“大杀器”就是价差双倍赔付，这也是电商网站首次将低价和赔付挂钩，思路还是价格决定一切。这样做的底气是刚刚募集来的130亿元资金及账面上逾200亿元的现金储备。

随着消费者网购习惯逐渐养成，线下连锁店模式没落，苏宁的转型需要孤注一掷，这也是张近东质押自有股份募资、背水一战的原因。

可以明显发现两者的气势都很大，口水归口水，来看看大战后的成绩单：轰轰烈烈的“苏京大战”在15日当日以5600万条的讨论量稳居新浪微博热门话题榜榜首；大战后苏宁易购Alex排名飘升900位，京东商城Alex排名也急剧上升60位，持围观态度的天猫的排名则下降了9位。

在消费者经历一场感受并不好的“价格战”洗礼之后，天猫的“双十一”活动则以其铺天盖地的新媒体广告引发所有媒体的关注。在狂欢节当天则通过官微不断直播最新战绩，引发几乎所有媒体官微及企业官微疯狂刷屏，以至于“今天，你被天猫了吗?”一时成为博友口头禅。

但是，情况正在发生变化，在消费者被电商的噱头市场教育后，已经开始关注电商真正的价值。与此同时，营销变革正在发生，以核心价值为基础的新媒体营销将颠覆整个电商营销格局。在新的格局形成过程中，我买网正在以其“价值链”为核心，驱动整个采购、仓储、物流多个环节，搅动整个电商格局。并引发由营销驱动的电商格局洗牌。

电商业界人士表示，电商的下一个机遇在于找准细分点，精细挖掘用户未被深挖的营销点，差异化是电商发展未来的方向。我买网凭借其对新媒体营销2.0时代出色的领悟，打通整个采购、仓储、物流多个环节，或将重塑整个中国电商格局。

第六节　电商运营口碑策略

现在电商之间的竞争越来越大，营销成本越来越高，尤其是大量的同质化电商平台不断出现后，用户流失的速度也在加大，这就要求电商企业不断追寻能够以最低代价获取高质量用户的模式或方法，毫无疑问，这个最好的方法就是做好电商企业的口碑。

当然，做好口碑不是一天两天就能完成的，这需要在所有的环节用心处理，提供给用户超出预期的服务和产品，在这个过程中也需要讲究一些方法和技巧，本章将就口碑策略内容与读者详细交流。

一、电商口碑营销的意义

口碑营销一直是营销者的一个重要而不可忽视的工作。虽然现在新的营销思想层出不穷，很多广告策划公司也都在大力向企业推销各种营销高招，甚至出现了形形色色新的传播媒体. 但是建立良好的口碑对一个企业来说尤为重要，那么怎么做口碑营销呢?

消费者一直都很重视直接向他们表达的意见。营销者可能会将数百万美元花费在精心设计的广告活动上，但是，真正让消费者下定决心的往往是简单而且免费的东西，比如来自信任来源的口碑推荐。

事实上，在所有购买决策中，有20%-50%的决策背后的首要因素是口碑。当消费者首次购买某种产品或者当产品相对较为昂贵时，口碑的影响力最大，因为与其他情况相比，在这种情况下人们会进行更多的调查，寻求更多的意见，并且考虑的时间更长。口碑影响力或许还会不断上升，数字革命扩大了其影响范围，并加快了其传播速度，使得口碑不再是一种关系密切的行为，也不再是一对一的沟通。

如今，口碑是以一对多的形式传播：人们会在网上发表产品评论，并通过社交网络传播其意见。有些顾客甚至会建立网站或开设博客，来表扬或惩罚某些品牌。

随着在线社区的规模、数量和特色都有所提高和加强，营销者逐渐认识到口碑的重要性与日俱增。但是，衡量和管理口碑绝非易事。我们认为，可以对口碑加以剖析，以便确切地了解它为什么能够发挥作用。它的影响可以用“口碑价值”指数法来衡量，这是衡量品牌产生有效影响消费者购买决策的信息能力的指标。了解这些信息如何发挥作用以及为何会发挥作用，可以让营销者设计出相互协调而且一致的回应方式，以便在恰当的环境下将恰当的内容传达给恰当的人群。这一做法会对消费者所推荐、购买并保持忠诚的产品产生极大的影响力。

这是一个用户占主导的世界，随着消费者获得过多的信息，他们越来越怀疑由企业主导的传统广告和营销活动，越来越喜欢基本独立地做出购买决定，而不受企业产品信息的左右。

这种力量在结构上朝着消费者倾斜，反映了人们时下做购买决策的方式。一旦消费者决定购买一项产品，他们会首先经过产品体验、推荐或打造知名度的营销活动中筛选出一组初选品牌。在消费者收集来自各种渠道的产品信息并决定购买何种产品的过程中，他们会对这些以及其他品牌进行积极评估。然后，他们的售后体验会为他们的下一次购买决策提供依据。

信息所传递的内容是口碑产生影响力的第一个关键因素。在多数产品类别中，如果要影响消费者的决策，信息的内容必须针对产品或服务的重要特性和功能。例如，在手机类产品中，设计比电池寿命更重要。在皮肤护理产品中，关于包装和成分构成的口碑比有关产品为人们带来的感觉这类情感信息更有影响力。

第二个关键推动因素是信息传递者的身份，口碑接收者必须信任传递者并相信他真的了解所说的产品或服务。

第三个关键因素是传播口碑的地域环境，其对信息的影响力至关重要。与通过分散的社区传播相比，在彼此信任、关系密切的圈子中传播的信息覆盖范围通常较小，但影响力较大，部分原因在于，我们信任其意见的人与我们所重视的圈子的成员通常存在密切的关联性。正是由于这个原因，在餐桌上提供推荐意见的传统方式以及与之类似的在线方式现在仍很重要。

口碑价值能够让企业了解口碑对于品牌和产品的市场表现所产生的相对影响力。

另外，口碑价值所具有的灵活性让我们能够衡量它对企业、产品和品牌的影响，而不论其所在的产品类别或行业如何。由于它衡量的是市场表现，而不仅仅是信息的数量，因而可用来分辨是何种因素推动或损害着口碑影响力。营销商要将知识转化为力量，这两点洞见至关重要。

二、如何建立良好口碑

菲利普•科特勒说："口碑是由生产者以外的个人通过明示或暗示的方法，不经过第三方处理、加工，传递关于某一特定或某一种类的产品、品牌、厂商、销售者，以及能够使人联想到上述对象的任何组织或个人信息，从而导致受众获得信息、改变态度，甚至影响购买行为的一种双向互动的传播行为。"一个良好的口碑代表企业在一定条件下在该行业的市场占有率,因此,企业建立良好的口碑显得非常重要,那么企业应如何建立一个良好的口碑呢？本节提供了5个建立良好口碑的方法。

(一)以服务赢口碑

首先,周到而细致的服务最能体现企业对消费者的关怀,最能赢得消费者的独特青睐,要想征服消费者,就得让消费者心服口服。因此,企业不仅要提供物质上的服务,更要在情感上真诚付出。

其次,服务更是赢得良好口碑的关键性环节,也是消费者最为关注的话题之一。企业不但要为消费者提供最周到的全程式服务,以赢得消费者的认可,还要提供增值化服务、差异化服务、创新式服务等特别服务去征服消费者。

通过服务来赢得口碑的案例可以参考海底捞,它的服务往往能给用户带来超过其预期的效果,从而实现很好的口碑传播。

(二)以情感赢口碑

品牌分物质层面与精神层面,消费者所需要的不仅仅是物质层面的满足,更需要获得精神层面的满足。他们往往更关注品牌或产品所带来的附加价值,以满足消费者情感上的需要,以及引起他们的情感共鸣。因此,在口碑传播过程中,情感这一要素就显得非常重要。

(三)以公益赢口碑

公益活动最容易为企业树立良好的社会形象,使企业获得较高的社会美誉度,尤其对于公益活动的受益群体,往往就会成为品牌良好口碑的传播者。

在淘宝购物的时候,我们会发现很多产品都与淘宝的慈善平台进行合作,淘宝卖家每卖出一件商品的时候,就会自动捐赠很小的一笔费用给公益机构,通过这种公益方式,淘宝也赢得了一定的口碑。另外,腾讯的“公益404页面”项目也给腾讯的形象提升了不少,这种公益项目促进了社会的进步,每个用户都会给予极大支持。

(四)以专业赢口碑

格力电器之所以能在市场上纵横笑傲,最重要的原因是在消费者心目中,格力电器首先就代表着“空调”,其次它意味着“空调专家”,而在这两点好口碑的创造上,更是让格力电器的竞争对手都无法望其项背。只有专业化才能培养企业的核心竞争力,以达到建立良好口碑的效果。

从专业角度来讲,京东也是一个很好的例子,尤其以其高效的物流被大量用户称赞。

(五)以事件赢口碑

以事件赢口碑就是指通过制造新闻事件来吸引媒体的关注,进而再通过媒体的广泛传播,以达到预期的宣传目的。

这类案例非常多,比如凡客就策略了很多事件营销,赢得了大量的口碑。一直非常火的蓝翔也是主要靠事件来赢得大量的口碑,那句朗朗上口的"挖掘机技术哪家强"被大量网民啧啧称赞。

我们可以结合上面的5种方法来建立一个良好的口碑营销体系,从而更好地服务我们的电商。

三、优秀口碑营销思维

在中国做电商,口碑做得最好的电商企业之一莫过于小米公司,这家成立于2010年的手机公司,以超快的速度获得了成长,被广大用户认可,这背后的原因,最为核心的因素就是口碑。本节会结合小米的发展特点来总结中国电商的优秀口碑营销思维。

(一)口碑为王,营销就是做口碑

某搜索引擎公司就深谙这个道理:"一切以用户为中心,其他一切纷至沓来。"2004年该公司推出电子邮件服务时,就完全依赖于口碑。当时,该公司只提供了几千个电子邮件试用账户,想要试用的人,必须有人邀请才行。这些数量有限的"邀请码"迅速在全球流行,被用来交换各种各样的东西,比如到迪拜度假两夜,或者交换旧金山的明信片。

不少淘品牌的崛起也依靠口碑传播。比如"韩都衣舍"凭借快速跟进时尚的设计和选品,在各类购物社区中都是女性用户推荐分享的重点品牌;又比如坚果品类的淘品牌"三只松鼠",在口碑传播之下越卖越火;另外还有阿芙精油、新农哥、花笙计等。

传统的商业营销逻辑是因为信息不对称,传播就是砸广告做公关,比的是谁的声音喊得更响亮。但是,新的社会化媒体推平了一切,传播速度大爆发,信息的扩散半径得以百倍、千倍地增长,频繁出现了"一夜成名"的案例。

信息对称让用户参与直接点评的能力大大增强。一个产品或一个服务好不好,企业自己吹牛不算数,大家说了算,无论是好消息还是坏消息,大家很快就可以通过社交网络分享。信息的公平对等特性,也使网络公共空间具备了极强的舆论自净能力,假的真不了,真的也假不了。

小米公司是这方面的优秀代表,大量引导用户点评和传播,造就了小米手机的大量免费曝光。

(二)口碑的本质是用户思维,就是让用户有参与感

基于互联网思维的参与感,对传统商业而言,类似科幻小说《三体》里的降维攻击,是不同维度世界的对决,更通俗地讲是“天变了”。

消费者选择商品的决策心理在这几十年发生了巨大转变。用户购买一件商品,从最早的功能式消费,到后来的品牌式消费,到近年流行起来的体验式消费,而小米发烧友参与其中的是全新的“参与式消费”。

为了让用户有更深入的体验,小米开放做产品、做服务的企业运营过程,让用户参与进来。每天大量的小米工作人员收集用户提交的意见或者建议,从而不断地根据用户改善产品,如此的用心服务,用户的参与感得到了真真切切满足,口碑传播自然非常快。

(三)口碑是与用户做朋友

用户和企业之间到底是一种什么关系才是最理想的。千千万万的用户有千千万万的想法,他们为什么要认可你的产品?认可了你的产品之后,为什么要主动帮你传播?

社会化网络的建立是基于人与人之间的信任关系,信息的流动是信任的传递。企业建立的用户关系信任度越高,口碑传播越广。

做企业就像做人一样,朋友才会真心为你传播与维护你的口碑,朋友是信任度最强的用户关系。

小米的用户关系指导思想就是——和用户做朋友!这在小米论坛体现得淋漓尽致,所有的用户提问质疑,都会被工作人员在最短的时间内进行回答。

(四)好产品是口碑的本源和发动机

一个企业想拥有好口碑,好产品就是口碑的发动机,是所有基础的基础。产品品质是1,品牌营销都是它身后的0,没有前者全无意义。而如果产品给力,哪怕营销做得差一点,效果也不会太难看。

小米营销是口碑传播,口碑本源是产品。所以基于产品的卖点和如何表达卖点的基本素材是传播的生命线。

每一次新品发布,把发布会演示文稿做好,把产品做好就算是完成了一大半。

这与很多大企业的逻辑完全相反,用户因为一句精美的广告词就购买产品的时代一去不复返。在小米社区可以看到,用户购买前会仔细阅读产品特性,搜索对比和评测,甚至连产品拆解都会阅读。每个用户都是专家,甚至比企业工作人员还了解竞品特点。

(五)做口碑可以零成本

黎万强带队启动小米第一个项目MIUI时，雷军曾说，你能不能不花一分钱做到100万用户？方法就是抓口碑。因为你没钱可花，要让大家主动夸你的产品，主动向身边的人推荐，就只得专心把产品和服务做好。

在小米利用新媒体做大口碑的过程中，我们可以发现，其实整个过程的成本都是极低的，前期甚至可以说为零，但是带来的效果确实非常巨大。

以小米为原型的中国式优秀口碑营销思维可以复制到所有的电商企业，与用户做好朋友，让用户具有强烈的参与感，做好做扎实产品，才能真正发挥好口碑这项电商营销利器，为电商发展赢得宝贵用户。

第六章　移动互联背景下打造电商运营治理机制

第一节　电商营销管理机制

在电商运营过程中，建立营销管理机制也是非常重要的一个环节，比如整合营销如何实施？如何管理？有哪些阶段？这些都是需要注意的问题，本节通过四个方面对这些问题进行梳理，分别是效果评估机制、营销方向与定位、确定资源方向与执行以及开始全面资源测试。

一、效果评估机制

针对电商营销的效果评估机制建立，一般是先对现状进行评估，再做宏观预算计划，下面我们依次来看这两个部分的内容。

(一)对现状进行

首先对现况能力进行综合评估，再结合评估结果制订宏观的营销实施计划及预算。当然制订营销计划时我们需要分析战略、组织能力、数据信息管理系统和外围合作商关系等。

1.战略

战略是所有平台基础的支撑点，我们在做营销的时候必须清楚自己平台的企业愿景、定位、财务目标、竞争策略，以上为基础战略。另外在笔者看来除了以上5点，我们还需要清楚运营流程、决策流程、业绩衡量为主的三大业务执行流程。

2.组织能力

我们知道了战略构成，也知道了执行业务流程，接下来就需要考验组织分配的能力。战略是让执行有方向依据，而流程能让执行过程更为畅顺。理顺这两点后，更为重要的就是做好组织与分配，所以在这里笔者更愿意把它们分为几种模式:那就是首先从组织架构开始分解，其次从角色与职责进行分配，再次按部就班落实管理模式，最后制定好角色之间的管理考核。

比如，在执行一个营销策略时，知道定位、目标、竞争策略并制定相应的流程后，我们要开始进行人员的分配，落实每个角色权重、职责，以及执行表、进度表、考核表等。

3.数据信息管理系统

战略与组织能力搞定之后，我们需要了解现况的软硬件支持，并开始分析平台在面对营销执行后能做到的支持情况，另外考虑数据源头的统计和分析能力能否得到很好支持，这就需要我们建立一套强大的数据信息管理系统。

4.外围合作商关系

在内部的战略、流程、组织、后端支持稳固后，接下来就需要针对目前平台与外围的合作和关系进行重点关注和分析，比如目前平台的市场推广状态、与竞争对手的合作平台、未来将进行的合作商的关系如何等，从而设定相关训练和预算。

二、宏观预算计划

宏观预算计划是很重要的一个步骤，虽说不能准确到目标实现，但是在初步了解第一大点后，我们可以以初步的"拍脑门"的形式制订宏观计划与预算以此作为目标进行执行，这将有助于落地执行的开始，当然计划和预算设定后需要多次调整和修正，根据每周、每月、每季度、半年度实时调整。笔者的经验显示，其实第一季度的计划和预算是最不靠谱的，当第一季度执行后，后续三个季度预估的准确率基本就能达到85%以上，当然这还需根据行业的特性、人群的需求、气候的判断、营销模式的实时调整，最后是数据的汇总分析以及问题解决的倒推论进行预估。

那么宏观的计划与预算应从哪几方面开始呢？笔者更愿意从这几点进行设定：

一年内营销管理项目实施主要的工作内容，为项目和目标设定优先级。以冲刺销售和利润为优，以改造平台功能为副，以销售任务改造需求作为突发点，解决销售过程的各种问题；改造平台的用户体验，以用户体验需求改造更多的网站产品功能，当然这需要在团队人员紧缺的情况下进行改造，如果在团队人员可满足的情况，不建议这样做，因为这样做无法满足实时性。

进度时间表。时间进度主要用于核对相关的项目执行进度，并每周落实进度实现情况，实时了解完成情况。以便应对突发项目的插入以及调整。

主要项目实施阶段(里程碑)。很多时候大型项目需要分阶段开发，或者逐步完善，那么很多营销策略也是一样，如同笔者的团队里面就出现商务团队洽谈了很多合作，结果却出现很多问题，比如技术的对接、商务合作预算、商品的满足、财务对账等，而且很多项目都很重要。这时需要考验的不光是团队协作的问题，而是你如何设定相应的措施以应对，那么如何将好几个项目进行切分并与各个部门联合执行呢？笔者建议制定项目分解法，分阶段执行。比如优先能带来销售的项目就可以作为最紧急执行项目，无论市场、运营、技术、采购都必须以最快的速度完成第一步，先让项目启动，启动后，更为重要的工作就是执行优化内容（设计、SKU详情、商品定价、技术实效提升、财务结算流程优化等）。在基础工作的推动下，第二步由双方共同推动，即联合对方发起联营活动，完成资源挖掘、销售提升、单价提升、减少跳出、改进体验等工作。第三步每月或者每周沟通执行情况，当然经过这三步的执行后，双方的合作应该有了一定的合作销售基础，这时候，可以深度挖掘合作对方的一些更深的频道以及模式，同时把双方的想法提交给第三合作方作为参考。

财务预算是最后的"表哥"要执行的事情。各种EXCEL的公式以及制定计算法则从这里开始，比如项目价值测算、财务指标、非财务指标、项目成本预算、人力成本、咨询费用、信息管理系统投资等。实行了以上两大点后，就可以建立起一个很好的电商营销效果评估机制，这对后期的策略优化具有非常大的好处。

二、营销方向与定位

营销的方向与定位是指基于目标的营销策略和基本准则，这对营销执行具有良好的指导作用。要确定营销方向与定位，一般可以分为两个阶段，分别是发现营销资源和明确营销职责。

（一）发现营销资源

设定好电商平台全年指标，以全年指标作为衡量源头，用全年指标进行指标细分。

完成营销设计中各个环节的设计后，还得看流量的分解，即明白那些重要因素的形成原因。针对流量，笔者列举了几项重要的分解指标和考核标准，用于细化每天乃至每月的可带来新用户的流量指标，并形成计划和落实责任人，希望对读者有所参考和帮助。

当流量与营销设计完成后，我们需要考虑的重点就是在营销费用的合理控制下进行试错。比如活动运营支持这项是考虑让利给新用户，或者激发老用户的复购率，而这块费用是最不能被忽视的，力度小，新用户转化难，老用户复购率降低；力度大，则营销成本压力大。所以笔者在控制这个预算的时候，会和采购部门、财务部门进行商讨，并设定一个合理的运营支持预算比率，这样成本就可掌控在合理范围，针对比例，需要你详细核算，如果希望比例控制得更完美，那需要财务配合提供经营数据。如果要更加精准掌控运营成本的合理度，也需要采购部门大力支持。

与采购沟通能执行两大项：

与供应商可洽谈费用或者货品支持；

进货成本沟通，这样可使你在精细化运营预算支持方面更有把握。

当预算以及营销执行之后，就需要进行总结核算。我们必须核算此次营销带来每个用户的转化成本、每个渠道投放的转化成本、每笔订单成功交易的成本、新用户需要多少次的复购率才可回报成本并形成最后妥投成功的订单占比。总结完这几项，最后就是大总结大核算，把基础运营费用（各种费用）进行清理核算，就可得出整体营销成本，并形成问题的输送出处提供给各个协作部门，以便清楚每个环节的问题和效果。

（二）明确营销职责

此阶段其实就是以营销的基础为主，对各个岗位进行基础定位，明确营销职责，只有形成了职责，方可落地执行。

三、确认资源方向与执行

确认资源方向后，才能更好地执行，这是营销管理机制中重要的一个环节，它包含资源分类、资源测试和执行推广三部分，通过这三部分来对资源方向与执行进行详细讲解。

（一）资源分类

根据营销方向与定位，我们在对资源进行利用时，可先对资源进行合理分类，这里有5个步骤。

把可投放的资源分类作为整合资源的基础起点。在做营销的过程中，更多的是在不断对执行过的合作资源进行筛选，对互联网上各种可合作的资源进行筛选，当资源库达到一定程度时，我们就需要进行分类。

根据资源分类推送相应的活动、商品、政策。当我们把资源分类后，接下来需要了解资源的一些特质，从而推送一些相应的策略，策略包含对应资源分类的活动、商品指定的定价、指定通道政策等。

第三方平台的合作管理模式。这个主要为帮助我们自身更加精准地判断该平台的产出、客流、人群质量提供参考依据，最终形成我们对未来合作的评估标准。

第三方平台的资源分解和协调。在执行过程中，我们可能会发现中途出现不少关于第三方效果不佳的问题，这个时候需要及时进行调整。需要注意的时候，在执行相关计划时，我们可以把执行过程之中不断优化、调整的一些措施做到实时与合作方共享和优化。

创造良好的环境有利于初期测试。具备以上各种执行前的条件后，我们需要落实资源相关的策略。在准备执行营销之前，我们可能需要创造一个良好的测试环境，无论是内部或是外部。

（二）资源测试

有了前面的准备，接下来就对所有的资源进行测试了，这里主要分为两个步骤。

1. 人员培训。在计划策略出来前，我们需要制定相关的培训方案，从策略、商品陈列运营、站内广告运营、选品策略、设计创意、技术实现功能与须知流程、客服技巧及细则、库房告知都需要有相应的培训策略。

2. 实施活动执行流程与执行营销业务计划，对每项具体的资源进行前期的测试和准备，这需要一个过程，但非常有必要。

（三）制定手册

当执行前两点后，我们需要制定各种手册。执行手册的主要作用是辅助我们的工作人员高效执行，保证各个环节不出现相关的误区，同时确保营销每个环节能够很好地执行到位，出现问题及时调整，可预测相关的问题，最后执行详细的推广计划书。这些执行手册或文档可参考下面的11种。

完善营销管理标准手册

标准业务流程手册

高效营销优化手册

高效促销执行手册

货架陈列管理手册

受过专业训练的队伍

初期测试实际操作经验

可行的支持条件

供应商支持

信息管理系统升级

完备的全面推广计划书

四、试错与全面测试

无论是差异化创意营销手法或产品差异化手法，进行试错都需要分析市场是否包含了相应的模式，并且了解自身将要执行的模式是否与市场现有的模式吻合。了解这些内容后，我们更需要设定可试错的预算范围，以便后续设定试错的周期时长和计划。

重点关注试错注意项，在执行之前必须注意的就是各方统计人口的布局，涉及如何布局相关的统计，并设置报表规则。

试错就是不断及时找出问题，并知道自己存在的错误模式。执行过程中随时调整方案，纠正错误，保持良好的措施，从而暴露出营销项目中更多的问题，最终设定排除无效模式的方案。就这样不断地执行一系列的排除法，直到试错周期结束后形成一些报表。

知道什么是试错及分析试错产生的报表后，后续涉及实现第一轮的营销推广。当然，我们在这里也需要分阶段进行，最后才考虑全面测试主导项目。

(一)第一轮营销推广

对内部已经成型的项目进行划分周期性的上线，实现分阶段对外推广。

(二)第二轮营销推广

基于试错和第一阶段的营销推广九宫图，我们需要汇集数据并分拣，进行优质化的整理与调整，优先上架力度大的项目，以及通过网站内比较好的频道向外推送。在第二轮营销推广中，我们需要结合使用内功测试模式。通过测试内部会员来形成标准，虽然不营销更忠诚的或者高质量用户，或多或少都可能引起一些老用户的反感，毕竟这一轮采用的是硬推模式。

(三)全面营销推广

经过初期试错、第一轮、第二轮推广，我们全面收集了内外营销的数据，接下来需要把新项目通过营销手段推送到市场。前面的测试也证明了新项目上线的必要性，并获取了各种报告，项目上线后也可以实现最大化的营销推广投放。这个时候企业可通过外围资源与内部资源极力将营销推送给新老用户。

在这里我们仍然要重点关注的是在推广后，企业内部运营力度要保持高质量的态势。这样才能最大化营销资源的价值。

第二节　电子商务安全

随着电子商务在全球范围内迅猛发展，电子商务中的安全问题日渐突出，由于电子商务涉及的领域包括密码学、计算机网络、操作系统、数据库、安全协议、通信技术、电子技术等，是一个多种技术的集合体，所以其安全问题更复杂，面临的挑战和威胁更严峻。电子商务安全简单可分为两类：交易安全和网络安全。本章将简单介绍交易安全，重点介绍网络安全。

一、交易安全

交易安全需求包含四个方面：机密性、完整性、认证性和不可抵赖性。理论上在保证网络安全的基础上，现在成熟的技术基本可以实现这四个方面的安全需求。

（一）机密性

为了保证交易传输的安全性，网络传输数据采用加密技术传输。现在，专用密钥加密（如3DES、IDEA、RC4和RC5）和公钥加密（如RSA、SEEK、PGP和EU）可用来保证传输的机密性。公钥加密（非对称加密算法）的特征是收信方和发信方使用的密钥互不相同，而且几乎不可能从加密密钥推导解密密钥，它能抵抗到目前为止已知的所有密码攻击。

（二）完整性

为了防止数据传输的意外差错、信息丢失或欺骗行为，可能导致交易各方信息的差异，可通过提取数字认证技术来保障。数字认证可用电子方式证明信息发送者和接收者的身份、文件的完整性（如一个发票未被修改过），甚至数据媒体的有效性（如录音、照片等）。随着商家在电子商务中越来越多地使用加密技术，人们希望有一个可信的第三方，以便对有关数据进行数字认证。目前，数字认证一般都通过单向Hash函数来实现，它可以验证交易双方数据的完整性。

（三）认证性

企业或个人的交易通常都是在虚拟的网络环境中进行，所以对个人或企业实体进行身份确认就成为电子商务中很重要的一环。一般采用证书机构（CA）和证书来实现。CA是提供交易双方身份认证并保证交易安全进行的第三方服务机构，它承担网上安全电子交易认证服务，能签发数字证书，并能确认用户的身份。认证中心通常是企业性的服务机构，主要任务是受理数字证书的申请、签发及对数字证书的管理。

(四)不可抵赖性

电子交易通信过程的各个环节都必须是不可否认的,可通过对发送的消息进行数字签名来实现。“数字签名”是通过密码技术实现电子交易安全的形象说法,是电子签名的主要实现形式。它力图解决互联网交易面临的几个根本问题:数据保密、数据不被篡改、交易方能互相验证身份、交易发起方对自己的数据不能否认。“数字签名”是目前电子商务、电子政务中应用最普遍、技术最成熟、可操作性最强的一种电子签名方法。它采用了规范化的程序和科学化的方法,用于鉴定签名人的身份以及对一项电子数据内容的认可。它还能验证出文件的原文在传输过程中有无变动,确保传输电子文件的完整性、真实性和不可抵赖性。

二、网络安全

电子商务市场规模飞速发展,从2004年的49亿元激增至2016年的12.3万亿元。在如此大的市场规模下,必然有越来越多的企业要进入电子商务领域分一杯羹。而在其蓬勃发展的表象背后,安全现状令人担忧。

电商企业信息安全现状从电商企业角度来看,虽然电子商务发展带来了极大便利,但也给黑客的入侵提供了契机。

(一)业务阻断

通过技术手段阻断用户对网站的正常访问,DDOS(Distributed Denial of service,分布式拒绝服务攻击)是最常见的一种。黑客会通过肉鸡(被植入木马、可远程控制的计算机)远程控制成千上万台电脑同时访问某个网站,使得瞬间访问容量超出电商网站所能容纳的上限.这时候就会造成网站瘫痪。给电商带来巨大损失。对于大型电商企业,可以通过购买防DDOS设备和带宽来对抗攻击,但需要投入大量资金,而遭受攻击的原因往往是黑客对电商进行勒索或者竞争对手对其进行攻击。

(二)服务器/网站被植入木马后门

通过各种手段,服务器被黑客植入木马后门程序,轻则电商网站被挂马,作为一个木马的传播平台,影响电商网站的名誉,重则黑客完全控制服务器,泄露机密数据。

某知名电商网站服务器被植入后门程序,黑客可以实时查看数据库订单信息,把信息卖给诈骗团伙,诈骗团伙通过获取的实时信息对买家采取各种手段诈骗,导致大量用户受到诈骗,损失巨大。诈骗团伙首先冒充网站客户,以“维护升级,订单无效,需退款”的理由给网站用户打电话,同时将用户所购商品的名称、订单号、快递信息报得一清二楚，打消用户疑虑，最终通过钓鱼网站把用户的银行卡洗劫一空。

(三)漏洞入侵

通过漏洞(公开或未公开)获取服务器权限，窃取数据库信息，如客户的用户名、密码、订单号、银行账号等，还有商家的协议、合同、银行的指令和认证等，这使得用户交易信息的安全更加得不到保障，甚至可以篡改商品价格，引起用户哄抢。

(四)自身安全体系不健全

由于自身安全体系建设不健全，造成机密信息泄露，常见的情况有以下几点：

许多电商网站系统架构设计不合理，数据访问层和业务层并未分离设计，导致机密数据泄露。

许多电商网站对会员信息资料使用的是明文而非加密的保存方式，导致数据库泄露后，信息就泄露，曾经泄露的京东商城的数据库信息早期就采用明文保存，后来改成了加密方式保存。使用加密方式保存，即使泄露后也加大了黑客破解的难度，从而降低数据完全泄露的风险。

许多电商企业并没有对网站及服务器采取任何安全防护措施，导致稍微懂点攻防技术的黑客就能轻而易举地入侵电商服务器。

电商企业内部多数技术人员都拥有访问后台会员数据的权限，一些业务部门也可以得到这些访问权限。这样不仅内部员工可能造成数据泄露，而且黑客通过入侵员工的计算机而获得访问后台的权限。

四、个人用户安全现状

由网站用户个人安全意识薄弱，一个密码通行多个网站，一个网站的服务器被黑，信息泄露后，很容易导致网上支付等其他重要账号也一并失窃。

并不是所有的人都是网络安全专家，普通用户的个人计算机时刻都遭受着互联网的木马、病毒、钓鱼网站等威胁，稍不留神就可能造成用户名和密码泄露，甚至资金被盗。各式各样的木马、病毒横行，使普通用户防不胜防，“键盘记录木马”“网银木马”时刻窥探着用户敏感信息。

随着移动互联网技术的发展，越来越多的用户通过移动终端进行交易，其安全性也将面临日益严峻的安全威胁，比如移动终端信息被木马窃取、SIM卡被复制、WiFi传输数据被窃取，造成用户信息泄露和资金被盗。

五、黑客入侵流程

黑客是如何对电商进行入侵的？一般电商企业的网站是黑客入侵的第一选择，曝光的电商的网络安全事件大部分都是通过Web站点进行攻击，但黑客攻击的手法繁多，防不胜防，简单举例说明几种常用手法：

黑客首先对目标进行探测扫描，某些电商企业安全意识不强，网站后台容易被探测出来，有的仅仅通过简单密码猜解就能直接登录后台，复杂点的密码也可通过爆破加工的方法获取。

黑客通过公开的漏洞对Web站点进行攻击，如果网站未及时修补漏洞，则黑客很容易获得服务器权限。

黑客通过对Web站点进行深度漏洞挖掘然后进行攻击，比如SQL注射等。

如果网站不存在漏洞，并且安全防护做得非常好，黑客往往采取社会工程学进行攻击。

给网站管理员发送带有木马的邮件，或者通过入侵管理员经常登录的网站进行挂马。

给电商企业员工或者管理员邮寄带有木马的U盘、计算机。某电商的数据库就是通过此方法沦陷的，黑客冒充某知名互联网公司给某电商管理员寄送了一台带有木马的廉价笔记本电脑，顺利获得内网权限，最终导致该电商网站数据库泄露。

通过物理设备(如WiFi)接触到电商内部网络，某电商数据库泄露就是由于内网的WiFi网络被黑客近距离破解，在内网中进行渗透攻击，最终获得服务器权限。目前WiFi加密方式很容易被破解，黑客可以冒充业务员、快递员进入办公区域，通过破解WiFi侵入内网，获取相关信息。

六、传统电商防御技术

面对日益严峻的互联网安全问题，脆弱的安全壁垒频频遭受拷问，我们该如何面对？从电商网络安全角度看，传统的网络安全技术大概有下面几点。

(一)防火墙技术

防火墙技术是早期电子商务网站安全防范技术中发展较为成熟的一种，对于已知的攻击模式有很好的防御作用，它为网站建立起一道安全屏障，加强了网络存取和访问的监控审计，可以在一定程度上防止内部信息外泄。然而防火墙基于协议的防护具有很大的局限性。下一代防火墙强调了对用户和应用程序的控制，虽然包含了IPS,AV、应用控制、流量控制等新功能，但依然使用的是传统的安全检测引擎，所以仍然无法使得防火墙具备完全检测攻击的能力。即使专门应用于Web服务器的WAF(Web防火墙)也很难检测到经过特殊处理的后门程序，比如经过特殊加密处理的网站后门就能轻松绕过WAF。

(二)防病毒技术

现有的杀毒软件采用的防病毒技术,虽然能抵御住绝大部分的木马、病毒攻击,但对于有针对性的未知木马,一直是杀毒软件无法根本解决的问题,木马、病毒技术始终走在防病毒技术的前面。

(三)漏洞扫描技术

漏洞扫描技术最典型的应用是网络漏洞扫描器。它是一个漏洞和风险评估工具,用于发现、发掘和报告安全隐患以及可能被黑客利用的网络安全漏洞。然而对于公开的漏洞,网络漏洞扫描器可以帮助网站找到,但对于未公开的漏洞,则作用有限,黑客可以利用未公开的漏洞进行攻击。

(四)DLP(数据防泄露)

DLP关心的是用户个人信息,比如密码、银行账号等私密信息,但黑客在窃取信息后通常会做压缩和加密操作,然后通过隐蔽信道发送出去,这些技术手段都是DLP的检测机制无法检测的。

(五)入侵检测技术

防火墙只是一种隔离控制技术,一旦入侵者进入系统,他们便不受任何阻挡。它不能主动检测和分析网络内外的危险行为,捕捉侵入罪证。而入侵检测技术是一种对网络传输进行即时监视,在发现可疑传输时发出警报或者采取主动反应措施的网络安全技术。最常用的防御设备是IDS(入侵检测系统)、IPS(入侵防御系统)。但其有着和杀毒软件一样的缺点,对于未知威胁的防御和检测有局限性。各大安全厂商也在不断研究检测技术,进一步提高对未知威胁的检测能力。

(六)数据备份与恢复技术

任何安全防御技术都不是百分百安全,对于重要的数据要做到及时备份,这样才能在发生系统硬件故障、软件错误、人为失误、计算机病毒或自然灾害等破坏数据完整时起到数据的保护和恢复作用,将损失降到最低。

七、新型电商防御技术

现代成熟的电商网络防护体系是纵深的、立体的,一般会部署多台安全防护设备,包括防火墙(硬件防火墙、Web防火墙)、安全网关、IDS、IPS,以及各种安全设备。然而没有一种安全产品能保证百分百安全。随着各大安全厂商孜孜不倦地追求安全技术,新的安全产品也陆续面世,防护效果也大大提高。以下是部分安全厂商的最新研究成果。

(一)360“天眼”威胁检测系统

360“天眼”通过对网络攻击过程(未知病毒、未知恶意代码、特种木马、未知漏洞利用)的精确检测,充分利用自身多引擎、高精尖的深度检测能力,并将此能力与网关设备、防火墙、ID、IPS、PC终端系统，甚至移动终端系统、专业标准的威胁响应设备协同联动，共同打造企业内网“深度检测、精确防御”的新一代、多层次主动防御体系。

(二)中睿天下网络威胁感知溯源系统

目前，所有安全厂商的重心都放在提高检测率上，而没有关注攻击者是谁。

中睿天下网络威胁感知溯源系统打破常规，不仅仅能高效地检测威胁，而且能对攻击进行溯源，力求解决电商被攻击后，对攻击者一无所知的窘境。该系统主要解决以下四个安全问题：

智能感知攻击威胁。

还原攻击过程(可视化还原攻击者是如何攻击的)。

攻击溯源(分析攻击者的目的背景，甚至攻击者是谁)。

安全加固(防止二次攻击)。

该系统利用互联网大数据作为基础，采用人工智能自学习技术，对黑客攻击手法全面分析总结，对两亿多域名深度预处理，对千万个黑IP定向分析，通过全球部署的3000余台探针时刻捕获黑客动向，利用云端威胁关联平台，关联攻击者在互联网的其他攻击行为，最终分析出攻击者的目的背景，甚至攻击者是谁。

八、终极安全解决方案

作为电商企业，面对前面描述的种种风险，只要了解了其中的原因，有针对性地进行防范，通过技术手段和安全流程相结合，就可以显著降低其带来的风险。下面介绍电商企业应采取的措施。

做好流程和预案。比如，在核心业务网中不允许使用手机3G/4G上网，如无必要，也尽量不要采用WiFi方式。如果业务需要WiFi，应完善门禁制度和访客登记制度，这样会给黑客通过内网入侵增加难度。

电商客服、销售等部门使用的电脑应与财务部、办公室、服务器等核心网分开。两网之间不要通过U盘、手机等复制文件。客服应尽量避免点击或查看用户发来的网络链接、文件、图片等，这些内容中很容易携带病毒、木马等。

密切注意运营情况，遇到异常的用户拒付比例增加、用户不满快递态度、用户反映支付后未发货，应及时排除黑客和病毒因素。

部署最先进的完整的网络安全防护体系，从网络入口到内网终端，每个点都有相关的网络安全产品做支撑，尽可能提高安全性。

多从用户角度考虑，无论是网站还是移动客户端，时刻提醒用户可能出现的安全威胁。

制定严格的安全规范制度，加强内部员工安全意识培养，定期做安全相关的培训。

参考文献

[1]李乃秋，王丽平．传统企业电子商务的误区与创新思路[J]．企业管理，2016.

[2]丁慧平，侯文华，董坤祥．服务外包如何影响企业知识吸收能力与绩效？——运营经验和运营能力的调节作用[J]．预测，2016.

[3]邓秀琴，肖靖，陈泽，霍方超．农业众筹创意助推品牌农业——以湖北省竹溪县为例[J]．科技创业月刊，2017.

[4]郭馨梅，施珊珊．电商渠道与实体零售渠道融合发展的主要模式与对策[J]．商业经济研究，2017.

[5]纪瑞朴，王胤文．农商行系电商的困境与出路[J]．金融会计，2017.

[6]张芊．电子商务热潮后的冷思考——实体与电商的融合发展[J]．商业经济研究，2017.

[7]肖频．湖南农村电子商务扶贫模式构建研究[J]．电子商务，2017.

[8]马泽波．农户禀赋、区域环境与电商扶贫参与意愿——基于边疆民族地区630个农民的问卷调查[J]．中国流通经济，2017.

[9]支敏怡．商业银行电商发展模式SWOT分析[J]．现代金融，2017.

[10]王璐婷．新媒体环境下纪录片的营销手段[J]．新媒体研究，2017.

[11]吴潇．新零售业态的特征与前景展望[J]．互联网天地，2017.

[12]谢宏武，邵子琳．浅析媒体融合与电子商务的互补发展[J]．商场现代化，2017.

[13]周皓．从T20模式看电视内容融合电商的转型策略[J]．传媒，2017.

[14]范筱静．论我国跨境电子商务平台的海关法律责任[J]．国际商务研究，2017.

[15]王蕾．河北省县域特色产业与电子商务融合对策研究[J]．现代经济信息，2017.

[16]黄山松，钱国英．宁波电子商务产业现状与发展策略[J]．浙江万里学院学报，2015.

[17]尹冬华. 新模式激发慈善超市活力——南宁市与电商合作连锁运营慈善超市模式调研报告[J]. 社会福利,2015.

[18]侯光,鲍泓,王红蕾,薛晓霞,王春燕,魏智光,刘国成,高润泉,刘冬美,梁军,常胜军,刘爱华,肖芳,胡渤,陈道志,杨楠,鲍志林,段建. 中高本衔接框架下的中职电子商务职业教育教学探索与实践[J]. 中国职业技术教育,2015.

[19]徐琦,张续方. 电视与电商融合发展之路径探析[J]. 电视研究,2015.

[20]宋雪霞. 网络时代下店商的经营策略研究[J]. 广西社会科学,2015.

[21]王天铮,陈思遥. 解析电视与电商合作模式运营的本质与误区[J]. 电视研究,2015.

[22]覃一鸣,裘丽娅. 网络银行业竞争态势与电商系网络银行竞争战略分析[J]. 对外经贸,2015.

[23]王李. 互联网金融时代"银行小贷"与"电商小贷"模式对比研究——基于小微企业、个体工商户融资需求满足性的视角[J]. 社会科学战线,2015.

[24]孙桂玉."电商"大趋势下农村信用社的融合之策——以内蒙古农信社为例[J]. 银行家,2015.

[25]王天铮. 基于价值增值的T20模式运营策略研究[J]. 现代传播(中国传媒大学学报),2015.

[26]赵红. 困境与突破互联网+推动批发市场转型实证研究[J]. 商业经济研究,2015.

[27]康书生,曹荣. 互联网大数据技术在融资领域的应用研究[J]. 金融理论与实践,2014.

[28]刘向东. 移动零售下的全渠道商业模式选择[J]. 北京工商大学学报(社会科学版),2014.

[29]杨雨晴. 商业银行与电子商务融合发展的原因及路径研究[J]. 信阳农林学院学报,2015.

[30]徐琦,张续方. 电视与电商的融合发展研究——创构大视频电商生态[J]. 电视研究,2015.

[31]鲁佑文,杨睿. 传统媒体借势电商发展战略分析[J]. 新闻爱好者,2015.

[32]熊科伟. 广播媒体融合发展的三种策略——基于当前国内多家电台融合实践的整体分析[J]. 中国广播,2016.

[33]林作新. 对互联网+与电商的反思[J]. 家具与室内装饰,2016.

[34]吴清烈. 大电商:"互联网+"时代的电子商务新思维[J]. 南京邮电大学学报(社会科学版),2016.

[35]支海宇,王思凡. 基于客户关系管理的电商物流优化策略分析[J]. 对外经贸,2016.

[36]于欣,吴玲. 黑龙江省发展新机遇——农产品跨境电子商务平台[J]. 黑龙江畜牧兽医,2016.

[37]卢琰琳,刘彤,韦巍,范纪明. 基于SDN弹性网络架构及应用探索[J]. 邮电设计技术,2016.

[38]单文发,肖毅,聂笑一. 电商平台的数据挖掘与提高用户黏度关系研究[J]. 中国商论,2016.

[39]张立平. 基于电商与快递协同发展的复合型人才培养模式研究[J]. 电子商务,2016.

[40]刘晓英,李奉慈. 基于第三方电商平台的国外奢侈品品牌运营策略研究[J]. 视听,2016.

[41]李致远. 试论中国电子商务现状与电商发展方向与建议[J]. 现代营销(下旬刊),2016.

[42]许晓燕. 我省水泥制造业与电商融合发展路径初探——以HS"O2O"模式发展为例[J]. 科技经济市场,2016.

[43]肖荆. 南疆棉纺织业与电商融合发展的新模式探究[J]. 商业经济,2016.

[44]鞠彦辉,何毅,许燕,韩文琪. 线上供应链金融商业模式之比较——基于多案例研究[J]. 财会月刊,2016.

[45]刘丽. 基于真实运营的电子商务与现代物流实训中心建设[J]. 电脑知识与技术,2016.

[46]李嘉璐. "互联网+"环境下电商运营策略研究[J/OL]. 电子技术与软件工程,2017.

[47]曾玲玲,程晓琳,孙琳琳. 农业供应链金融模式优化与经济效益测算[J]. 财会月刊,2018.

[48]刘茹,王安妮,申旭慧,刘翠翠,念延辉. 新零售时代实体商超运营模式研究[J]. 中国商论,2018.

[49]本刊编辑部. 企业涉水电商[J]. 科技与企业,2013.

[50]张鸿,刘修征. 物流与电子商务交互影响的实证分析——基于VAR模型及省级面板数据模型[J]. 经济研究导刊,2018.